교회의 성인교육

박봉수 지음

한국장로교출판사

Adult Education in the Church

by
Bong-Soo Park

1999

Publishing House
The Presbyterian Church of Korea
Seoul, Korea

머리말

 지금까지 교회교육을 논할 때 그 대상을 아동이나 청소년으로 생각해 왔다. 이것은 크게 두 가지 때문이라고 생각된다.
 하나는 일반 사회의 영향 때문이다. 근대사회에 들어오면서 사회가 분화되고 각 분야는 저마다의 전문화의 길을 걷게 되었다. 교육 분야에서 학교라는 전문적인 교육기관이 등장하게 되었고, 이 기관이 교육을 전담하게 되었다. 아동과 청소년들이 가정과 사회로부터 학교에 위탁되어 교육을 받게 된 것이다. 그러다 보니 학교라는 전문기관에 소속되어 교육받을 수 없는 성인들은 교육의 대상에서 제외되게 되었다. 이런 일반 사회의 상황이 고착되면서 사람들의 의식에도 변화를 일으켜 교육의 대상을 교육기관에 다닐 수 있는 아동이나 청소년으로 인식하기에 이르렀다. 이런 의식이 교회교육에도 깊은 영향을 미치게 되었다.
 다른 하나는 교회의 구조 때문이다. 1780년 교회 밖에서 자선학교 형태로 시작된 주일학교가 미국으로 건너가게 되고, 대각성운동의 기간을 지나면서 부흥운동의 도구로 받아들여지게 되면서 교회 안으로 유입되게 되었다. 20세기 초 진보적 종교교육운동이 일어나면서 주일학교는 교회학교로 탈바꿈되면서 교회 내의 교육기관으로 자리매김하게 되었다. 이제 교회 안에는 목회와 교육이라는 이분화된 구조가 형성되게 된 것이다. 이런 교회 내의 구조 분화는 성인은 목회의 대상으로, 아동과 청소년은 교육의 대상으로 분리되는 대상의 분화로 이어지게 되었다. 그 결과 성인은 인식상 교회교육의 대상에서 제외되는 현상이 나타나게 되었다.

그러나 성인은 마땅히 교육의 대상으로 인식되어야 하고, 교회는 성인을 교육해야 한다. 우선 이것은 성경에 나타난 하나님의 명령이다. 마태복음 28 : 19~20을 보면 "그러므로 너희는 가서 모든 족속으로 제자를 삼아 아버지와 아들과 성령의 이름으로 세례를 주고 내가 너희에게 분부한 모든 것을 가르쳐 지키게 하라."고 기록되어 있다. 이것은 일종의 교육에 대한 명령이다. 가르쳐 지키게 하는 것이 이 명령의 초점이기 때문이다. 그런데 여기서 모든 족속이라 말할 때 그 대상은 주로 성인을 뜻한다. 그리고 에베소서 4 : 13을 보면 "우리가 다 하나님의 아들을 믿는 것과 아는 일에 하나가 되어 온전한 사람을 이루어 그리스도의 장성한 분량이 충만한 데까지 이르리니"라고 말씀하고 있다. 즉, 그리스도의 장성한 분량이 충만한 목표까지 부단히 신앙은 자라야 한다는 말씀이다. 여기서도 그 대상은 주로 성인이다. 이렇게 볼 때 오히려 성인일수록 더욱 신앙성숙을 위해 힘써야 한다는 것을 뜻한다.

실제로 성경의 기록을 보면 교육의 대상이 주로 성인이었다. 예수님의 교육을 볼 때 물론 어린이들을 가까이하셨고 귀하게 여기셨지만, 예수님께서 말씀을 전하시고 가르치신 대상은 성인이었다. 그리고 사도들의 교육에서도 그 대상은 성인이었다. 또한 속사도시대와 초대교회 시대에 주된 교육의 대상이 성인이었다. 오히려 아동이나 청소년들은 교육의 대상으로 여기지 않았다고 볼 수 있을 정도로 교회교육이 주로 성인에게 치중되었음을 알 수 있다.

다행스럽게 20세기 중반부터 성인교육의 중요성이 새롭게 인식되기 시작했다. 그리고 '평생교육', '사회교육', '성인교육'이라는 개념하에 활발하게 시도되게 되었다. 그래서 교육학계 일각에서는 20세기 중반을 성인교육의 시대라고 부를 정도가 되었다. 물론 이런 변화는 급격한 사회변동의 결과이다. 소위 후기 산업사회, 탈산업화시대, 또는 포스트모던시대라고 일컬어지는 사회상황이 전개되면서 학교교육이 그 제한성을 현격히 드러내게 되었다. 더 이상 학교교육만으로는 새로 전개되는 시대상황에 적응할 수 없는 한계가 나타나게 된 것이다. 그뿐 아니라 이미 학교를 졸업한 성인들이 새로운 상황에 적응하기 위해서 교육을 받지 않으면 안 되는 시대적 요청을 받게 된 것이다. 이런 변화된 시대상황은 성인들을 다시 교육의 대상으로 새롭게 인식하게 만들었다.

이런 시대적 변화는 교회교육에도 긍정적인 영향을 미치게 되어 성인교육에 관한 논의를 활발하게 전개하기에 이르렀다. 이런 변화는 기독교교육을 교인 전체를 그 대상으로 삼는 소위 '교육목회'라는 개념을 만들어 내어 목회와 교육이라는 이원화된 구조를 통합된 구조로 전환하려는 노력을 기울이게 만들었다. 그리고 구체적인 성인교육 프로그램과 각종 성경공부가 유행처럼 실시되도록 만들었다.

그러나 아직 기독교교육 영역 내에 성인교육에 관한 체계적이고 이론적인 연구가 미흡한 것이 사실이다. 일부의 이론가들만이 여기에 참여하고 있고, 많은 실천가들이 이론적인 뒷받침 없이 경험적으로 성인교육 프로그램을 기획하고 시행하고 있는 실정이다. 그 결과 성인교육의 그 많은 노력에도 불구하고 효과면에서, 그리고 발전적인 측면에서 많은 문제를 드러내고 있는 것이 사실이다.

필자는 교육목회 현장에서 여러 해 사역하면서 이 분야에 관심을 갖게 되었고, 성인교육에 관한 공부를 하던 차에 이 분야에 관해 신학교에서 강의할 수 있는 기회를 갖게 되었다. 이제 그동안의 관심과 공부한 결과를 모아 책으로 출간하게 되었다. 부족하고 미흡한 내용이지만 한국교회의 성인교육 발전에 조그마한 보탬이 되기를 바라는 마음에서 책을 내게 되었다. 본서는 교회의 성인교육 또는 기독교 성인교육의 전반적인 문제를 개괄적으로 다루고 있다. 크게 두 부분으로 구분되는데

1부에서는 교회의 성인교육의 기초를, 2부에서는 교회의 성인교육의 실제를 다룬다. 기초 부분에서는 성인교육이 새롭게 강조되게 된 배경, 성인교육의 역사, 성인의 이해, 성인의 한국 사회적 컨텍스트, 그리고 성인의 학습문제를 다루게 된다. 그리고 실제부분에서는 성인교육 실천을 위한 이론, 성인교육의 구성, 성인교육의 기획, 성인교육의 방법, 성인교육의 평가를 다룬다. 그리고 마지막으로 성인교육의 실제 프로그램의 예를 들었다.

모쪼록 한국교회의 성인교육이 더욱 활발히 연구되기를 바라고, 왕성하게 실천되어서 한국교회의 질적인 성숙이 박차를 가하게 되기를 간절히 바란다.

항상 학문적인 격려를 아끼지 않으셨던 장신대 고용수 교수님께 감사를 드린다. 그리고 사랑하는 아내의 내조와 상도중앙교회 교우들의 따뜻한 기도를 잊을 수 없다. 끝으로, 이 책을 출판할 수 있도록 도와주신 한국장로교출판사의 박노원 사장님께 감사를 드린다.

1999. 7.
상도동 언덕에서
필자 **박 봉 수**

머리말 / 3

제 1 부
성인교육의 기초

I. 성인교육의 재발견 ··················13

1. 학교식 체제(schooling system)의 한계 ······13
2. 성인 신앙성장에 관한 이해의 발전············19
3. 성인교육의 안드라고지적 이해의 등장·········28

II. 성인교육의 역사 ··················39

1. 구약시대············40
2. 신약시대············43
3. 초기 기독교시대······45
4. 중세·················46
5. 종교개혁시대·········48

    6. 근세 ·· 50
    7. 현대 ·· 52

Ⅲ. 성인의 이해 ·· 57

    1. 성인은 누구인가? ································ 57
    2. 성인 전기 ··· 62
    3. 성인 중기 ··· 69
    4. 성인 후기 ··· 77

Ⅳ. 한국사회와 성인교육 ································· 85

    1. 한국사회의 변화와 그 의미 ················· 85
    2. 한국사회 변화와 성인 종교교육 ·········· 93

Ⅴ. 성인의 학습 ·· 99

    1. 성인 학습이론 ····································· 99
    2. 성인학습의 원리 ······························· 109
    3. 성인의 학습참여 ······························· 114
    4. 자기 주도적 학습 ······························ 117
    5. 성인교육자의 역할 ···························· 122

제 2 부
성인교육의 실제

I. 성인교육의 이론 ·· 127

1. 교육이론의 성격 ·························· 127
2. 성인 교육이론의 유형화 ················ 131
3. 실천적 성인교육의 이론 ················ 135

II. 교회의 성인교육의 구성 ································· 153

1. 성인교육을 위한 설정(settings) ········· 153
2. 성인의 교육욕구 분석 ···················· 157
3. 성인교육의 목적 ··························· 160
4. 성인교육의 내용 ··························· 166

III. 성인교육의 기획 ·· 171

1. 기획의 개념정의 ··························· 172
2. 기획과정의 단계 ··························· 174

    3. 교육기획의 실행·····························183
    4. 기획 참여자································188

IV. 성인교육의 방법······························193

    1. 성인교육의 구성형식(Formats)············193
    2. 성인교육의 기법(Techniques)·············199

V. 성인교육의 평가·······························215

    1. 평가란 무엇인가?·····························216
    2. 평가를 어떻게 할 것인가?··················222

VI. 성인교육의 프로그램의 사례···············227

    1. 성인 전기 프로그램···························227
    2. 성인 중기 프로그램···························244
    3. 성인 후기 프로그램···························258

참고문헌···263

제 1 부

성인교육의 기초

I. 성인교육의 재발견

II. 성인교육의 역사

III. 성인의 이해

IV. 한국사회와 성인교육

V. 성인의 학습

I
성인교육의 재발견

현대는 교육적 관점에서 볼 때 성인교육의 시대라고 불려진다. 성인교육의 필요성이 새롭게 강조되고, 성인을 교육의 대상으로 재발견하고, 그리고 성인교육이 다양한 형태로 시도되고 있기 때문이다.

그러면 성인교육이 현대에 와서 새롭게 강조되게 된 이유가 무엇인가? 크게 세 가지 점을 생각해 볼 수 있다. 첫째, 현대에 들어와서 학교식 체제의 한계가 본격적으로 드러나게 되었기 때문이다. 둘째, 현대에 와서 성인의 신앙성장 과정에 관한 이해가 확장되었기 때문이다. 그리고 셋째, 성인교육을 위한 이론적 토대가 마련되었기 때문이다. 이제 이런 점들을 보다 자세하게 살펴보자.

1. 학교식 체제(schooling system)의 한계

사람들은 일반적으로 교육을 생각할 때 학교를 연상한다. 학교가 가장 확실한 교육제도로 자리매김해 왔고, 오랜 세월 동안 인간 사회에서 가장 효과적인 교육을 수행해 왔기 때문이다. 마찬가지로 기독교인들은 일반적으로 기독교교육을 생각할 때 교회학교를 연상한다. 1780년 시작된 주일학교가 교회의 교육제도로 받아들여지면서 교회학교가 가장 확실한 교회의 교육제도로 군림해 왔고, 또한 오랜 기간 동안 효과적인 교육을 수행해 왔기 때문이다. 그러나 학교라는 교육제도는 20세기 후반에 들어오면서 비판을 받게 되었다. 그 비판의 내용은 온건한 입장과 과격한 입장으로 구분해 볼 수 있다.[1]

먼저 온건한 입장의 비판을 살펴보면 다음과 같다.[2]

첫째는 현행 학교 자체가 모든 국민을 위한 교육기회 획득에 있어서 불평등하다는 점이다. 교육에 대한 필요는 폭발적으로 증가했지만 한정된 학교체제의 문호는 이에 부응하지 못하고 있다. 단적인 예로 대입경쟁을 들 수 있다.

둘째는 국가의 경제개발이라는 대전제 때문에 교육에 대한 투자가 상대적으로 저조하여 교육에 필요한 지원이 사실상 부족하다는 점이다. 급증하는 학생 인구에 대처해 나가기 위해 교사의 증원, 학교시설의 증대 및 현대화, 교육 투자비 증대가 부수적으로 따라야 하는데 필요한 교육재원 확보에는 역부족이다.

셋째는 학교교육 체제가 비능률적이라는 점이다. 행정체제나 교수방법, 교사양성 및 충원방법 등의 교육체제가 굳어져 있기 때문에 처한 상황에 따라 융통성을 발휘해서 능률을 높일 수 없게 되어 있다.

넷째는 학교교육 체제가 비효율적이라는 점이다. 현행 학교교육 체제가 급격한 사회변화에 적절히 대응할 인력을 배출하기에 한계를 보이고 있다.

다음으로 과격한 입장의 비판을 살펴보자.[3] 과격한 입장의 비판의

---

1. 김동위, 「성인교육학」(서울 : 교육과학사, 1996), pp. 8-9.
2. 이런 온건한 비판은 한국교육개발원이 기존 학교제도를 인정하면서 개선방안을 모색한 연구자료들에서 확인할 수 있다. "교육제도 발전의 방향 탐색," 세미나 보고서 (1979), 학교교육 목표에 대한 사회적 요구 탐색(1979), 교육균형 발전의 접근과 과제 (1981) 등을 들 수 있다.

초점은 사람들이 과연 학교를 통해서만 교육을 받을 수 있는가를 묻는다. 사실 사람들이 알고 있는 더 많은 것들이 학교 밖에서 배운 것이라고 주장한다. 오히려 학교교육 때문에 마땅히 배워야 할 것을 배우지 못한다고 강변한다. 소위 인간주의적 관점에서 볼 때 학교교육은 인간의 생명, 인간의 가치, 인간의 교양, 인간의 창조력, 인간의 자유, 그리고 인간의 공동운명체적 존재 중시와 같은 인간을 하나의 인격으로, 동시에 정신적 공동체의 일원으로 보람된 삶을 누리게 해주는 소중한 이념들을 가르치는 데 한계가 있다는 것이다.

이 과격한 입장의 비판을 하는 사람들이 학교교육을 탈피하고 나아가야 한다고 주장하는 교육의 이념적 방향은 인간주의 교육이다. 즉, 인격을 깨우쳐 주는 교육이요, 비인간화의 요인을 극복하는 교육으로 나아가야 한다는 것이다. 이 인간주의 교육의 구체적인 실천 방안으로 크게 세 가지 점이 강조된다.

첫째는 자율성의 육성이다. 여기서 자율성은 정서적 자율, 내면적 자율, 그리고 자기 입법적 자율로 분류된다. 정서적 자율은 가정, 학교, 사회에서의 사회화의 과정을 통해서 정서적으로 독립할 수 있음을 뜻한다. 내면적 자율은 사회적으로 주어진 또는 전통적 관습적으로 내려오는 규범을 자기 양심에 비추어 수용하는 마음가짐을 뜻한다. 그리고 자기 입법적 자율은 자기의 행동을 자기 규범에 의해서 하는 주체적 단계를 말한다.

둘째는 양심의 각성이다. 여기서 양심이란 모든 사람에게 공통된 하나의 인식을 뜻하며, 모든 사람의 행동지침이 되는 심성이라 할 수 있다.

---

3. 과격한 입장에서 비판하는 내용은 Paulo Freire의 *Cultural Action for Freedom* (1972), Ivan Illich의 *Deschooling Society*(1970), 그리고 최근에는 M. Canoy의 *Education as Cultural Imperialism*(1977)과 C. H Persell의 *Education and Inequality*(1977)에서 찾아볼 수 있다.

셋째는 인간 생명의 존엄성에 대한 각성이다. 즉, 인간 각자의 생명이 존엄하다는 사실을 인식하게 하는 것이다. 이것은 하나하나의 인간이 무엇인가를 깨닫게 하고, 그리고 누구나 귀중한 일을 할 수 있다는 생각, 각자가 자기의 뜻있는 삶을 영위할 수 있다는 생각, 그리고 하나하나의 인간이 쓸모가 있건 없건 그 자체로서 사랑을 받아야만 할 존재라는 생각이 새롭게 마음에 새겨지도록 해주는 것을 말한다.

이런 학교교육에 대한 비판은 사회학적 측면과 교육 이념적 측면이 강조되고 있다고 할 수 있다. 교회 내의 학교식 체제의 문제는 이런 측면보다는 오히려 교육제도적 측면에서 찾아진다. 오늘날 학교식 체제의 교육제도적인 문제점은 다음 몇 가지로 정리해 볼 수 있다.

첫째, 학교가 성인 시기를 위한 준비기관이라는 점이다. 학교가 아동이나 청소년들로 하여금 성인이 되어 책임있는 생활을 할 수 있도록 준비시키는 기관으로 자리잡게 되었다. 따라서 이미 사회생활을 시작하고 있는 사람들을 위해서는 교육적 공헌을 할 수 없다는 한계를 가진다.

둘째, 삶의 구체적인 문제에는 닫혀진 교육기관이라는 점이다. 학교는 주어진 기간에 짜여진 커리큘럼을 다루어 갈 수밖에 없는 닫혀진 (closed) 교육기관으로 자리잡게 되었다. 그래서 학생들이 구체적으로 겪고 있는 삶의 문제를 다룰 수 있는 여지가 없다는 한계를 가진다.

셋째, 지식을 전수하는 지식 전달기관이라는 점이다. 학교는 수업이라는 형태의 교육환경 안에서 교과서에 수록된 지식을 전수하는 교육구조를 가진다. 따라서 신앙, 인격, 가치, 삶의 길과 같은 인간 본질의 문제를 다룰 수 없다는 한계를 가진다.

이런 문제들은 학교가 성인교육의 장이 될 수 없다는 것을 분명히 드러내 준다. 특별히 성인과 학교와의 관계를 생각해 볼 때 두 가지 점을 확인할 수 있게 된다. 하나는 성인들은 학교라는 교육기관으로 돌아갈 수 없는 사람들이라는 점이다. 그리고 다른 하나는 삶의 문제와 동떨어져 있는 지식을 배울 만한 여유가 없다는 점이다. 이런 점에서 성인교육은 학교라는 교육제도를 통해서 이루어질 수 없기 때문에 새로운 개념으로 시도되지 않으면 안 되게 된 것이다.

이미 18세기부터 미국을 위시한 유럽 각국은 소위 '사회교육'이라는 관점에서 성인교육을 시도해 왔다. 여기서 사회교육이란 학교교육과 대치되는 개념으로 학교로 돌아갈 수 없는 사람들을 대상으로 사회에서 인생 공간 전부를 학습의 장이라는 개념으로 확대하고, 모든 형태의 학습과정 전부를 포괄하는 개념이다. 이런 관점이 무르익던 차에 1970년대에 들어와서 유네스코가 소위 '평생교육'이라는 관점에서 성인교육을 주창하기에 이른다. 여기서 평생교육이란 "무엇인가를 배우는 방법을 배우는 것이다"라는 결론하에 70 또는 80 생애 전체에 걸쳐 교육을 하게 된다는 개념이다.[4]

이제 교회교육도 교회학교 교육이라는 개념을 벗어나 새로운 개념화를 시도해야 한다. 그렇지 않고서는 교회에서 성인을 교육할 길이 없다. 여기에 사회교육이라는 개념과 맞물려 공동체교육이라는 개념이 도입되어야 할 것이고, 또한 평생교육이라는 개념이 그대로 도입되어야 할 것이다. 이렇게 공동체교육과 평생교육이라는 개념하에 교회의 성인교육은 재개념화 될 필요가 있을 것이다.

이 점에 있어서 린다 보겔(Linda Vogel)은 우리에게 중요한 통찰을 제공해 준다. 그녀는 성인교육은 다양한 모델이 발전될 수 있으며, 이 모델들을 설명할 수 있는 유비(metaphor)로 다음 네 가지를 들고 있다.[5]

첫째 유비는 학교식 모델이다. 보겔은 학교식 모델도 성인교육에서 지속적으로 중요한 역할을 할 수 있다고 보았다. 그러나 이 모델은 리

---

4. 김동위, op. cit., p. 40.
5. Linda J. Vogel, *Teaching and Learning in Communities of Faith : Empowering Adults Through Religious Education*(San Francisco : Jossey-Bass Publishers, 1991), p. 77.

틀(Sara Little)이 말하는 정보처리 모델(information-processing model)이라는 제한적 상황에서만 활용되어야 한다고 보았다.[6] 즉, 성인들에게 확실한 정보를 전달하고, 그 정보를 숙지하도록 돕는 교육에서 활용될 수 있는 모델이라는 것이다.

둘째 유비는 순례여행이다. 보겔은 인생 여정을 순례라고 유비함으로써 인생을 하나의 역동적인 흐름으로 나타내려고 한다. 교사는 안내자요 문지기로 이 여정에 동행한다. 그리하여 교사와 함께 경험을 나누고, 함께 삶을 나눔으로써 진정한 의미의 교육을 실시할 수 있다는 것이다. 그리고 문지기로서 교사는 학습자들에게 주의와 도전을 주기 위해 구세계와 신세계 사이의 경계에 서 있다는 것이다. 그래서 학습자들이 구세계에서 신세계로 순례여행을 이어갈 수 있도록 이끌어 준다는 것이다.

셋째 유비는 신앙의 가족이다. 신앙의 가족이란 신앙공동체를 이룬 구성원들은 하나의 신앙 가족이 된다는 것이다. 가족들이 함께 삶을 영위해 가면서 서로 이야기하고, 함께 삶을 경축함으로써 서로에게 영향을 주고받는 것처럼 신앙공동체 속에서도 함께 삶을 나누면서 긍정적인 영향을 나눈다는 것이다.

넷째 유비는 새 땅이다. 새 땅이란 하나님께서 이 땅에서 펼치시는 새로운 세상을 말한다. 성인교육은 이 새 땅을 펼쳐 가는 데 기여해야 한다는 것이다. 즉, 기독교 성인교육은 구체적인 삶의 문제를 다루어야 하고, 정의롭고 인간의 가치가 존중되는 세상을 만드는 일과 밀접한 연관을 가질 수 있어야 한다는 것이다.

보겔은 성인교육이 단지 학교식 모델만으로 이루어져서는 안 되며, 위에 네 가지 모델이 상황에 따라, 교육내용에 따라 적절히 사용되어야 한다고 보았다.

---

6. Sara Little, *To Set One's Heart : Belief and Teaching in the Church*, pp. 34ff, 사미자 역, 「기독교교육의 교수방법론」(서울 : 한국장로교출판사, 1988).

결국 성인교육은 학교식 체제의 한계에 관한 인식으로부터 그 중요성이 재발견되게 되었다고 할 수 있다. 따라서 성인교육은 학교식 체제 이외의 방식을 모색해야 할 것이고, 이런 성인교육의 노력은 기존 학교식 체제의 한계를 극복하거나 보완할 수 있는 길을 열어 줄 수 있을 것이다.

2. 성인 신앙성장에 관한 이해의 발전

현대에 들어오기까지 성인은 다 성숙한 사람들이라고 받아들여져 왔다. 그래서 성인에 대한 교육은 중요하게 인식되지 못했다. 단지 아동들만 성인이 되기까지 성장하고 또 성숙해 간다고 보았다. 그래서 교육은 아동들을 대상으로 삼았다.

신앙도 마찬가지였다. 성인은 신앙적으로도 성숙한 사람들로 생각했다. 비록 성인기에 개종한 초신자들의 경우 부분적으로 교육적 배려를 받기는 하지만 그것도 교회생활에 적응하도록 신앙의 도리, 신앙생활 안내가 고작이었다. 그래서 성인은 적극적인 차원에서 기독교교육의 대상으로 받아들여지지 않았다.

그러나 현대에 들어와서 발달심리학의 연구 성과와 파울러와 같은 기독교교육학자들의 연구로 성인도 성인기에 들어와서 신앙이 지속적으로 성숙해 간다는 것을 새삼 깨닫게 해주었다. 특별히 파울러는 '신앙발달'(faith development)이란 말을 사용해서 주목을 받았다. 일반적으로 신앙성숙 또는 신앙성장이라는 말은 썼어도 신앙발달이라는 말은 사용하지 않았기 때문이다.

파울러가 신앙을 발달의 관점으로 보게 된 이유는 우선 신앙의 본질적 성격 때문이다. 그는 신앙이란 본질적으로 동사적(verb) 성격을 가지고 있다고 보았다.[7] 동사로서의 신앙은 끊임없이 의미를 추구하기 위

---

7. J. Fowler, "Stages of Faith and Adult Life-Cycles," For the Consultation on

하여 활동하며, 이런 노력은 환경과의 관계에 있어서 일평생 지속된다. 이는 인간 생명의 본질적 차원이요, 나아가 신앙의 중심 활동이며, 자신의 정체, 공동체, 그리고 의미를 찾기 위한 인간의 본래적 내지는 보편적 노력이다.

또한 신앙현상에 대한 구조적(structural) 이해를 갖게 되었기 때문이다. 파울러의 관심은 신앙의 내용이 아니라 신앙의 형식(form) 내지는 형태(pattern)에 있었다. 즉, 신앙이 일평생을 통해 성장하고 변화한다고 할 때 무엇이 이를 가능케 하는가라는 점에 관심을 기울였다. 그 해답으로 그가 찾아낸 것이 신앙의 구조(structure)이다. 여기서 구조란 신앙의 외형적 현상을 가능케 하는 근본 동인으로 이해된다. 그가 생각한 신앙의 구조는 크게 두 부분으로 구성된다.[8]

하나는 이성적 확실성의 논리이다. 이는 신앙의 객관성, 논리성 등을 담당하는 부분이다. 그리고 이는 논리의 형식(Form of Logic), 관점의 채택(Perspective Taking), 도덕적 판단의 형식(Form of Moral Judgement)으로 세분된다. 여기서 논리의 형식이란 신앙이 가지는 사고와 판단의 형태를 말한다. 관점의 채택이란 신앙이 가지는 사물을 이해하는 입장이나 관점을 말한다. 그리고 도덕적 판단의 형식이란 신앙이 갖는 도덕적 윤리적 차원을 말한다. 파울러는 신앙이 발달하면서 이런 이성적 확실성의 논리구조도 발달해 간다는 것이다.

다른 하나는 확신의 논리이다. 이는 신앙의 감정성, 상징성, 초월성, 정체성 등을 담당하는 부분이다. 그리고 이는 사회의식의 테두리(Bounds of Social Awareness), 권위의 자리(Locus of Authority), 세계관

Faith Development in *the Adult Life Cycle*, August 10 - 15, 1981.
8. J. Fowler, "Faith and the Structuring of Meaning," in *Toward Moral and Religious Maturity*, C. Brusselmans ed.(Morristown : Silver Burdett Company, 1980), p. 32.

의 형식(Form of World Coherence), 상징적 기능(Symbolic Function)으로 세분된다. 여기서 사회의식의 테두리란 자신의 정체와 도덕적 책임성에 대한 근거를 결정하게 해주는 준거집단의 범위를 말한다. 권위의 자리란 신앙이 의미를 찾게 되는 근거를 말한다. 세계관의 형태란 통일된 의미를 추구하고 유지하는 독특한 방식을 말한다. 그리고 상징적 기능이란 신앙의 상징들에 대한 우리의 반응 및 이해를 말한다. 파울러는 신앙이 발달하면서 이런 확신의 논리구조도 발달해 간다고 보았다.

이렇게 볼 때 신앙은 구조적으로 이 두 부분으로 구성된 하나의 전체적 구조를 가진다. 그리고 신앙은 세부적으로 이 일곱 요소들로 구성되어 있으며, 이들은 서로 유기적으로 관계를 맺고 있다. 이렇게 볼 때 신앙이 발달한다는 것은 이 일곱 가지 요소들이 함께 성장하며 발달한다는 것을 말한다.

파울러는 이것을 다음과 같이 그림으로 표시한다.[9]

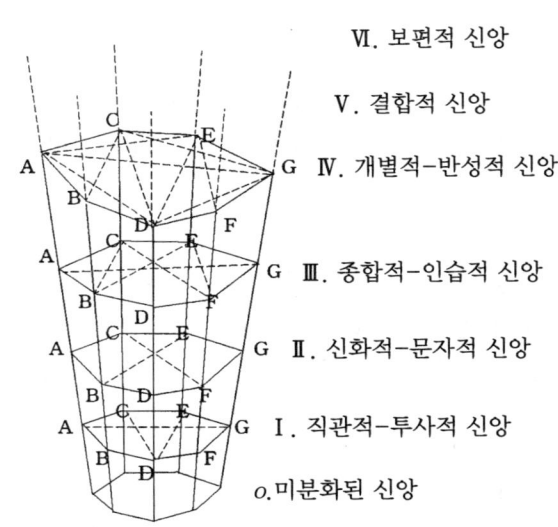

A. 논리의 형태
B. 관점채택
C. 도덕판단의 형태
D. 사회인식의 테두리
E. 권위의 장소
F. 세계관의 형태
G. 상징적 기능

Ⅵ. 보편적 신앙
Ⅴ. 결합적 신앙
Ⅳ. 개별적-반성적 신앙
Ⅲ. 종합적-인습적 신앙
Ⅱ. 신화적-문자적 신앙
Ⅰ. 직관적-투사적 신앙
0. 미분화된 신앙

[그림 1] 신앙의 구조

이런 신앙에 대한 구조적 이해는 그가 구조주의 발달심리학에 관심을 기울이게 만들었다. 구조주의 심리학은 루소(J. Rousseau)의 철학에 근거를 두고, 듀이(J. Dewey)의 개념적 기초를 거쳐서 피아제(J. Piaget)에 의해 본격적으로 발전하게 되었고, 후에 콜버그(L. Kohlberg)로 이어지게 된다. 이들의 주된 관심은 겉으로 드러나는 행동이나 표현보다는 왜 그런 행동이나 표현이 나타나게 되었는지에 모아진다. 즉, 외부적인 언어적 표현이나 행동을 가능케 한 내면적인 작용(이를 구조라 부른다.)에 관심을 두는 것으로, 어떤 행동이 나타났을 때 그런 행동을 가능하게 하는 배후의 구조와 작용이 있다는 것이다. 그리고 이들은 태어날 때부터 형성, 발달하기 시작하며 그 구조는 시간이 지나감에 따라 질적인 변화를 겪는다는 것이다.[10]

 이런 구조주의 발달심리학의 영향으로 파울러는 인간이 갖는 신앙 내지 사고의 배후에 놓여 있는 구조 또는 조작(operation)에 관심을 갖는다. 그리고 그는 사고와 가치의 내용을 구성하는 아이디어, 개념들, 신념들을 구성하는 데 사용되는 규칙 내지는 양태를 이해하고 정의하려고 애쓴다. 다시 말해서, 무엇을 사고하며 믿느냐보다는 왜, 그리고 어떻게 그런 믿음을 가지게 되며, 그런 사고나 신념을 갖게 하는 배후는 무엇인가에 더 관심을 갖는다. 그리고 구조주의 발달심리학의 영향으로 신앙의 발달을 단계적으로 묘사하기에 이른다.

 그가 설명하는 신앙의 단계적 발달과정은 다음과 같다.[11]

 (1) 원초적 신앙(primal faith) 단계 : 이는 유아기에서 시작되는 신앙형태를 말한다. 이 신앙형태는 부모나 다른 사람들과의 상호 관계성 안

---

9. 박원호, 「신앙의 발달과 기독교교육」(서울 : 장신대출판부, 1996), p. 52에서 재인용.
10. Ibid., p. 41.
11. J. Fowler, *Weaving the New Creation*, pp. 102-115, 박봉수 역, 「변화하는 시대를 위한 기독교교육」(서울 : 한국장로교출판사, 1996).

에서 형성되는 언어 이전의 특성을 말한다. 이 근본적 신앙은 자아 상실의 과도한 불안 또는 공포 없이 보호해 주던 사람들과의 분리를 가능하게 해준다.

(2) 직관적-투사적 신앙(intuitive-projective faith) 단계 : 이는 초기 아동기에 언어 습득과 함께 생겨나는 신앙형태이다. 여기서 상상, 몸짓, 그리고 상징이 오래 지속되는 신앙의 이미지를 만들기 위해 감각 및 느낌과 연합된다. 이런 이미지들은 우리 삶의 주변에 보호해 주고, 위협해 오는 힘을 묘사해 준다. 또한 도덕적 기준들이 깨달아지고, 종교적으로 성스러운 것과 터부에 대한 인식도 생겨난다.

(3) 신비적-문자적 신앙(mythic-literal faith) 단계 : 이는 초등학교 학령기에 형성되는 신앙형태이다. 여기서 구체적, 조작적 사고가 생겨나 세계를 질서 있게 볼 수 있게 된다. 그리고 환상과 실재를 구별할 수 있게 되고, 다른 사람에 대한 관점을 가지게 되며, 이야기 안에서 의미를 발견할 수 있게 된다.

(4) 종합적-관습적 신앙(synthetic-conventional faith) 단계 : 이는 초기 청소년기에 형성되는 신앙형태이다. 형식적, 조작적 사고가 생겨나 추상적 개념과 자신의 세계의 의미를 만들어 갈 수 있게 된다. 새로운 인지적 능력이 상호 인간관계적 관점을 받아들일 수 있게 해주고, 다른 사람의 눈으로 자신을 볼 수 있게 됨으로써 정체성의 문제로 씨름하게 된다.

(5) 개성적-성찰적 신앙(individuative-reflective faith) 단계 : 여기에는 두 가지 움직임이 있다. 하나는 자신의 삶 속에서 형성되어 온 가치와 신념에 대해 의심하는 것이다. 이것은 명백한 태도로 나타난다. 이 명백한 태도가 보통 비신화화 움직임을 포함하곤 한다. 다른 하나는 실행적 자아를 형성하는 것이다. 즉, 정체성을 자신의 역할과 관계성에 의해 형성하고자 하는 것을 말한다.

(6) 종합적 신앙(conjunctive faith) 단계 : 이는 종종 중년기에서 찾

아볼 수 있는 신앙형태를 말한다. 여기서는 자신의 삶에서 양극단을 통합하고자 하는 노력이 나타난다.

(7) 보편적 신앙(universalizing faith) 단계 : 이는 하나님 또는 존재의 힘과 하나가 되는 것을 말한다. 이들은 하나님 나라의 실재에 대한 응답 안에서 분리, 억압, 폭력, 그리고 삶까지도 극복한다.

파울러가 이렇게 신앙의 발달을 설명해 냄으로써 성인교육을 연구하는 사람들에게 두 가지 중요한 통찰을 얻게 해주었다. 하나는 신앙이 발달한다는 것이다. 여기서 발달이라는 말은 성장이라는 말과는 의미상 차이를 보인다. 성장이라는 말이 막연하고 추상적인 관점에서 신앙이 자라가는 것을 의미하는 반면, 발달이란 자라가되 논리적이며 해석할 수 있고, 그러면서도 체계적으로 예견할 수 있는 순서를 단계적으로 따른다는 것을 의미한다.[12] 신앙도 아무런 방향 없이 성장하는 것이 아니라 특정한 순서를 따르며, 이를 또한 예측할 수 있다는 것이다. 다른 하나는 신앙의 평생발달(life-span)이라는 관점이다. 즉, 신앙도 다른 심리적 현상과 같이 발달의 단계가 있으며, 모든 사람은 이 단계를 따라 일평생 일곱 번의 질적인 변화를 겪게 된다는 것이다.

파울러와 달리 성인 신앙성장에 중요한 통찰을 주는 기독교교육학자로 사위키(Marianne Sawicki)를 들 수 있다. 그녀는 복음서를 연구한 결과 신앙이 성장하는 하나의 기본 형태가 있음을 발견했다. 복음서를 살펴보면 제자들의 신앙이 성장하는 과정에 하나의 공통점이 있다는 것이다. 즉, 예수를 만나서 믿음을 가지게 되고, 제자공동체 안에 참여하면서 믿음을 나누게 되고, 그리고 이 공동체 안에서 지속적으로 예수

---

12. Robert Kegan, *The Evolving Self : Problem and Process in Human Development*(Cambridge : Harvard University Press, 1982), p. 12.

를 따르면서 신앙이 성장했다는 것이다.[13] 여기에서 하나의 신앙성장의 기본 형태를 발견할 수 있다. 신자들이 예수 그리스도와의 지속적인 만남을 이루고, 또한 신앙공동체 안에서 예수와 지속적 만남을 이루는 사람들 사이의 나눔의 관계를 유지하면서 신앙성장을 이룬다는 것이다. 이렇게 볼 때 신앙성장에 두 가지 변수가 있음을 알 수 있다. 하나는 예수와의 만남이고, 다른 하나는 신앙공동체에의 참여이다.

그녀는 이런 성인의 신앙성장 과정이 하나의 여정(journey)처럼 일어난다고 보았다. 그리고 이 여정은 세 가지 요소로 구성된다는 것이다.[14]

첫째가 부르심(call)이다. 하나님께서 선택된 사람을 부르신다. 부르심을 받은 사람은 자기가 지금까지 살아온 세계를 떠나게 되고 새로운 세계로 진입하게 된다. 그는 이제 새로운 세계의 삶을 살기 위해 배움을 시작하게 된다. 따라서 이것은 일종의 배움을 향한 부르심이다.

둘째가 돌봄(care)이다. 새로운 세계를 배우기 시작한 사람은 자신의 경험을 규명하고 성찰하게 되며, 다른 사람과 경험을 나누고 또 공감하게 된다. 그 결과 자신이 이해해 온 것과 행해 온 것에 대한 자발적인 변화를 꾀하게 된다.

셋째가 경축(celebration)이다. 사람들은 현재의 자신의 모습과 앞으로 되어져 가야 할 모습 사이의 차이를 깨닫게 된다. 그러면서 이를 이루기 위해 서로 받은 바 은사를 확인하고, 나누고, 그리고 가능성을 격려한다. 이런 요소로 구성된 여정을 거치면서 성인들의 신앙이 성장된다는 것이다.

여기서 사위키가 강조하는 것은 신앙성장은 하나님의 역사하심을 따라 펼쳐지는 하나의 여정처럼 길고도 복잡한 과정을 통해서 나타난다

---

13. Marianne Sawicki, *The Gospel in History : Portrait of a Teaching Church* (New York : Paulist Press, 1988), p. 6.
14. Ibid., p. 62.

는 것이다. 사위키의 이런 통찰은 성인은 지속적으로 신앙이 성장해 간다는 것을 확인시켜 주고 있다.

기독교교육학자들은 이와 같은 성인의 신앙성장 과정은 신앙공동체 안에서 이루어진다는 것을 강조한다. 그래서 나름대로 신앙공동체를 성인 신앙성장의 장으로 개념화하기 위해 노력했다. 앞에서 살핀 사위키는 성인의 신앙은 신앙공동체 안에서 함께 부르심을 받고, 서로 돌보며, 서로 경축해 가는 역동적인 관계를 통해서 성장해 간다고 보았다. 다시 말해서, 유기체로서 신앙공동체의 역동적인 삶 전체에 참여함으로써 구성원 개개인의 신앙성장이 이루어진다는 것이다. 파울러(James Fowler)의 경우는 교육의 생태적 환경(Ecology of Education)을 강조한다.[15] 즉, 생명체가 제대로 성장하고 제모습대로 살아가기 위해서는 생태적 환경이 훼손됨 없이 정상적인 기능을 수행해야 하는 것처럼, 성인의 신앙성장이 제대로 이루어지기 위해서는 신앙공동체가 교육의 생태적 환경으로서 정상적인 기능을 수행해야 한다는 것이다.

마리아 해리스(Maria Harris)는 성인 신앙성장의 장으로서 신앙공동체의 기능을 보다 자세하게 설명했다. 그녀는 신앙공동체의 삶 전체를 하나의 커리큘럼으로 파악하고자 했다. 단지 교수-학습이 이루어지는 수업 안에서 다루어지는 교육내용만을 커리큘럼으로 파악하던 종래의 좁은 커리큘럼 개념을 신앙공동체의 삶 전체로 확대하고자 한 것이다. 그러면서 신앙공동체의 삶 전체를 전통적이고 고전적인 교역 형태로 정리했다.[16]

첫째, 코이노니아(Koinonia)이다. 이는 신앙공동체를 형성하고자 하는 노력으로 공동체와 성례 안에 함께 모이는 것을 말한다.

---

15. James Fowler, op.cit.
16. Maria Harris, *Fashion Me a People : Curriculum in the Church*, pp. 75-163, 고용수 역, 「교육목회 커리큘럼」(서울 : 한국장로교출판사, 1997).

둘째, 레이뚜르기아(Leiturgia)이다. 이는 기도, 예배, 성례전 등의 예전 형태를 말한다.

셋째, 디다케(Didache)이다. 이는 기독교적 삶을 가르치는 특별한 방법을 말한다.

넷째, 케리그마(Kerygma)이다. 이는 신앙공동체 안에서, 그리고 신앙공동체를 통하여 하나님의 말씀을 선포하는 것을 말한다.

다섯째, 디아코니아(Diakonia)이다. 이는 봉사, 도움, 그리고 치료를 위해 병든 세계로 나아가는 것을 말한다.

그녀는 기독교교육이 이와 같은 다섯 가지 교역 형태로 설명할 수 있는 신앙공동체의 삶 전체를 통해 이루어지게 될 때, 다음의 세 가지 차원의 교육으로 나타나게 된다고 보았다.[17]

첫째, 제사장적 교육이다. 즉, 과거로부터 발원해서 현재 안에서 충분히 실현되어지는 것에 참여하도록 개인을 형성해 주는 것을 말한다. 다시 말해서, 기독교교육이 개인으로 하여금 지성, 비판적 사고, 그리고 세심한 성찰을 통해 전통에 참여하고 이를 보존하도록 이끌어 주는 것을 말한다. 이로써 개인들은 주로 기억하고, 높이고, 찬양하게 되며, 전통에 대해 "예"라고 말하게 된다.

둘째, 예언자적 교육이다. 이는 미래로부터 발원해서 현재 안에서 충분히 실현되어지는 것에 참여하도록 개인을 형성해 주는 것이다. 이를 위해 두 가지 작업이 요청된다. 하나는 전통을 교회와 세계를 위한 척도, 규범, 그리고 안내로 사용하는 것이다. 그리고 비판적 근원으로서의 복음에서 도움을 얻는 것이다. 다른 하나는 전통에 대한 우리의 가르침이 현 실재의 빛 안에서 개정되어야 하는지 여부를 발견하기 위해 전통 자체를 살펴보아야 한다. 즉, 전통 자체가 하나님의 부르심에 부족한 것이 없는지를 고찰해 볼 필요가 있다. 이로써 개인들로 하여금

---

17. Ibid., pp. 44–45.

세계의 현조건을 비판적 시각으로 보게 해준다. 여기서 하나님의 요구에 미흡한 현실에 대해 "아니오"라고 말하게 된다.

셋째, 통치자적 교육이다. 이는 우리의 사람을 함께 구체화해 가는 형식과 구조, 즉 질서, 정책, 권위와 권력을 나누는 방법, 더불어 사는 방법, 지혜롭게 사는 방법 등으로부터 발원해서 현재 안에서 충분히 실현되어지는 것에 참여하게 개인을 형성해 주는 것이다. 다시 말해, 보다 나은 신앙공동체의 삶, 보다 나은 인간의 삶을 위한 구조, 형식, 그리고 체계를 만들기 위해 연구하고 노력하도록 해주는 것을 말한다.

근자의 기독교교육학자들의 연구결과들로 볼 때 성인의 신앙이 지속적으로 성장해 간다는 사실과 성인 신앙성숙이 신앙공동체 안에서 이루어진다는 사실이 새롭게 인식되게 되었다. 이런 인식의 결과 교회의 성인교육은 보다 적극적으로 발전되게 되는 기틀을 맞게 된 것이다.

3. 성인교육의 안드라고지적 이해의 등장

성인교육이 하나의 이론화의 길을 걷기 시작한 것은 1950년대에 들어오면서부터이다. 1950년 노울즈(Malcom Knowles)의 「비형식적인 성인교육」,[18] 1954년 브루너(E. S. Bruner)의 「성인 학습이론」,[19] 1959년 키드(J. R. Kidd)의 「성인은 어떻게 배우는가」,[20] 1960년 기브(J. R. Gibb)의 「성인 학습이론」,[21] 그리고 1964년 밀러(H. Miller)의 「성인교육의 교

---

18. Malcom Knowles, *Informal Adult Education*(New York : Association Press, 1950).
19. E. S. Bruner, *An Overview of Adult Education Research*(Washington, D. C. : Adult Education Association of The U. S. A., 1959).
20. J. R. Kidd, *How Adults Learn*(Chicago : Association Press, 1959).
21. J. R. Gibb, "Adult Learning Theory," in *Handbook of Adult Education*(New

수와 학습」[22]과 같은 책들을 통해서 성인교육에 관한 이론화 작업들이 시작되었다. 그러나 아직 조직적이고 통합된 이론적 구성이라기보다는 개념과 원칙의 서술적 기초에 그쳤다.

성인교육 연구에 하나의 전환점을 이루게 된 것은 소위 '안드라고지' (andragogy)라는 개념이 성인교육학계에서 합의를 이루면서부터이다. 이 용어의 사용과 기원에 대한 연구를 해 온 독일의 성인교육가 앵커보트에 의하면 이 용어가 처음 생겨나게 된 것은 1833년 독일 문법학교 교사 카프에 의해서이다. 그리고 이 용어가 교육학적 의미로 사용되게 된 것은 1921년 독일 사회학자 로젠스톡(E. Rosenstock)의 노동연구소의 연구보고에서이다. 그는 여기서 성인교육은 특별한 교사와 특별한 방법과 특별한 철학을 요구한다는 의미에서 이 용어를 사용했다. 그리고 1951년 스위스의 한셀만(Hanselmann)이라는 사람이 「안드라고지」(Andragogik)라는 이름으로 책을 출판하기에 이른다. 현재까지 이 용어는 유럽의 교육학자들에 의해 성인교육을 설명하는 개념으로 받아들여져 왔고, 1970년 노울즈의 「성인교육의 현대적 실천」[23]이란 책에서 본격적으로 이론화의 도구로 받아들여지게 된다.

이렇게 성인교육에 안드라고지라는 개념이 수용되면서 활발하게 이론화의 틀을 모색하게 되었고, 이를 발판으로 성인교육의 다양한 연구가 본격화되기에 이른다. 그러면 성인교육의 안드라고지적 수용 부분을 보다 자세하게 살펴보자.

1) 성인교육의 안드라고지적 원리

York : Macmillan Publishing Co., 1960).
22. H. Miller, *Teaching and Learning in Adult*(Boston : Boston Univ. Press, 1964).
23. M. Knowles, *The Modern Practice of Adult Education*(New York : Association Press, 1970).

일반적으로 안드라고지는 페다고지(pedagogy)와 대조되는 개념으로서 성인교육을 위한 교육모형의 기초가 되는 개념으로 사용되고 있다. 여기서 페다고지라는 말은 '아동'을 의미하는 paid와 '지도한다'라는 뜻의 agogos가 합성되어 만들어진 헬라어이다. 그래서 페다고지라는 말은 문자적으로 아동을 가르치는 과학 또는 기술을 뜻한다. 반면에 안드라고지는 '성인'을 뜻하는 andros와 '지도한다'는 뜻의 agogos가 합성되어 만들어진 헬라어이다. 그래서 안드라고지는 문자적으로 성인들이 학습하는 것을 도와 주는 기술 내지 과학을 의미한다.

이렇게 볼 때 안드라고지를 이해하기 위해서는 페다고지와 비교할 필요가 있다. 먼저, 안드라고지라는 개념이 가지는 기본 가정부터 페다고지와 비교하면서 살펴보자. 노울즈는 페다고지와 안드라고지의 기본 가정을 중심으로 차이점을 다음과 같이 요약해서 설명한다.[24]

(1) 페다고지의 기본 가정

알고자 하는 욕구 : 학습자는 시험에 합격하거나 진급하기 위해 교사가 가르치는 내용을 학습해야 한다고 알고 있다. 그들은 자신이 학습하는 내용이 자신의 생활에 어떻게 적용될 것인지를 알 필요가 없다.

학습자의 자아 개념 : 학습자의 개념은 교사의 개념에 의존하는 개인의 개념이다. 그러므로 학습자 자신의 개념은 결국 의존하는 개인의 개념이 된다.

학습자 경험의 역할 : 학습자의 경험은 학습자원으로서 가치가 없다. 평가는 교사, 교재는 집필자, 시청각 보조물은 제작자의 경험이다.

학습 준비도 : 합격과 진급을 하기 위해 학습자는 학교에서 그들에게 학습하도록 요구하는 내용을 학습할 준비가 되어 있어야 한다.

---

24. Knowles, *The Marking of An Adult Education*(San Francisco : Jossey-Bass Inc., Publishers, 1989).

학습성향 : 학습자는 학습에 대한 주제중심적 성향을 가지고 있다. 따라서 학습경험은 교과 단원과 교과 내용의 논리성을 따라 조직된다.
학습동기 : 학습자는 외재적 동기에 의해 학습에 대한 동기를 부여받는다.

(2) 안드라고지의 기본 가정

알고자 하는 욕구 : 성인은 학습하기 전에 그들이 어째서 그것을 학습하려고 하는지 알고자 하는 욕구가 있다. 따라서 성인교육은 학습자들이 '알고자 하는 욕구'(need to know)를 충족시키도록 도와 주는 것이다.

학습자의 자아 개념 : 성인들은 자기 자신의 생에 대해 책임을 진다는 자아 개념을 가지고 있다. 일단 그들이 이런 자아 개념에 도달하게 되면 그들은 다른 사람들에 의해 자기 주도성이 있는 것으로 취급받는 심리학적 욕구를 개발한다. 따라서 성인교육자는 성인이 의존적인 학습자에게 자기 주도적 학습자로 전환하도록 도와 주어야 한다.

학습자 경험의 역할 : 성인들은 청소년들과는 양적, 질적으로 다른 경험을 가지고 교육활동에 참여한다. 이런 경험의 차이는 성인교육을 위해 몇 가지 중요한 의미를 가진다. 하나는 성인집단은 청소년집단에서보다 폭넓은 개인적 차이가 있다는 점이다. 그래서 성인교육의 초점은 교수와 학습전략의 개별화에 있다. 또 하나는 다양한 종류의 학습에 대해 가장 풍부한 학습자원은 학습자 자신에게 있다는 것을 의미한다. 그러므로 성인교육에 있어서 특별히 강조될 것은 전달기술보다 경험적 기술, 학습자의 경험을 타진해 보는 기술이 필요하다는 것이다. 그리고 성인의 이런 경험들은 부정적인 효과를 나타내기도 한다. 사람들은 경험을 축적함에 따라 새로운 사상, 새로운 시각, 대안적 사고방식에 대해 마음의 문을 닫는 원인이 되는 정신적 습관, 편견 및 선입관을 갖는 경향이 있다. 따라서 성인 교육자들은 성인 학습자들의 습관 및 편견을 검토하고 새로운 방법에 대해 그들의 마음을 열어 놓는 데 도움이 되는 방법을 개발하고자 노력해야 한다.

학습준비도 : 성인들은 그들이 알고자 하는 욕구가 있거나 자신의 실생활 상황에 효과적으로 대처할 수 있는 것들을 학습할 준비가 되어 있다. 학습준비도에 대해 특히 풍부한 자원은 하나의 발달단계에서 다음 단계로 이행하는 것과 일치되는 적시학습경험(timing learning experience)의 중요성이다.

학습성향 : 학습에 대한 아동, 청소년의 주제중심적 성향과는 대조적으로 성인들은 학습지향에 있어서 생활중심적, 과업중심적, 문제중심적이다. 따라서 성인교육에 있어서 학습경험은 점차적으로 생활과업이나 문제를 중심으로 조직되고 있다.

학습동기 : 성인들은 어떤 외적 동기(더 좋은 직업, 승진, 더 높은 봉급 등)에 민감한 반면, 잠재한 동기들인 내적인 압력(직업에 대한 만족, 자존심, 생활의 질을 높이려는 욕구) 등에는 소홀하다.

이런 가정 차이를 노울즈는 다음의 도표로 정리, 요약해 주고 있다.[25]

		페다고지	안드라고지
1	학습자의 개념	의존자	자율학습자
2	학습자의 경험의 역할	경험이 많지 않으므로 학습자료가 충분치 못함	많은 경험이 풍부한 학습자료가 됨
3	학습자의 발달과제	성숙단계에 맞는 과제	삶의 문제 및 역할에 따른 과업
4	학습내용	주제 중심	과업 또는 문제 중심
5	학습동기	외적 보상 또는 벌	욕구에 따른 내적 자극과 호기심
6	학습결과 적용시기	미래 적용	현실적 적용

[표 1] 페다고지와 안드라고지의 가정 비교

이런 가정의 차이를 다시 정리해 볼 때 안드라고지는 페다고지와는 달리 학습자의 특성에 대해 다음과 같은 네 가지 기본 가정에 기초를 두고 있다.

인간은 성숙함에 따라

첫째, 자아 개념이 의존적 특성에서 자기 주도적 특성으로 변화해 간다.

둘째, 학습자원의 역할을 하는 경험을 점차 누적시켜 나간다.

셋째, 학습에 대한 준비도는 점차로 사회적 역할과 관련되는 발달과 업에 바탕을 둔다.

넷째, 학습이란 미래생활을 대비하기 위한 것이 아니라 실제생활에 즉각적으로 적용하기 위한 것이며, 학습성향은 교과목 중심에서 능력개발 중심으로 변한다.

이렇게 볼 때 페다고지와 안드라고지 사이에는 교육방법에 큰 차이가 있어야 할 것이다. 우선 페다고지 모형에서는 권위적, 형식적, 경쟁적 수업분위기를 지지할 것이다. 또한 교육계획, 욕구진단, 교육목표의 설정 및 평가는 교사의 주도하에 이루어질 것이고, 수업은 교과목 및 내용의 논리에 따라 진행될 것이다. 교사는 학생들에게 전통적 방법으로 지식을 전달할 것이며, 강의, 읽기과제 부과, 미리 준비된 시청각자료 제시 등의 방법을 활용할 것이다.

이와는 달리 안드라고지 모형에서는 상호 존중과 비형식적이고 협동적인 수업분위기를 조성할 것이다. 교육계획, 욕구진단, 교육목표의 설정 및 평가는 교육자와 학습자의 상호 협동으로 이루어질 것이다. 교수과정의 계획은 학습준비도에 따라서 문제중심으로 이루어질 것이다. 안드라고지 방법은 그룹토의, 역할극, 기술연마, 현장연구, 실험방법,

---

25. Knowles, *Self-Directed Learning : A Guide For Learners and Teachers* (Chicago : Follett Publishing Company Inc., Publishers, 1989), p. 60.

협의, 시범, 세미나, 사례연구, 중요사건 기법 등이 포함된다. 이렇게 될 때 성인교육자는 지식 전달자가 아니라 학습 촉진자라 할 수 있다.

2) 성인교육의 안드라고지적 실천

이런 안드라고지적 교육원리를 성인교육에 구체적인 과정으로 전개해서 소개한 사람이 노울즈이다.[26] 그는 안드라고지 원리를 기초로 성인교육의 실천단계로 7단계를 들고 있다. 이를 살펴보면 다음과 같다.

과정 1-학습환경의 조성 : 비공식적이고, 상호 존중하고, 협의와 공동작업이 이루어지며, 상호 지원이 이루어지는 학습환경을 조성한다. 여기서 학습환경이라 함은 다음 몇 가지로 요약된다. 첫째는 학습활동 및 자료준비이고, 둘째는 학습 공간이고, 셋째는 교실에서의 자유스런 분위기이고, 넷째는 상호 신뢰와 존경의 분위기이고, 다섯째는 책임이 분담되는 분위기이다.

과정 2-계획 : 참여자들과의 협의하에 계획이 이루어진다. 참여자들 스스로가 계획에 참가하게 됨으로써 학습목표가 자신의 것으로 받아들여지며, 처음부터 각 참여자는 그 과정에 대한 분담자로 헌신적이고 능동적으로 학습에 참여하게 된다.

과정 3-성인의 욕구와 흥미 진단 : 참여자들과 함께 참여자들의 욕구와 흥미를 진단한다. 여기서 욕구가 인간이 보편적으로 가지고 있는 필요와 바람이라면, 흥미란 개인의 선택의 기호를 뜻한다.

과정 4-목표 설정 : 교사와 학습자가 상호 협정하에 교육목표를 설정한다. 소집단일 경우 전원이 참여할 것이고, 대집단일 때는 일부 위임된 소위원회에서 설정한다.

과정 5-학습경험 편성 : 학습 공동작업을 정하고, 학습 계약 준비상

---

26. Ibid., pp. 60ff.

의 순서를 정한다. 이 학습경험 편성은 학습목표에 맞는 학습경험 유형의 선택이 가장 중요하다. 그리고 학습경험 편성은 자세하고 정확해야 한다.

과정 6-학습경험의 시행 : 인격이 존중되고, 결정에 참여할 수 있고, 표현의 자유가 보장되고, 또한 책임이 서로 분담되는 분위기하에서 앞에서 정한 학습의 공동작업들이 시행되게 된다. 여기서 지도자는 학습자의 자기 주도적 학습을 위한 촉진자이고, 자료 제공자이다.

과정 7-평가 : 수집된 자료로 자가 평가 또는 상호 평가를 시행한다. 여기서 평가의 기본 목적은 성장과 개선을 자극하려는 것이다. 그러기 위해서 현재의 상태를 평가한다.

크랑크(A. Krajnc)는 이런 노울즈의 성인교육의 틀을 수정해서 성인교육의 과정을 제시했는데 이것을 성인교육의 안드라고지적 주기(andragogical cycle)라 부른다. 이것은 다음의 다섯 단계로 구성된다.[27]

1 단계-교육욕구 파악 : 성인교육자는 먼저 학습자의 실제적인 교육욕구를 파악한다. 참여한 성인 학습자의 개인 및 사회의 일원으로서의 상황을 분석하고, 그들의 교육욕구를 파악하게 된다.

2 단계-커리큘럼 기획 : 성인 교육자는 학습자의 선행 경험 및 교육수준을 살피고 교육욕구와 연관된 구체적인 커리큘럼을 마련한다. 이때 커리큘럼은 형식적 커리큘럼과 비형식적 커리큘럼 모두를 포함한다.

3 단계-프로그램 형식의 기획 : 성인 교육자는 학습경험이 선정되는 형식(format)을 설정한다. 이것은 프로그램의 목표, 학습자의 상황, 프로그램이 실행되는 상황에 의해 결정된다. 이때 선정된 형식은 학습 유

---

27. A. Krajnc, "Andragogy," *The Encyclopedia of Education*, Vol. 1. 1985, pp. 266-229.

형과 학습자의 습관에 기초를 두어야 한다.

4 단계-프로그램 시행 : 성인 교육자는 준비된 프로그램을 시행한다. 이때 보편적으로 쓰이는 형태는 강의, 토론, 학습 서클, 상담, 개인교수 등이고, 때로 원격학습형태가 사용되기도 한다.

5 단계-평가 : 성인 교육자는 프로그램을 마무리하고 평가를 한다. 물론 평가는 프로그램 기획과 동시에 시작된다. 성인 교육에서 평가는 성인 교육자와 학습자 모두에게 도움을 준다.

이와 같은 노울즈를 중심으로 한 일군의 성인교육학자들이 제기한 안드라고지 개념을 액면 그대로 받아들인다고 할 때 다음과 같은 결론적 함의를 도출해 낼 수 있다. 즉, "페다고지는 나쁘고 안드라고지는 좋으며, 페다고지는 어린이를 위한 것이고 안드라고지는 성인을 위한 것이다." 사실 1970년판인 노울즈의 「성인교육의 현대적 실천 : 안드라고지 대 페다고지」에서 이렇게 암시되었다. 그래서 안드라고지적 모형과 페다고지적 모형을 이분법적이고 정반대적인 것으로 이해해서 부제에 '대'(versus)라는 말을 썼다.

그러나 이 책이 나온 후 10여 년 동안 초등학교와 중학교, 그리고 대학에 있는 많은 교육자들이 안드라고지 모형을 적용시키는 실험을 했고, 그 결과 아동과 젊은이들이 어떤 경우에는 오히려 안드라고지 모형이 더 좋은 결과를 낸다는 것을 보고했다. 그리고 어떤 상황(학습자들이 새로운 내용영역에 전혀 익숙해 있지 않거나 생소한 기계를 조작하는 법을 배우는 상황)에서는 성인들에게 페다고지적 전략이 필요하다고 보고했다. 그래서 1980년에 다시 개정판인 「성인교육의 현대적 실천 : 페다고지에서 안드라고지로」에서 부제에 '부터'(from)와 '로'(to)라는 말을 썼다.

이렇게 볼 때 대체로 안드라고지는 성인에게, 페다고지는 아동들에게 보다 더 적절하다고 말할 수는 있다. 그러나 교육목적, 교육내용, 그리고 교육환경에 따라 성인에게 페다고지가 더 적절하고, 아동에 안드라고지가 더 적절한 상황도 있을 수 있다. 그리고 페다고지와 안드라고지의 적절한 혼용 개념도 있을 수 있다. 결국 안드라고지 개념은 페다고지와 다른 하나의 교육모형의 기초 개념이며, 성인교육의 교육모형에 사용될 하나의 대안적 개념이라 할 수 있다. 다시 말해서 안드라고지가 유일한 성인교육 모형의 기초 개념이라 할 수는 없는 것이다.

이처럼 노울즈로부터 시작된 안드라고지 논의는 성인교육의 이론적 시도의 도화선역할을 했고, 이후 이런 논의를 기초로 다양한 성인교육의 이론적 접근이 제시되기에 이른다. 이런 안드라고지 논의는 기독교 성인교육에도 지대한 영향을 미쳤다. 노울즈 자신이 안드라고지를 기독교 성인교육적 관점에서 설명하고 있고, 엘리아스(John Elias)를 비롯한 린다 보겔과 같은 대부분의 기독교 성인교육학자들이 이 안드라고지 논의에 참여하고 있다. 이제 기독교 성인교육 연구에 안드라고지는 매우 중요한 이론적 기초역할을 하고 있는 것이다.

II
성인교육의 역사

 일반적으로 교육을 생각할 때 학교를 연상하게 되고, 그 대상으로 학교의 학생인 아동이나 청소년을 떠올리게 된다. 그러나 이것은 공교육이 학교라는 제도하에서 일반 대중에게 보편화되게 된 20세기에 들어와서 생겨난 현상이다. 본래 교육이 하나의 사회적 활동으로 본격화되기 시작할 때 그 대상은 성인이었다. 고대의 위대한 교사들, 즉 중국의 공자와 노자, 서양의 소크라테스와 플라톤 등은 아동이 아니라 성인을 대상으로 교육을 실시했다.
 마찬가지로 기독교교육을 생각할 때 교회학교를 연상하게 되고, 그 대상으로 아동이나 청소년을 생각하게 된다. 이렇게 된 것은 주일학교 운동이 교회 안에 정착되게 되면서 하나의 교육제도로서 요지부동의 위치를 확보하게 되면서부터이다. 본래 기독교교육이 시작될 때 성인을 그 대상으로 했고, 학교라는 제도가 아닌 신앙공동체 자체가 교육의 중심자리였다. 역사적 컨텍스트(context) 안에서 성인교육을 보다 적절히 살피기 위해 기독교교육을 폭넓게 개념화할 필요가 있다. 웨스터호프(John Westerhoff III)는 우리에게 유익한 관점을 소개해 준다. 그는 기독교교육을 "개인들이나 그룹들을 기독교적 삶의 스타일로 발전시키기 위한 신앙공동체의 계획적이고, 조직적이며, 지속적인 노력"이라고 정의했다.[1] 그는 교육을 단지 학교라는 닫혀진 교육제도 안에서 일어나는 교사와 학생 사이의 수업활동(instructional activity)이 아니라 공동체 안에서 일어나는 일종의 사회화(socialization) 또는 문화화(enculturation)로 이해하고 있는 것이다.

이렇게 보다 폭넓은 관점에서 기독교 성인교육의 발자취를 살펴보기로 하자.

1. 구약시대

일반적으로 구약시대의 교육은 크게 두 시기로 구분된다. 하나는 전기 이스라엘의 교육과 다른 하나는 후기 이스라엘의 교육이다. 여기서 전기 이스라엘의 교육이란 이스라엘 민족이 형성되던 시기로부터 출애굽시대, 가나안 정착시대, 그리고 왕정시대를 거쳐 남왕국이 멸망하고 바벨론 포로로 끌려갈 때까지 이스라엘 백성들이 시행했던 교육을 말한다. 그리고 후기 이스라엘의 교육이란 포로기를 지나 포로 귀환이 완료되고, 율법 중심의 유대교가 형성되던 시대의 이스라엘 백성들이 시행했던 교육을 말한다.

1) 전기의 이스라엘 교육

전기 이스라엘의 교육은 가정과 부족을 중심으로 이루어졌다. 가정에서 부모는 교사의 기능을 담당했다. 부모는 교사로서 크게 세 가지 점을 가르쳤다. 첫째가 율법이고, 둘째가 직업을 위한 기능이고, 그리고 셋째가 결혼 생활이다.[2] 부모는 엄격한 통제로 자녀들을 가르쳤고,

---

1. John Westerhoff Ⅲ (ed.), *A Colloquy on Christian Education*(Philadelphia : United Church Press, 1972), ch. 7.

이것은 하나님의 계명으로서 하나의 준엄한 명령이기도 했다.

다음으로 부족 내에서의 교육은 제사장과 예언자들이 교사로서의 기능을 담당했다. 우선 이 시기의 제사장들은 제사업무를 주관했다. 이들이 집례하는 국가적 절기의식, 성전의 예배의식, 제사의식, 그리고 성전의 상징과 장식은 이스라엘 백성들에게 종교의식을 불어넣어 주었을 뿐 아니라 신앙의 전승과 민족의 역사를 계승토록 했다. 그리고 제사장들은 구전과 문헌을 수집하여 편집했다. 이때 이스라엘 백성들이 기억하기 쉬운 형태로 만들어 사람들에게 가르쳤다(신 33 : 10).

또한 예언자들은 일반 대중들을 하나님의 말씀으로 깨우치는 교사의 기능을 담당했다. 이들은 말씀선포와 기록을 통해 사회의 정의를 정립했고, 민족적 종교를 확립했으며, 사회의 관념을 주도했고, 타락한 정치를 비판했고, 부패한 사회 도덕을 공격했고, 개인적이며 사회적인 의를 선포했다. 이런 활동으로 인해 예언자들은 일반 대중들을 교육해 갔다.[3]

이렇게 볼 때 이 시기의 성인교육은 부족이 그 중심자리였다. 특히 제사장들이 주관하는 공식적인 제사, 절기, 의례들을 통해서 신앙의 전통을 전수해 갔고, 선택된 백성이라는 의식을 확고히 다져 갔다. 그리고 예언자들의 사역을 통해서 우상숭배 및 도덕적 타락을 바로잡았고, 하나님의 백성다운 개인적 의와 사회적 의를 바로 세워 갔다.

2) 후기의 이스라엘 교육

이스라엘 백성들은 포로 후기에 더욱 교육을 강조하게 된다. 그 이유는 세 가지 신념 때문이다. 하나는 나라의 위기가 율법을 어긴 벌이라

---

2. William Barclay, *Educational Ideals in the Ancient World*(Grand Rapids : Baker Book House, 1980), p. 16.
3. Fletcher Swift, *Education in Ancient Israel*(Chicago : The Open Court Publishing Co., 1919), p. 36.

는 신명기적 역사관이고, 또 하나는 지금이라도 율법을 준수하면 나라가 회복될 것이라는 희망이기 때문이다. 그리고 세 번째는 자기들로 하여금 열방에게 하나님이 참신이심을 알게 하라는 하나님께서 주신 사명이다.[4] 이런 신념이 교육적 열정을 불러일으켜 교육을 조직화하고 제도화하기에 이른다. 그래서 생겨난 것이 회당교육이고, 더 나아가 공식 교육제도가 발전하게 되었다.

회당은 마을마다 한 개 이상씩 세워졌다. 여기서 안식일을 위시해서 모든 절기와 특정일에 예배를 드렸는데, 그 예배는 크게 두 부분으로 구성되었다. 1부는 기도회였고, 2부는 교육이었다.[5] 특별히 2부 순서는 크게 두 과정으로 구성되었다. 먼저 '성경학습' 과정이다. 여기서는 처음에 성경 낭독자가 기도하고, 율법서 중에 택해서 원어로 읽고 번역하고, 예언서 중에서 택하여 읽고 번역하고, 성경 낭독자가 기도했다. 다음 '해설' 과정이다. 이 구절의 의미를 말하고 이어서 삶의 적용문제를 논한다.[6] 이 회당예배는 물론 성인 중심으로 드려졌다. 따라서 2부의 교육 부분은 그야말로 성인교육의 중요한 장이었다.

다음으로 이 시기에 공식 교육제도가 발전되었는데, 특히 세 가지의 교육제도가 발전되었다.

첫째는 초등교육 제도인 '책의 집'(Beth Hassepher)이다. 여기서는 6~7세의 남아들이 10세가 될 때까지 교사인 하잔의 지도하에 읽기, 쓰기, 셈하기를 배웠고, 율법을 암기하는 교육도 배웠다.

둘째는 중등교육 제도인 '연구의 집'(Beth Hamidrash)이다. 여기서는 10세에서 약 15세까지의 청소년들이 교사의 지도하에 구전으로 된

---

4. Ibid., p. 76.
5. Lewis Sherrill, *The Rise of Christian Education*(New York : The Macmillan Co., 1944), pp. 46-47.
6. Ibid., p. 46.

율법을 연구하고 해석했다.

셋째가 고등교육 제도인 아카데미(Academy)이다. 바로 이곳이 성인 교육기관이었다. 물론 일반 성인을 대상으로 한 교육은 아니었다. 전문 서기관이 되고자 하는 사람들을 양성하는 기관이었다. 대율법학자들이 연구의 집에서 선발하여 제자삼아 토라를 전수했다.

이렇게 볼 때 이 시기의 성인교육은 회당에서 일반인을 대상으로 수행되었고, 아카데미를 통해서 전문 서기관이 되려 하는 특정인들을 대상으로 수행되었다.

2. 신약시대

일반적으로 신약시대의 기독교교육을 크게 두 가지로 구분한다. 하나는 예수의 교육이고, 다른 하나는 사도들의 교육이다.

1) 예수의 교육

신약성경에 예수는 여러 가지 모습으로 소개되고 있지만, 그 중에 가장 많은 빈도수를 나타내는 것이 바로 교사이다. 사람들이 예수를 선생님이라 부른 것이 42회 나타난다. 랍비라고 부른 것이 12회, 랍오니 2회, 그리고 예수 자신이 선생이라는 칭호를 5회 사용했다. 이렇게 볼 때 예수를 교사로 지칭한 것이 무려 61회 나온다. 그리고 예수의 사역을 묘사할 때 '가르치다'(디다스케인)로 묘사된 것이 47회이고, 명사형으로 10회나 사용되었다. 이처럼 예수는 열심히 때와 장소를 가리지 않고 공생애 기간 동안 가르치셨다는 것을 알 수 있다.

그런데 예수의 가르침을 받던 사람들은 누구인가? 쉐릴은 예수의 가르침을 받던 사람들을 세 그룹으로 구분했다.[7] 첫째는 바리새인, 서기

---

7. Ibid., p. 91.

관들로서 예수의 가르침을 비판했던 자들이고, 둘째는 허다한 무리들, 즉 일반 대중들로서 예수의 가르침을 보고 들었다. 그리고 셋째는 제자들이다. 이들은 예수와 함께 살면서 예수의 가르침을 철저하게 배웠다. 이렇게 볼 때 예수의 청중은 모두가 성인이었음을 알 수 있다.

예수의 가르침의 내용은 한마디로 하나님의 나라였다. 인간이 통치하는 나라, 인간이 주인인 나라가 아니라 하나님께서 통치하시고, 하나님께서 주인인 나라를 가르치셨다. 당시 율법종교 안에서 무능하게 세상 나라에 억눌려 있던 사람들에게 하나님 나라를 보이시고 가르치셔서 하나님 나라의 백성이 되도록 이끌어 주셨던 것이다.

이렇게 볼 때 예수의 교육은 단적으로 성인교육이었다고 해도 과언이 아니다. 교육의 대상이 성인이었고, 교육의 자리도 성인의 삶 한복판이었고, 교육방법도 성인을 존중하고 이해하는 방향으로 전개되었고, 교육내용도 성인의 삶과 깊은 연관을 맺고 있기 때문이다.

2) 사도들의 교육

예수가 승천하며 약속한 성령이 강림하게 되면서 신앙공동체로서 교회가 세워지게 되었다. 이 교회는 나름대로 정체성을 형성해야 하고, 이를 공동체 구성원들에게 가르쳐야 할 필요가 생겼다. 그리고 기존의 유대교와의 단절, 로마세계에 대한 기독교 변증 등 무거운 문제들을 해결해 가야 했고, 또한 이를 공동체 구성원들에게 가르쳐야 할 필요가 생겼다. 사도들은 이런 필요에 따라 가르치는 일에 전력을 기울였다.

우선 사도들은 설교를 통해서 가르쳤다. 성전에서, 회당에서, 집에서, 거리에서 말씀을 전하면서 이를 통해서 가르쳤다. 그리고 교회의 모임 특히 말씀의 모임을 통해서 가르쳤다(행 2 : 43, 47). 또한 문서를 통해서 가르쳤다. 교회가 당면한 문제에 대해 편지로 답했고, 이를 당시 교회들이 회람하면서 배웠다.

쉐릴은 이 당시 교육내용을 크게 다섯 가지로 정리했다.[8] 첫째, 히브

리 성경의 기독교적 해석이다. 구약성경을 기독교적 관점에서 새롭게 해석한 것이다. 둘째, 복음이다. 예수의 십자가와 부활을 중심으로 한 케리그마를 말한다. 셋째, 신앙고백이다. 당시 교인들로 하여금 예수에 대해 바로 신앙고백을 하도록 가르친 것이다. 넷째, 예수의 생애와 가르침이다. 그리고 다섯째가 윤리적 교훈이다.

사도들의 교육도 예수님의 교육처럼 성인교육이었다. 예수님의 교육을 본받았다는 점에서도 그렇고, 교육환경이 예수님시대와 크게 달라진 것이 없었기 때문이다. 다시 부연해 보면 사도들의 교육에서 교육의 대상이 성인이었다. 교육방법도 성인들에게 효과 있는 것을 사용했고, 교육의 도구도 성인들이 쉽게 활용하고 이해할 수 있는 것들을 사용했다.

3. 초기 기독교시대

초대교회 시절 이방지역 선교의 폭발적인 확장으로 이교도들 가운데 개종자들이 급격하게 늘게 되었다. 과거에 유대인으로 기독교인이 되었던 사람들과는 상황이 너무 달랐다. 그래서 이들을 보다 조직적이고 체계적으로 교육하지 않을 수 없게 되었다.

이런 필요에 따라 먼저 생겨난 것이 초신자 세례문답학교(Catechumenal School)이다. 이 학교에는 '세례 예비생'(Catechumens)들만 입학을 했고, 교리문답(Catechism)을 통해 가르쳤다. 이 학교는 크게 세 등급으로 구분해서 가르쳤다.[9]

첫째는 초급반으로 청강반(Hearers)이다. 여기서는 성경 낭독을 경청하며 설교를 경청케 하여 근본적 기초교리와 신앙생활의 원리를 터

---

8. Ibid., p. 144.
9. C. B. Eavey, 김근수·신청기 공역, 「기독교교육사」(서울 : 한국기독교교육 연구원, 1980), pp. 123-124.

득케 했다.

둘째는 중급반으로 기도반(Kneelers)이다. 여기서는 수업 후에 특히 기도하도록 요청되었다. 상급반에 진학하려면 생도들의 생활규범이 상급반에 합당하다고 증명되어야 했다.

셋째는 고급반으로 선별반(The Chosen)이다. 이 반에서는 보다 고차원적인 교육이 실시되었는데 주로 교리와 예배의식과 세례에 필요한 예비훈련이었다.

여기서 초기 기독교시대의 세례 예비생들은 물론 성인들을 지칭한다. 청강반, 기도반, 선별반 모두 성인들이 그 대상이었다.

다음으로 생겨난 것이 교리문답학교(Catechetical School)이다. 이 학교는 원래 세례문답학교에서 비롯되어 성직자들 교육기관으로 발전했다. 당시 기독교가 전파된 주요 도시, 즉 알렉산드리아, 예루살렘, 에데사, 니스비스, 콘스탄티노플 등에 세워졌다. 이 학교가 후에 보다 전문적인 성직자 교육기관으로 발전해서 감독학교(Episcopal School)와 성당학교(Cathedral School)가 되었다.

이런 여러 교육기관들에 입학해서 교육받았던 사람들은 물론 성인들이었다. 성인 가운데 그들의 신앙 수준에 따라 여러 종류의 교육기관들이 발전되었던 것을 알 수 있다.

이렇게 볼 때 초기 기독교시대의 교육은 사도시대보다 여러 가지 면에서 변화하고 발전하긴 했지만 여전히 교육의 대상이 성인이었고, 교육 자체가 성인교육이었다.

4. 중세

중세로 접어들면서 로마가 기독교화되었다. 이것은 성인 개종자가 없어지는 결과를 낳았고, 사람들은 어려서 유아세례를 받았고, 청소년 시기에 입교하게 되었다. 이로써 초신자 세례문답학교는 더 이상 그 의미를 상실하게 되어 사라지게 되었다. 그리고 야만족의 침입으로 그나마 남아 있던 교리문답학교와 같은 교육기관들이 폐쇄당하게 되었다.[10] 이것은 초기 기독교시대의 성인을 중심으로 형성되었던 교육기관들이 자취를 감추게 되면서 성인교육의 자리가 사라지게 되었다는 것을 뜻한다. 결국 성인교육의 위축현상이 매우 거세게 일게 된 것이다.

중세시대에 이런 교육기관의 폐쇄와 함께 두드러진 특징으로 나타나게 된 것이 신비주의의 등장이다. 신비주의의 중심에 자리했던 것이 바로 성례였다. 이 성례가 하나님의 은총이 인간에게 직접 임하는 통로로 이해되었고, 이 성례에 성실히 참여하는 것이 가장 본질적인 종교적 삶이라 해석되었다.[11] 그리고 또 하나의 특징이 상징주의의 등장이다. 교회의 의식이 세분화되자 수많은 상징들이 생겨났다. 그리고 교회의 지도자들은 각 상징의 의미를 설명할 필요가 생겼다. 이를 위해서 연극이 동원되었다. 10세기경에는 예배의식 속에 연극이 포함되기도 했고, 특별 기념행사 때 종교연극이 상연되었다.[12] 이런 신비주의와 상징주의는 말씀을 강조하던 초대교회의 분위기를 소멸시켰고, 그 결과 교육이 급격히 설자리를 잃어버리는 결과를 초래했다. 이로써 어두운 암흑기가 찾아오게 되었고, 성인들은 교육의 기회를 박탈당한 채 이 암흑기 한복판으로 떠밀려 들어가게 되었다.

이런 와중에서도 성당학교는 지속적으로 발전했다. 특히 세속 학문을 수용해서 소위 7대 교양과목을 가르치게 되었다. 일반인들에게 가르쳤던 문법, 논리학, 수사학 3과목에 상급과정 사람들에게 산술학, 기하학, 천문학, 음악의 4과목을 더 가르쳤다.

---

10. William Boyd and Edmund King, *The History of Western Education* (London : Adam & Charles Black, 1975), pp. 86ff.
11. Lewis Sherrill, op., cit, pp. 242-244.
12. Ibid., pp. 235-237.

이 시기에 새롭게 등장한 학교가 바로 수도원학교(Monastic School)였다. 이 학교의 교육과정은 수도사가 되려는 사람들과 성경연구에 관심을 가진 사람들을 위한 과정(schola interior)이고, 다른 하나는 수도원학교에서 교육을 받으려는 일반인들을 위한 과정(schola exterior)이다.

중세시대에 교육의 관점에서 중대한 변화라면 대학의 등장을 꼽을 수 있다. 11세기에 들어오면서 신학, 법학, 의학이 주요 핵심과목으로 부상하게 되면서 이 분야의 대학자들을 중심으로 학생들이 모여 자연스럽게 대학이 형성되게 되었다. 특히 프랑스의 파리와 이태리의 볼로냐를 중심으로 시작된 대학은 유럽 전지역으로 확산되었다.

결국 중세는 암흑기의 특징을 보이면서 일반 성인들은 신비주의와 상징주의에 질식되었고, 소수의 사람들만 성당학교, 수도원학교, 그리고 대학의 교육 혜택을 받을 수 있었다. 그리고 서서히 아동과 청소년 교육의 자리가 나타나게 되었다.

5. 종교개혁시대

중세의 암흑기를 몰아내는 거센 바람이 일기 시작한 것은 문예부흥운동으로부터였다. 14세기 말엽 이탈리아를 중심으로 서서히 파급되기 시작했던 문예부흥운동은 재생(re-birth)이라는 뜻을 가진 르네상스라는 말이 암시하듯이, 중세 암흑기 천년 동안 잊혀졌던 고대의 정신을 되찾으려는 새로운 관심을 불러일으켰다.[13] 이 운동의 기본정신은 인본주의(humanism)였다. 이것은 중세의 암흑기 동안 삶과 사고형태에 결정적 영향을 주었던 신비주의와 상징주의로부터 벗어나 인간 본성을 새롭게 조명해 보려는 입장이었다. 이런 인본주의에 바탕을 두고 문예부흥운동은 이성을 강조하였고, 개인을 격상시켰고, 개인적 판단의 권

---

13. Boyd and King, op. cit., pp. 159–168.

리를 중요시하였고, 사람들로 하여금 고전을 연구케 함으로써 새로운 지적 기반을 확충할 수 있었다.

비슷한 시기에 문예부흥운동과 상호 영향을 주면서 시작되었던 종교개혁은 중세의 암흑기를 몰아내는 결정적 역할을 하게 되었다. 특히 종교개혁이 교육과 연관해서 두 가지 중요한 원리를 주창했는데, 하나가 신앙과 도덕에 있어서 교회의 권위 대신에 성경의 권위를 인정하는 것이고, 다른 하나는 성령만이 진정한 진리의 해석자이시므로 사제나 교회의 중재 없이 예수 그리스도에 대한 개인적인 신앙으로 말미암아 의롭다함을 받는다는 것이다.[14]

이런 원리를 바탕으로 개신교는 여러 교육적 노력을 강화해 나가게 되었다. 우선 성경을 자국어로 번역하는 일이었다. 일반 신자들로 하여금 손쉽게 성경을 읽을 수 있고, 예배 때 자국어 성경을 사용함으로써 성인 신앙교육을 위한 토대를 마련하였다. 다음으로 개신교 예배는 더 이상 신비주의와 상징주의가 아니라 설교에 초점을 맞추게 되었다. 설교에서 성경적이고 교리적인 설교를 했고, 따라서 신자들은 교회 예배에 와서 설교를 통한 교육을 받을 수 있게 된 것이다. 그리고 루터를 비롯한 개혁자들이 「소요리문답」(Small Catechism)과 같은 교리문답서를 발간해서 구체적인 교육자료로 활용할 수 있게 되었다. 그리고 한걸음 더 나아가 가정교육을 강조하고, 구체적으로 학교를 설립하여 공교육을 실시하기에 이른다.

이런 개혁자들의 노력은 성인교육을 위한 교육환경(educational ecology)을 공고히 한 것으로 평가할 수 있다. 연극이나 상징과 같은 간접적 교육환경에서보다 구체적이고 직접적인 교육환경에로 철저한 전환이 이루어진 것이다. 즉, 성경을 읽을 수 있게 되고, 예배 안에서 하나님의 말씀을 듣고 배울 수 있게 되며, 나아가 문서를 통한 교육 및 교

---

14. Eavey, op. cit., p. 212.

육기관을 통한 교육까지 받을 수 있는 길이 열리게 된 것이다.

6. 근세

종교개혁 시기를 지나면서 서구사회는 일대 변혁을 겪게 된다. 르네상스운동에서 발원한 인본주의 사상은 교회의 교리와 신앙에 근거하여 인간과 세계를 해석하려는 틀을 과감히 떨쳐 버리게 했고, 한걸음 더 나아가 자연주의로, 합리적인 과학주의로 급속히 발전되어 갔다. 특히 교육학에서는 현대교육의 발전을 가능케 한 사실주의(realism)를 태동시켰다.[15] 이런 사실주의의 영향을 교육은 종전의 피상적이며 관념적인 교리중심적 교육에서 구체적인 교육현상을 하나의 심리적 과정을 통한 지식 형성에 초점을 두는 교육으로 발전해 갔다. 이런 변화는 자연스럽게 교회교육과 일반 세속교육과의 분리를 정착시키게 되었다.

근세에 들어와 일반교육에서 공교육의 발판을 마련하게 되면서 교육의 대상은 주로 아동이나 청소년에 초점을 맞추게 되었다. 따라서 성인들에 대한 교육적 배려는 부차적인 것이 되어 버렸다. 종교개혁 이후 3세기 동안 유럽에서는 근근이 몇몇 성인교육을 위한 학습형태가 전개되었을 뿐이다. 예를 들어 독일을 위시한 유럽 대륙에서 시도된 민속고등학교(folk high school), 영국 쪽의 노동자교육운동, 그리고 다양한 형태의 학습서클(study circle) 등이었다.

미국에서는 유럽과 다르게 성인교육이 보다 활발하게 전개되었다. 식민지시대에 도제제, 사설직업학교, 유료도서관, 교회지원 교육 프로그램, 박물관, 타운미팅, 농업학회 등 여러 성인교육적 시도가 있었다. 특히 1727년 프랭크린(Benjamin Frankline)과 7명의 동료들에 의해 조

---

15. Edward Power, *Evolution of the Educational Doctrine*(New York : Meredith Corporation, 1969), p. 414.

직된 토론 클럽인 '준토우'(Junto)가 미국 성인교육의 특징인 자발주의(voluntarism)의 바탕을 세웠다. 여기서 준토우란 매주 특정일 회원들이 모여 주제를 선정하고 이에 관한 독서를 하고 토론을 하는 일종의 토론 모임이었다. 독립을 이룬 후에 미국에서는 유용한 지식 보급을 목표로 대학 확장사업(university extension)이 활발하게 전개되었다. 그리고 미국적 성인교육 형태인 아메리칸 라이시엄(American Lyceum)이 창설되었다. 여기서 라이시엄이란 회원의 지적인 상호 향상을 도모할 목적으로 세워진 자유로운 지역 학습집단인데 가능한 형식성을 피하고 토론, 조사, 전시, 상호 학습 등의 방법을 활용했다. 19세기 중엽에 미국의 성인교육에 새로운 형태가 등장했다. 즉, 셔토쿼 강습소(Chautauqua Institute)이다. 이것은 1874년 감리교 주일학교 연합(Methodist Sunday School Union)의 사무관 빈센트(John vincent) 박사의 주도하에 시작되었다. 처음에 교회의 주일학교 교사들이 주도적으로 시작되어 후에 일반인들의 호응을 얻어 미국 전역으로 확장되어 나갔다.

20세기에 들어와서 성인교육은 보다 조직적이고 기구 중심으로 발전하게 되었다. 특히 공공도서관운동이 전개되었다. 그리고 이와 더불어 문맹퇴치, 농업교육 등이 활발하게 전개되었다. 급기야 1926년 미국성인교육협회(American Association for Adult Education)가 결성되었고, 1951년에 성인교육협회(Adult Education Association)가 설립되어 성인교육운동이 전국적으로 확산되는 계기가 되었다. 그러나 아직 성인교육이 하나의 전문 분야로 자리매김하지 못했고, 이를 위한 이론적 연구도 미흡하여 그 성과를 나타내기에는 한계를 드러내었다.

교회교육에서는 1780년 주일학교운동이 시작되면서 일대 전기를 맞는다. 영국에서 시작된 후 미국으로 건너가 부흥운동과 결합되면서 주일학교는 교회의 기간 교육제도로 자리잡기에 이른다. 그런데 이 주일학교운동의 대상은 아동과 청소년들이었다. 따라서 이 시기에 교회 내의 성인교육에는 이렇다 할 발전이 이루어지지 못했다.

결국 근세는 공교육의 급속한 발전으로 아동과 청소년을 교육의 대상으로 부각시켰고, 반대로 성인은 전문적인 교육기관으로부터 소외당하게 됨으로써 주된 교육의 대상에서 밀려나게 된다. 비록 필요에 따라 초보적인 사회교육의 형태가 발전되었지만 미미한 수준으로 이렇다 할 영향력을 갖지 못하게 되었다. 그리고 근세에 와서 교회교육과 일반적인 세속교육 사이의 괴리가 본격화되었고, 이런 세속교육에서 성인의 소외현상은 교회교육에도 그대로 이어져 교회의 성인교육이 현격히 축소되는 결과를 낳았다.

7. 현 대

  성인교육 논의가 본격화된 것은 그야말로 최근에 들어서이다. 급격한 사회변동의 결과 후기 산업사회가 시작되면서 성인들의 교육에 대한 필요성이 절실하게 요구되게 되었다. 즉, 과학기술의 발달과 사회구조변화로 학교교육으로만 변화된 사회에 적응할 수 없는 상황이 전개되고, 성인들도 배우지 않으면 도태될 수밖에 없는 상황이 생겨나게 된 것이다.
  이런 요구에 부응하기 위한 노력들이 1970년의 유네스코가 소위 '평생교육' 사업을 전개하면서 본격화되기에 이르렀다. 이 사업에서 유네스코는 교육이란 한꺼번에 되는 일이 아니고, 60, 70, 80 생애에서 6년, 12년, 혹은 18년 동안 학교에 다니는 것만이 교육이 아니라고 단언한다. 그러면서 교육이란 무엇인가를 배우는 방법을 배우는 것이라고 결론지었다. 현대의 모든 경영기술, 컴퓨터의 도움으로 작성한 교안에서부터 지구중계, 위성중계, 그리고 실업계와 성인교육에서 얻은 모든 방법을 조직적으로 이용하는 배움과 진정한 평등을 보장하는 민주화과정에 의식적으로 따르는 배움이며, 모든 생명과 사회, 즉 개인과 사회, 농촌과 도시, 국가와 세계를 다 망라한 배움이라고 결론짓고 이러한 배움에 관한 개념은 모든 배움의 장소를 포함한다고 보았다.
 이러한 유네스코 교육의 기조하에서 몇 년 후에 회원국들에 대한 성인교육 발전에 관한 권고(Unesco Recommendation in the development of Adult education at the General conference, Nov., 1976, Nairobi)가 채택되었고, 세계 전역에 기초 성인교육(Fundamental Adult education)이 전개되었다.
 이 유네스코의 권고는 성인교육을 다음과 같은 요지로 정의하고 있다.
 1. 성인교육은 그 내용과 수준, 방법이 어떤 것이든 간에 성인들이 참여하는 모든 조직적 교육과정을 말한다.
 2. 성인교육은 형식교육이거나 그렇지 않거나 간에 중등학교나 대학이나 또 직업훈련 때에 받은 교육의 계속 연장이거나 또는 그것을 대치하는 성격의 것이다.
 3. 성인교육의 과정은 성인들이 그들의 소질과 능력을 키우고, 지식을 넓히고, 기술이나 직업적 자질을 향상시키고 또는 다른 직업을 갖게 하는 데 도움을 주는 모든 교육활동을 말한다.
 4. 성인교육은 개인의 보다 충실한 계속적 발달이라는 점에 있어서나 또는 조화롭고 영속적인 사회, 경제, 문화발전에 참여하는 데 있어서 그들의 태도와 활동을 바꿔 주는 모든 조직적인 교육활동을 뜻한다.
 5. 성인교육은 그가 속해 있는 사회가 성인이라 인정하는 사람들을 교육하는 모든 교육활동을 말한다.

 그리고 이 권고가 제시하고 있는 성인교육의 목적은 11개 조항인데 그 요지를 간추려 보면 다음과 같다.

 1. 국제이해와 협동, 그리고 세계 평화를 위한 활동을 증진시킨다.
 2. 최근 일어나는 여러 가지 문제와 사회변화를 이해하며, 사회정의를 실현하는 견지에서 사회 발전과정에 적극적으로 참여하는 능력을

향상시킨다.

3. 인간과 자연적, 문화적 환경과의 관계에 대한 인식을 증진하며, 환경을 개선하고, 자연과 문화유산과 공공시설을 사랑하고 보호하려는 갈망을 키워 준다.

4. 국가적으로나 국제적으로 여러 다른 풍습과 문화를 이해하고 존경하도록 한다.

5. 가정, 지역사회, 국가 및 국제사회에 있어서 상호간의 효과적인 의사소통과 결속에 대한 인식을 넓히며, 동시에 효과적인 방법을 제공해 준다.

6. 개인의 보다 충실한 성장에 필요한 새로운 지식과 자격과 태도와 여러 가지 행동을 습득하는 능력을 발전시킨다.

7. 성인들에게 보다 앞선 기술과 직업교육을 제공함으로써 개인과 근로 생활과의 의식적이고 효과적인 결합을 보강해 준다.

8. 자녀교육에 관계되는 여러 가지 문제를 적절하게 이해할 수 있는 능력을 키워 준다.

9. 여가를 선용하여 여러 가지 창작과 새로운 정신적, 심리적 가치를 창조할 수 있는 능력을 키워 준다.

10. 라디오, 텔레비전, 신문, 영화와 같은 매스미디어를 활용하는 데 있어서 필요한 식별력을 발달시키며, 동시에 사회로부터 전달되는 대중문화의 복잡한 내용을 해석하는 능력을 키운다.

11. 성인들로 하여금 스스로 학습하는 능력을 키워 준다.

여기서 열거한 성인교육의 목적은 우리 생활과 밀접한 연관을 가지고 있음을 알 수 있다. 그리고 이 권고는 성인교육의 전략을 다음과 같이 정리하고 있다.

첫째, 성인교육이 전체 교육제도 속에 필수적이고 발전정책과 긴밀히 연결되어야 한다. 그리고 평등성의 원칙 아래 모든 성인들의 필요를 충족시킬 수 있는 교육구조의 쇄신, 프로그램의 개혁과 실천, 그리고 교육방법의 적용 등을 증진시켜야 하는 것이다.

둘째, 성인교육이 학교교육의 혜택을 받아야 할 청소년들의 교육을 대신해 주는 것이 되어서는 안 되며, 여성들을 위한 평등한 교육기회의 제공과 특히 불우한 집단에 속한 사람들이 성인교육과 지역사회 개발에 참여할 수 있는 기회가 확장되어야 한다. 이런 점에서 회원국을 여러 사회집단 간의 평등한 관계수립을 도울 수 있는 교육정책 수립에 스스로 관여해야 한다.

셋째, 평생교육의 과학적인 근거를 인정하며, 동시에 일생을 통한 노동과 교육의 균형 있는 분배를 보장해 주며, 계속교육과 노동생활과의 통합을 보장해 주어야 한다.

넷째, 성인교육 정책의 목표는 국가 발전계획에 합치되어야 한다. 즉, 그것은 전체적인 교육정책과 사회, 경제, 문화 발전정책에 관계지워 규정되어야 한다.

이런 유네스코의 권고는 여러 나라의 성인교육이 급속도로 발전해 가는 견인차 역할을 했다.

우리 나라의 경우 1973년 유네스코 한국위원회가 주최한 평생교육 세미나 이래로 평생교육에 관한 공식적 논의가 본격화되었으며, 1980년 10월 제정 공포된 헌법 제29조에 평생교육 조항의 명문화를 시발로 1982년 사회교육법의 제정, 1983년 9월 10일 사회교육법 시행령이 공포됨으로써 사회교육발전을 위한 법 제정작업이 마무리되었다. 그리고 이런 법 제정과 더불어 평생교육 및 사회교육 차원에서 성인교육이 활발하게 논의되고 시도되기에 이르렀다.

이와 같은 일반 사회의 성인교육운동은 교회교육에도 영향을 미치게 되었다. 주일학교 내의 장년부 성경공부라는 틀을 벗어나서 교육목회라는 차원에서 성인교육이 모색되기에 이르렀다. 교회마다 성경공부가 하나의 붐을 조성하게 되었고, 성인들을 위한 교육 프로그램들이 개발

되고 실시되게 되었다.

　그러나 아직 이론적인 준비가 체계화되지 못했고, 전문가도 양성되지 않았고, 다양한 프로그램 개발도 미흡한 형편이다. 다시 말해서 교회의 성인교육은 이제 걸음마단계에 진입하고 있다고 할 수 있을 것이다.

성인의 이해

 교육에서 그 대상을 올바로 이해한다는 일은 매우 중요하다. 왜냐하면 교육은 바로 그 대상인 학습자를 상대하는 활동이기 때문이다. 일반적으로 교육은 피교육자를 보다 나은 상태로 이끌어 주는 작업으로 이해한다. 피교육자를 보다 나은 상태로 이끌어 주기 위해서는 우선 피교육자의 현재 상태를 올바로 파악하는 일이 무엇보다 중요하다. 이를 기초로 보다 나은 상태로 이끌어 줄 교육행위가 시작되기 때문이다.
 그동안 성인교육에서 성인이해가 별로 중요하게 다루어지지 않았다. 그래서 성인교육이 성인에게 적절하지 않은 페다고지적 교육내용과 교육방법으로 수행되었다. 그 결과 바람직한 교육효과를 거둘 수 없었다.
 그러면 성인교육이라는 관점에서 성인을 이해해 보자.

1. 성인은 누구인가?

 시기적으로 볼 때 성인은 대략 18세 또는 20세부터 생을 마칠 때까지의 사람들을 말한다. 다시 말해서, 준비하는 시기라 할 수 있는 아동기와 청소년기를 지나 본격적으로 자기 나름대로 인생을 살아가고 있는 사람들을 말한다.

그 특징면에서 볼 때 성인은 사회적 역할 수용과 책임 수행능력을 갖춘 사람, 또는 결혼하여 독립된 가정을 가졌거나 경제활동에서 생산적 기능을 수행하는 사람을 말한다. 성인교육학자 노울즈는 이를 더욱 함축해서 성인이란 사회적 역할을 가진 사람이고, 자기 자신의 생활을 근본적으로 책임질 수 있는 사람이라 정의했다.[1] 이렇게 볼 때 성인다운 성인이기 위해서는 공동체 안에서 나름대로의 역할을 가져야 하고, 남에게 의존하지 않고 자신의 삶을 책임질 수 있어야 한다.

그러면 성인은 어떤 사람인지 먼저 그 일반적인 특성을 살펴보자. 생물학적 특성, 심리학적 특성, 그리고 학습자로서의 특성을 차례로 살펴보자.

1) 생물학적 특성

성인은 신체적으로 성장이 완결된 상태이다. 이후 성인기 전반에 걸쳐 쇠퇴현상이 일어난다. 성인의 생물학적 특성을 보다 자세하게 살펴보면 다음과 같다.

첫째, 감각적 측면이다. 성인의 감각은 전반에 걸쳐 쇠퇴현상이 일어난다. 그 중에서 시각의 변화는 가장 뚜렷하게 나타난다. 대개 40~50세 사이에 시각의 변화가 시작된다. 나이가 들어 가면서 사람들은 가깝거나 먼 곳을 보기 위해서는 더 많은 조명을 필요로 한다. 청각도 쇠퇴가 일어나는데 이는 성인기를 통해 점진적으로 일어난다. 나이가 들수록 상대방의 말을 듣기가 어려워진다. 일부 사람들은 보청기나 확성기와 같은 기기의 도움을 받을 수 있지만 심해지면 의사소통 전체에 장애가 올 수 있다.

---

1. M. Knowles, *The Modern Practice of Adult Education*(New York : Cambridge Book Company, 1980).

둘째, 중추신경적 측면이다. 나이가 들수록 중추신경 계통에 변화가 일어나 반응시간(reaction time)이 지체된다. 일반적으로 이는 두뇌활동을 비롯하여 신체 각 감각기관의 기능 감소로 설명된다.

셋째, 노화적 측면이다. 사람들이 늙어 가면서 나타나는 특징은 크게 두 가지이다. 우선 전반적인 신체적 능력이 감소된다는 것이다. 그리고 만성적 질병에 시달리게 된다는 것이다. 70세 이상의 노인 약 75~86%가 만성적 질병에 시달리고 있다.[2]

특히 성인교육과 연관해서 볼 때 가장 심각한 질병은 심장병과 두뇌장애이다. 이런 질병은 두뇌에 혈액공급 장애를 받게 되고, 뇌 손상으로 기억력 및 사고력에 중대한 영향을 미치게 된다. 또한 만성적 질병의 경과는 진통과 피로로 인해 학습동기를 현격히 감소시키는 결과를 가져온다.

2) 심리학적 특성

성인기라고 하면 일반적으로 심리적 안정을 연상한다. 그러나 성인기라고 해서 다 안정성과 중후함을 갖는 것은 아니다. 성인기가 청소년만큼 동요하고 있지는 않지만 자아에 대한 의문과 관심의 형태는 같으며, 자아와 다른 사람들과의 관계에 대한 관심과 의문 역시 강렬하게 일어난다.

성인교육과 연관해서 심리학적 특성은 성인이 환경과의 상호 작용에서 어떻게 발달을 이루는가에 초점을 맞춘다. 이를 크게 세 가지로 정리해 볼 수 있다.

첫째가 인성발달(personal development)이다. 인성발달이라 함은 인간의 내적 자아가 어떻게 발달해 가는가라는 점에 주목한다. 일반적으로 성인기의 인성발달은 성인이 나이가 들어 감에 따라 거치게 되는 일련의 단계로 본다. 즉, 일종의 연대기적 시간과 연관해서 성인의 인성발

---

2. Sharan B. Merrian and Rosemarys. Caffarella, *Leaning in Adulthood*(San Francisco : Jossey-Bass Publishers, 1991).

달을 설명한다. 따라서 성인 교육자들은 연령에 적합한 과제내지 활동이 있고, 이와 연관된 프로그램을 개발해야 한다는 점을 강조한다.

둘째가 지능발달(intellectual development)이다. 성인의 지능발달에 관한 연구가 다양하게 이루어지고 있지만 가장 주목할 것은 웨체슬러(D. Wechsler)의 연구이다.[3] 그는 성인의 학습능력을 측정하기 위해 가장 흔히 사용되는 도구의 하나인 WAIS(Wechsler Adult Intelligence Scale)를 창안했다. 이 테스트는 어휘력 테스트로부터 물건 조립에 이르기까지 다양한 하위 테스트들로 구성되어 있다. 그는 신체의 성장 정지와 마찬가지로 정신능력은 대체로 연령과 더불어 감소한다고 믿었다.

그러나 이런 주장이 논쟁의 주제가 되어 성인교육계에서 아직도 활발한 논의가 이루어지고 있다. 즉, 지능은 과연 나이와 함께 감퇴하는가? 고전 주장을 펴는 학자들은 나이와 함께 감퇴한다고 믿는다. 그러나 지능은 성인기 전체에 걸쳐 안정적이라고 믿는다. 또 다른 부류의 학자들은 어떤 면에서는 지능이 감퇴하지만 오히려 어떤 면에서는 증가하기도 한다고 보았다.

셋째가 인지발달(cognitive development)이다. 성인의 인지발달은 성인의 기억능력에 초점을 맞추어 연구되고 있다. 일반적으로 성인의 기억은 구조적 특성을 갖는다고 받아들여지고 있다. 감각적 기억, 단기적 기억, 그리고 장기적 기억이다. 여기서 감각 및 단기적 기억은 저장량이 적고 저장시간이 짧지만, 장기적 기억은 거대한 저장능력을 가지고 있어서 일생 동안 정보를 저장할 수 있다는 것이다.

성인의 기억과 관련해서 결론적으로 받아들여지고 있는 사실을 정리해 보면 다음과 같다. 우선 나이 먹은 성인은 새로운 자료를 조직하는데 덜 효과적이라는 점이다. 다음으로 나이든 사람들은 먼 과거에 일어

---

3. D. Wechsler, *The Measure and Appraisal of Adult Intelligence*(Baltimore : Williams & Wilkins, 1958).

났던 사건들을 명확하게 기억할 수 있지만 최근에 일어났던 사건을 회상하는 데는 어려움이 있다는 것이다. 그리고 나이든 성인은 낮은 수준에서 저속으로 더 많은 정보를 처리한다는 것이다.

3) 학습자로서 성인의 특성

최근에 성인 학습자의 특성에 관한 많은 연구가 있어 왔다. 차갑부는 여러 학자들의 최근의 연구를 종합해서 성인학습자의 특성을 다음 7가지로 정리했다.[4]

첫째, 성인들은 선택적으로 학습상황에 참여하게 된다. 성인은 학습에 선택적이기 때문에 자신의 욕구와 관련되는 명백하고 구체적인 목표를 가지고 있다. 성인 학습자들은 자신의 욕구와 관련되는 수업상황을 기대한다.

둘째, 성인은 다양한 생활 경험을 가지고 학습상황에 들어간다. 나이든 학습자일수록 경험이 더욱 풍부하다. 수업이 학습자의 경험과 관련될 때 학습은 더욱 촉진된다.

셋째, 성인들은 구체적이고 직접적인 목표를 가지고 있다. 그들은 어떤 특정 기술을 배우거나 어떤 일련의 문제를 해결하기 위해서 학습에 참여한다.

넷째, 성인은 자기 주도적 학습이 되기를 원한다. 그들은 어린애 취급을 받는 것을 원치 않는다. 그들은 자기 자신의 목표와 경험을 가지고 있기 때문에 자기와 관련되는 것을 행하는 방법을 모색하고자 한다. 새로운 학습상황에 들어오는 성인이나 학교 졸업 후 몇 년 있다가 학습상황에 돌아오는 성인들은 두려움과 불편함을 느끼게 되며 의존적인 행동을 나타내게 된다.

다섯째, 나이든 성인은 독특한 신체적 요건을 가지고 있다. 그들은

---

4. 차갑부, 「성인교육방법론」(서울 : 양서원, 1994), pp. 84-85.

밝은 조명, 안락한 의자, 큰 글자 및 소리를 필요로 한다. 그들은 또한 어떤 과업을 수행하기 위해서 보다 많은 시간을 필요로 한다.

여섯째, 성인은 확고한 가치 및 견해를 가지고 있고, 그에 따라 행동한다. 아울러 그들의 가치 견해 및 사상은 존중되어야 한다. 그렇게 하기 위해서 성인을 지도하는 교수자들은 형식적 권위자 내지 전문가의 역할이 아니라 촉진자로서의 역할을 수행해야 한다.

일곱째, 긍정적 자아 개념을 가진 성인은 보다 훌륭한 학습자이다. 따라서 환경은 긍정적 자아 개념을 촉진시킬 수 있도록 고안되어야 한다.

위에서 간략히 살펴본 성인의 특성은 다양하다는 점이다. 나이에 따라 상황에 따라 다양한 특성을 보이고 있다. 이처럼 다양한 특성을 보이고 여전히 커다란 변화를 겪고 있는 성인을 단일 개념으로 포괄적으로 이해하는 데는 한계가 있다. 성인기가 인생의 대부분을 점유하는 긴 기간이고, 이 기간 안에 많은 변화가 있고 또 너무도 다양한 특성들이 나타나기 때문이다. 따라서 성인기를 세분해서 살펴볼 필요가 있는데, 여기서는 성인교육학에서 합의하고 있는 구분대로 성인 전기, 성인 중기, 성인 후기로 나누어 살펴보고자 한다.

2. 성인 전기

일반적으로 성인 전기란 고등학교를 졸업하는 연령, 즉 18세에서 30대 후반에 이르는 시기를 말한다. 이 시기에는 처음으로 직업을 갖게 되고, 부모의 품을 떠나 독립하게 되고, 결혼하여 자녀를 갖게 된다. 이로써 자기 자신의 삶을 책임질 뿐 아니라 사회에서 나름대로 역할을 수행하게 된다. 이 과정에서 너무도 많은 변화를 경험하게 되고, 따라서 인생 전반에서 가장 스트레스를 많이 받는다.

1) 성인 전기에 관한 발달심리학적 이해

발달심리학에서 성인 전기의 사람들에 관한 연구가 이미 오래 전부터 이루어져 왔고, 나름대로 그 연구결과들이 소개되고 있다. 그 중에 성인교육과 연관해서 다음 몇 사람의 설명을 정리해 보자.

(1) 에릭슨(E. Erikson)

에릭슨에 의하면 성인 전기의 사람들은 여섯 번째 위기인 친밀감 대 고립감의 위기의 시기이다.[5] 즉, 성인 전기의 사람들은 친밀감이 필요하며 이를 원한다. 그들은 다른 사람에 대해 개인적으로 깊이 관여하기를 바란다. 만약 이 같은 관계를 할 수 없거나 하는 것이 두렵다면 그들은 고립되고 자기 몰두에 빠지게 된다.

희생과 양보가 요구되는 친밀한 관계를 이룰 수 있는 능력은 청소년기에 획득되는 정체감에 좌우된다. 강한 정체감을 발달시킨 젊은이는 다른 사람의 정체감과 융합시킬 준비가 되어 있다.

이 시기에 발달하는 미덕은 인생을 함께하겠다고 선택한 배우자들 사이의 사랑의 미덕 또는 상호간의 헌신이다. 또한 사람들은 자기 자신에 대한 중요한 선택에 대해 깊이 생각하기 위해 이 기간 동안 얼마간의 일시적 고립이 필요하다. 이들은 때로 갈등을 낳는 친밀감, 경쟁심, 소원함 등의 요구를 해결할 때 에릭슨이 성인의 성장이라고 여기는 도덕심이 발달한다.

(2) 레빈슨(D. Levinson)

---

5. 에릭슨의 자아 발달단계는 8단계로 구성되는데 각 단계마다 저마다의 삶의 과제가 주어진다.
   영아기 / 신뢰감 : 불신감   청소년기 / 자아정체성 : 정체성 혼돈
   초기 아동기 / 자율성 : 수치심 초기   성인기 / 친근감 : 고립감
   중기 아동기 / 주도성 : 죄의식 중기   성인기 / 생산성 : 침체성
   후기 아동기 / 근면성 : 열등감 후기   성인기 / 통합성 : 절망감

레빈슨은 그의 예일대학 동료들과 함께 심리학, 정신의학, 사회학의 배경을 지닌 연구자들에 의해 수행된 연구와 기타 연구, 그리고 전기적 자료 및 그의 여성에 대한 연구로부터 성인기의 발달이론을 구성했다. 레빈슨의 이론의 핵심에는 '인생 구조', 즉 특정 시기에 개인생활의 기초가 되는 유형이나 설계가 있다. 이것은 개인과 환경과의 관계를 형성하고 그 관계에 의해 구체화되는 발달적 기초안이다. 그는 성인기를 다음 그림으로 단계적으로 묘사했다.[6]

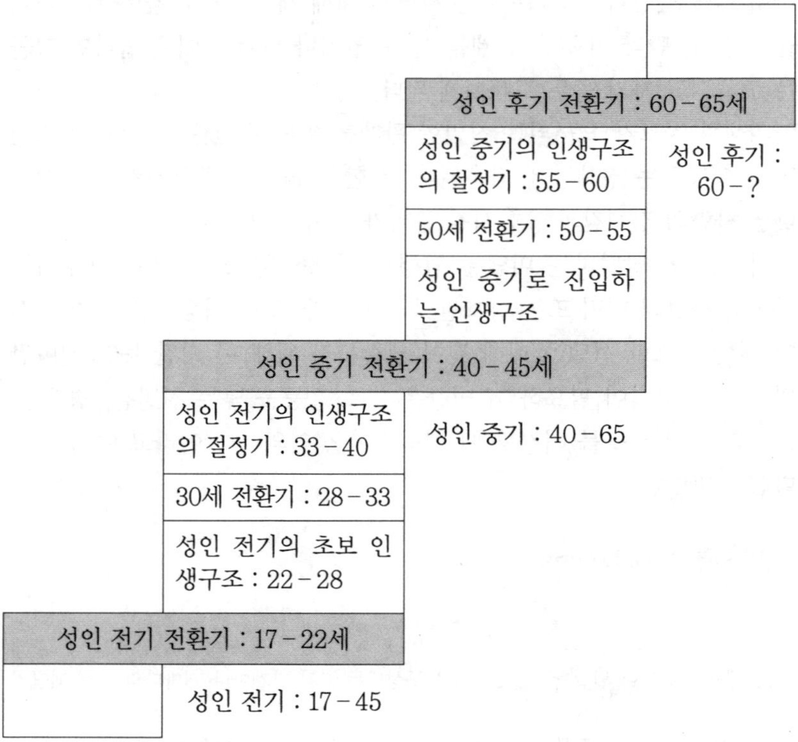

			성인 후기 : 60-?
		성인 후기 전환기 : 60-65세	
		성인 중기의 인생구조의 절정기 : 55-60	
		50세 전환기 : 50-55	
		성인 중기로 진입하는 인생구조	
	성인 중기 전환기 : 40-45세		
	성인 전기의 인생구조의 절정기 : 33-40	성인 중기 : 40-65	
	30세 전환기 : 28-33		
	성인 전기의 초보 인생구조 : 22-28		
성인 전기 전환기 : 17-22세			
	성인 전기 : 17-45		

[그림 2] 레빈슨의 사다리 : 성인(남성)의 인생 단계들

레빈슨은 성인 전기를 두 단계로 나누었는데 첫째는 초심자 단계로 초보 인생구조를 수립하며, 둘째 단계에서는 성인 전기의 궁극적인 인생구조를 수립한다. 이 두 단계와 이들로 이끄는 과도기들을 살펴보자.

성인 전기 전환기(17-22세) : 이 시기의 사람들은 대개 부모의 집에서 나와서 경제적으로 정서적으로 독립하게 된다. 어린아이와 성인 신분 사이에서 제도적 상황에 들어가게 된다.

성인 전기의 초보 인생구조(22-28세) : 레빈슨은 이 시기를 '성인세계로의 진입'이라 불렀다. 이 시기의 사람들은 성인이 되어 성인 전기의 초보 인생구조를 수립한다. 이는 보통 결혼과 자녀를 낳게 되는 이성과의 관계로 이루어지며, 직업 선택으로 연결되는 직업에 대한 관심과 가정을 선택하고, 친구 및 가족과의 관계, 사회적 모임에의 관련 등으로 이루어진다.

이 시기에서 두 가지 중요한 특징은 '꿈'과 '스승'이다. 남성들은 종종 직업으로 표현되는 장래의 꿈을 지니고 성인기에 들어선다. 그러나 그 같은 평소의 꿈이 이루어지지 않을 것이라는 깨달음으로 정서적 위기에 빠질 수 있다. 자신의 목표를 재평가하고 보다 실천 가능한 목표로 대체해야 할 필요성에 어떻게 대처하느냐에 따라 얼마나 잘 인생을 헤쳐 나갈지가 결정된다. 이 시기의 인생의 성공은 스승을 발견함으로써 큰 영향을 받는다. 스승은 8~15세 연상으로 그에게 관심을 갖고 지도해 주고 영감을 불어넣어 주며, 직업 및 개인적 문제에 있어서 지혜와 도덕적 지원과 실제적 도움을 준다.

30세의 전환기(28-33세) : 30세경이 되면 사람들은 자신의 인생을 또 다른 시각으로 보게 된다. 지난 10년 동안 자신이 관여해야 할 것에 미

---

6. D. Levinson et al, *The Seasons of a Man's Life*(New York : Ballantine Book, 1978).

숙하지는 않았는지 의심하거나 또는 처음 강한 관여를 한다. 그 결과 결혼에 관해 돌아보며 이혼율이 절정에 이르고, 일에 관해 돌아보며 직업을 바꾸기도 한다.

성인 전기의 인생구조의 절정기(33-40세) : 30대 초반에는 레빈슨이 '안정'이라고 부른 젊은 시절의 열망을 실현시키려는 일관된 노력으로 접어든다. 이제 성인 전기의 절정에 달한 인생구조를 수립할 준비가 되어 있다. 일, 가족, 기타 인생의 중요한 측면들에 대해 더 깊이 관여한다. 종종 40세쯤에는 어떤 이정표를 지나게 되기를 바라며 예정표를 가지고 자신에 대한 특정 목표를 수립한다. 이들은 사회에서 자신의 활동범위를 구축하려 애쓴다. 즉, 가족과 직업 및 사회에서 확고하게 자신의 삶을 뿌리내리고 고정시키는 데 열중한다. 동시에 이들은 계속해서 발전해 간다. 보다 나은 인생을 꾸미고, 자신들의 기술을 개선하고 활용하며, 보다 창조적이 되고 사회에 보다 기여하기 위해 노력한다.

30대 중반과 후반 사이에는 안정기의 끝인 '자기 자신이 되기'라 불리는 시기가 온다. 이제 그는 힘을 가지고 영향력을 행사하는 사람들의 권위를 싫어하고 거기서 벗어나 자기 자신의 목소리로 말하고 싶어한다. 그러나 인정과 존경을 잃을까 두려워한다.

2) 성인 전기에 관한 종합적 이해

위에서 살핀 발달심리학적 이해를 기초로 종합적으로 성인 전기의 사람들을 살펴보자.

(1) 성격 및 사회적 특징

이 시기의 사람들에게 나타나는 가장 중요한 특징은 청소년기에 남들처럼 되고자 하던 것과 달리 자신만의 독특성을 의식적으로 찾고자 한다는 것이다. 또한 청소년기에 자신에게 몰두하던 것과는 달리 공동체와 사회 속에서 자신의 위치를 찾고자 한다는 점이다. 이것을 보다 자세하게 다음 두 가지로 설명해 볼 수 있다.

첫째, 독립성이다. 성인 전기의 사람들은 가족으로부터 독립하여 사회에서 나름대로의 위치를 확보하고자 한다. 이를 위해 부모의 품을 떠나서 경제적으로 독립한다. 뿐만 아니라 심리적으로, 사회적으로 독립하게 된다. 그리고 부모와 다른 자기 나름대로의 가치체계를 수립하게 된다.

이 시기의 사람들은 이런 과정에서 부모와 갈등을 겪기도 한다. 또한 스스로 자기 삶을 책임져야 하기 때문에 불안감도 느낀다. 그리고 자기 혼자라는 외로움도 느낀다. 그러나 이런 독립성을 제대로 확보해 가지 못할 경우 지속적으로 의존적인 삶을 살 수밖에 없게 된다. 그러니까 이 시기의 사람들은 독립성과 의존성 사이의 갈등을 겪으며 살게 되는 것이다.

둘째, 친밀감이다. 성인 전기의 사람들은 부모로부터 독립함과 동시에 사회에서 역할을 수행하기 위해 다른 사람들과 공동체를 이루고 친밀한 관계를 이루어야 한다. 즉, 친밀감이 필요한 상황을 맞게 된다는 것이다. 여기서 친밀감이란 다른 사람을 기꺼이 받아들이려는 수용성과 변화의 가능성에 대한 개방성을 포함한다. 특별히 배우자와의 친밀한 관계를 이루어야 한다. 즉, 부부가 서로 성적인 결합을 해야 할 뿐 아니라 삶을 나누어야 하고, 더 나아가 자아를 공유해야 한다. 이런 과정에서 자기를 개방하고 상대방을 수용하는 노력이 필수적이다. 이런 배우자와의 친밀한 관계 외에도 친구와 나누는 우정, 직장 및 일터에서 동료들과의 상호 협동과 경쟁이 요구된다. 이 또한 다른 형태의 친밀감이라 할 수 있다. 여기에서도 자기를 개방하고 상대방을 수용하는 노력이 필수적이다.

이 시기의 사람들이 성숙한 친밀감을 발전시키지 못하게 될 때 소외를 겪게 된다. 여기서 소외는 하나의 상호 관계의 위기인데, 이는 다음의 세 가지 형태로 나타난다. 첫째는 고립(isolation)의 형태이다. 즉,

다른 사람과의 만남을 기피하고 홀로 남아 있고자 하는 형태이다. 둘째는 독선의 형태이다. 즉, 고정관념을 가지고 완고하게 고집을 부려서 다른 사람들로 하여금 수용할 수 없게 만드는 형태이다. 그리고 셋째는 산만함의 형태이다. 즉, 서로의 관계에 집중하지 못하고 산만하고 불성실하게 임해서 다른 사람에게 신뢰를 얻지 못하는 형태이다.

이렇게 볼 때 이 시기의 사람들은 친밀감과 소외 사이의 갈등을 겪으며 살아간다고 할 수 있다.

(2) 삶의 과제

이 시기의 사람들이 고심하며 씨름하는 삶의 과제중에 일반적인 것을 들라면 다음 몇 가지로 정리할 수 있다.

첫째, 배우자를 찾고 만나서 안정된 결혼생활에 적응하고, 자녀를 양육하며, 가족 관계를 원만하게 유지하는 것이다.

둘째, 적절한 직업을 선택해서 경제적인 안정을 유지하면서, 성공을 추구하고, 삶의 보람을 찾는 것이다.

셋째, 책임 있는 시민으로서 가족 이외의 공동체에 참여해서 사회 발전에 기여하고, 지역사회에 봉사하는 것이다.

넷째, 급격히 변화하는 사회에 적응해 가기 위해 자기 성장을 추구하며, 여가를 의미 있게 지내는 것이다.

(3) 학습능력

이 시기의 사람들은 가장 훌륭한 신체적 표본을 가지고 있다. 즉, 모든 신체적 능력과 생리적 평형상태가 절정에 이르고, 일생 동안 가장 건강한 시기이다.

이 시기의 사람들은 지적인 능력도 절정에 달하고 감수성도 최고조를 유지하고 있다. 사물을 추리하는 능력, 창조적 능력도 절정에 달한다. 따라서 일생 동안 최고의 학습능력을 보이는 시기라 할 수 있다.

신앙교육을 위한 학습능력은 파울러의 신앙 발달단계를 통해서 확인해 볼 수 있다. 파울러는 이 시기의 사람들을 제4단계인 개별적-성찰적 신앙(Individuate-Reflective faith) 단계로 분류했다. 이를 보다 자세히 살펴보면 다음과 같다.

이 시기의 사람들은 개인 대 공동체, 주관과 객관, 자기 충족과 이웃을 위한 봉사, 상대성과 절대성 사이의 긴장과 직면하게 된다. 그리고 흔히 양극성 중에서 하나를 선택함으로써 긴장이 해소된다고 생각한다. 그래서 신앙공동체를 위해서 충성을 맹세하거나 그 정반대의 입장에서 항거하는 극단의 위치를 취하는 경향이 있다. 이 시기의 특징은 자아 정체성과 자신의 세계관이 다른 사람의 것과는 구별되며, 자신과 다른 사람의 행동에 대한 반응, 해석, 그리고 판단의 요소들을 알게 된다.

3. 성인 중기

성인 중기란 대개 40~60세 또는 65세까지의 시기를 말한다. 이 시기의 사람들은 일반적으로 이 때를 자신의 인생에서의 황금기로 여긴다. 이 시기에 가장 소득이 많고, 가정적으로도 안정되어 있고, 아직 좋은 신체적 건강을 유지하고 있고, 가치 있는 사회적 경험을 쌓아 왔고, 이런 경험을 이용할 기회를 가지고 있다. 이런 삶의 정황이 이들을 황금기로 인식하게 한다. 이런 황금기를 살면서도 이 시기의 사람들은 인생을 살아갈 남은 시간(time-left-to-live)이라는 관점에서 인식한다. 즉, 자신의 인생이 저물어 가고 있음을 실감한다. 그래서 이 시기의 사람들은 자신의 인생을 돌아보는 평가의 시기를 맞게 된다. 과거 자신의 꿈이 얼마나 성취되었는지를 재평가한다. 이것이 때로 중년기 위기로 나타나기도 하고, 바람직한 생산성의 동기로 작용하기도 한다.

1) 성인 중기에 관한 발달심리학적 이해

성인 중기의 사람들에 대한 발달심리학적 연구는 많은 학자들에 의해 진행되어 왔다. 그 중의 대표적인 사람 몇의 연구결과를 정리해 보면 다음과 같다.

(1) 에릭슨(E. Erikson)

에릭슨에 의하면 성인 중기의 사람들은 생산성 대 침체성이라는 일곱 번째 위기를 겪는다. 여기서 생산성이란 성숙한 성인이 다음 세대를 구축하고 이끄는 데 관심을 기울이는 것을 말한다. 자신들의 인생이 저물어 가고 있는 것을 바라보며 사람들은 다음 세대를 통해 지속적인 인생에 참여하려는 욕구를 느끼며, 이 욕구가 충족되지 않으면 침체성에 빠지게 된다는 것이다.

젊은 세대의 발달을 촉진하려는 사람들의 의지는 자신의 자녀에게만 국한되지 않는다. 이는 가르치거나 스승 노릇을 통해서 표현될 수 있다. 생산성은 또한 다산성이나 창의성, 혹은 개인적 정체감이 더 한층 발달하는 자아생산성의 형태를 취할 수 있다.

이 시기의 미덕은 '보살핌'이다. 돌봐야 한다고 배웠던 사람들, 산물 및 사상들을 돌보는 데 폭넓게 관여한다. 에릭슨에 의하면 생산성은 생식력을 넘어선 단계로서 부모됨을 경험하지 않은 사람들은 쉽게 성취하지 못한다고 한다. 그는 자발적이든 비자발적이든 간에 아이를 갖지 않은 사람들은 상실감이나 생산적 좌절을 느끼며, 그들의 생산 성향을 위한 다른 출구를 찾을 필요가 있다고 믿는다.

(2) 펙(R. Peck)[7]

펙은 에릭슨의 개념을 확장하여 중년기의 성공적인 적응에 중요한 것

---

7. D. E. Papalia 외 2인, 정옥분 역, 「인간발달 Ⅱ」(서울 : 교육과학사, 1994), pp. 271-273에서 재인용.

으로서 네 가지 심리적 발달을 구분했다. 그는 이런 발달을 연대기적 연령보다는 오히려 개인이 다루고 있는 쟁점들을 결정하는 개인의 생활환경과 연결짓는다. 이 네 가지 발달의 준거를 살펴보면 다음과 같다.

지혜의 중시 대 육체적 힘의 중시 : 인생에서 최선의 선택을 하게 하는 능력인 지혜는 광범위한 관계 및 상황과 만날 기회와 순수한 인생 경험에 주로 좌우되는 것으로 보인다. 때때로 30대 후반과 40대 후반 사이에서 가장 성공적으로 적응한 사람들은 그들이 획득한 지혜가 쇠퇴해 가는 신체 기력과 정력, 젊음의 매력을 보상하고도 남는다고 생각한다.

사회화 대 성적 대상화 : 사람들은 그들의 인생에서 남녀를 재정의하여 성적 대상으로서보다는 한 개인, 친구, 그리고 동료로서 가치를 둔다. 이런 식으로 이들은 다른 사람들의 고유한 성격을 감지할 수 있고, 훨씬 깊은 이해에 도달할 수 있다.

정서적 유연성 대 정서적 고갈 : 한 사람으로부터 다른 사람으로, 또 어떤 활동에서 다른 활동으로 정서적 투자를 전환할 수 있는 능력은 중년기에 중요하게 된다. 이 시기는 사람들이 부모와 친구의 죽음 및 자녀의 성숙과 독립으로 인해 관계의 단절을 경험하기 쉬운 때이다. 그들은 또한 신체적 한계로 활동에서 변화를 꾀해야 한다.

정신적 유연성 대 정신적 경직 : 중년기까지 많은 사람들은 인생의 중요한 의문점들에 대한 일련의 해답을 구하였다. 그러나 이러한 해답에 안주하여 새로운 해답을 구하려고 계속 노력하지 않을 때 그들의 생각은 고정되고 새로운 사상을 받아들이지 못한다. 유연성을 유지하는 사람들은 그들이 이미 찾아낸 해답과 자신의 경험을 새로운 문제를 해결하기 위한 잠정적인 지침으로 사용한다.

이런 발달 중 어느 것도 중년기까지 기다릴 필요는 없다. 어떤 사람들은 이미 성인 초기에 성숙한 인격이 나타나기도 한다. 그런데 펙은 이들 발달이 중년기까지 일어나지 않는다면 성공적인 정서적 적응을 이룰 수 있을지 의심스럽다고 한다.

(3) 레빈슨 (D. Levinson)

레빈슨은 중년기를 '비록 변화의 형태와 정도가 엄청나게 다양하지만' 인생의 구조가 '언제나' 상당한 정도로 변화하는 시기라고 묘사한다. 그는 이 시기를 다음의 단계들로 나눈다.

중년 전환기(40-45세) : 성인 전기의 일을 끝내는 사람들은 동시에 성인 중기의 요령을 익혀 간다. 이 교량 역할을 하는 시기 동안 이제 자신의 죽음을 보다 절실히 인식하는 사람들은 그들 삶의 모든 측면에 대해 실질적으로 의문을 제기한다. 레빈슨은 중년기 재평가가 개인이 지녀온 모든 가치에 대한 실질적인 도전이기 때문에 정서적 동요를 겪는다고 믿는다. 그러나 그 같은 재평가는 유익한데 왜냐하면 예전에 했던 선택들을 되돌아보면서 자신이 간과했을지도 모르는 측면들에 대해 다시 한번 기회를 줄 수 있기 때문이다. 성공적으로 이 전환기를 보내는 사람들은 젊은 시절의 꿈과 타협하며 자신에 대해 좀더 현실적인 견해를 갖게 된다.

이 시기의 중요한 과업은 무엇보다 개인을 뛰어넘는 일이다. 좀더 온정적이고 보다 사려 깊고 현명하며, 내적 갈등과 외적 욕구에 덜 지배되며, 자신과 다른 사람들을 좀더 진지하게 사랑하게 된다. 그는 이런 과업에 실패한 사람들은 점점 더 하찮고 침체된 삶을 살아가게 된다고 한다.

성인 중기로의 진입기(45-50세) : 40대 중반이 되면 사람들은 때로 새로운 선택을 수반하는 새로운 인생 구조를 세우기 시작한다. 아마도 새 직업이나 현재의 일에 대한 재구성 또는 재혼이나 현재 아내와 다른 방식으로 관계를 맺는 것 등이다. 레빈슨에 의하면 어떤 사람들은 중년기의 과업을 전혀 해결하지 못한다고 한다. 이들은 따분한 중년기를 보내거나 늘 바쁘고 잘 짜여진 나날을 보낸다. 매우 성공적인 사람들은 종종 중년기를 인생에서 가장 충만하고 창조적인 시기, 자기 성격의 새로운 국면이 꽃필 수 있게 해주는 기회로 생각한다.

50세 전환기(50-55세) : 인생구조를 수정할 수 있는 또 다른 기회는 50대 초반에 다가온다. 레빈슨은 원래 중년 전환기나 50세 전환기 동안 적어도 다소의 위기가 없이 성인 중기를 통과하는 것은 불가능하다는 입장이다. 그러나 중년 전환기를 무난하게 보냈던 사람들에게 어려운 시기일 수가 있다고 보았다.

성인 중기의 인생구조의 결정기(55-60세) : 성인 중기 인생구조의 절정기는 남성들이 성인 중기의 토대 구축을 끝낸 안정된 시기이다. 다시 젊어져서 인생을 풍요롭게 하는 사람들에게 50대는 위대한 완성기이다.

성인 후기의 전환기(60-65세) : 60대 초반은 중요한 전환점으로서 중년기를 끝내고 노년을 준비하는 때이다.

2) 성인 중기에 관한 종합적 이해

위에서 살핀 발달심리학적 이해를 기초로 종합적으로 성인 중기의 사람들을 살펴보자.

(1) 성격 및 사회적 특징

이 시기를 특징짓는 가장 대표적인 용어는 생산성(generative)이다. 이 말은 에릭슨에 의해 제시된 것으로 성숙한 성인이 다음 세대를 구축하고 이끄는 데 관심을 기울이는 것을 말한다. 자신들의 인생이 저물어 가고 있는 것을 바라보고는 다음 세대를 통해 지속적인 인생에 참여하려는 욕구를 느끼며, 이 욕구가 충족되지 않으면 침체를 겪는다는 것이다.

이런 생산성의 문제는 다음의 세 가지 문제로 세분화해서 살펴볼 수 있다.

개인적 능력(personal power) : 이 시기의 사람들은 자기가 맡아 수행하고 있는 일에 대해 다른 시기와 비교해 볼 때 더 무거운 책임감을 느낀다. 그래서 자기가 하고 있는 일에 대해 유능하게 되기를 원하고 또 그럴 필요를 느낀다. 이런 모습들은 지도력을 행사하는 위치에 앉는 일과 자연히 연관되게 된다. 지도적 위치에서 지도력을 발휘하는 일은 이 시기의 사람들에게 중요한 과제가 된다. 이것 때문에 삶의 보람을 느끼기도 하고, 이것 때문에 좌절을 맛보기도 한다. 결국 이 시기의 사람들은 이런 책임감과 지도력을 행사해야 하는 상황하에서 자신의 최상의 능력을 발휘하게 된다.

돌봄(care) : 이렇게 책임감과 지도력을 바탕으로 나타나는 개인적인 능력은 다른 사람들을 돌보는 것에 집중된다. 예를 들어 자녀들, 나이 어린 형제나 부모, 고객, 이웃, 더 나아가 공동체의 구성원과 같은 자기 외의 사람들을 돌보는 일에 헌신하게 된다. 물론 이것이 궁극적으로는 자신을 위하는 일이기도 하지만 다른 사람들을 돌보는 일에 집중하게 된다. 때로는 이타적인 헌신이나 아무런 대가를 바라지 않는 봉사로 나타나기도 한다. 이 시기의 사람들은 이를 확인하면서 보람과 삶의 의미를 느낀다.

내면성(interiority) : 이 시기의 사람들이 타인을 위한 돌봄을 수행하고 외부를 향한 책임을 지게 되면서 동시에 내면적 변화를 느낀다. 즉, 자신에 대한 고양된 감수성을 느끼게 되고, 돌봄과 헌신은 자신 안에서 가치를 재구성하게 된다. 이를 통해 저물어 가는 자신의 모습에 대한 보상을 느끼게 된다.

이렇게 개인적 능력, 돌봄, 그리고 내면성이라는 심리학적 세 주제는 서로 역동적인 상호작용으로 이 시기의 사람들이 생산성을 성취해 가도록 동기를 제공해 준다.

(2) 삶의 과제

이 시기에 맞게 되는 삶의 과제로 다음과 같은 것들을 들 수 있다.

첫째, 신체적인 변화에 적응해야 하는 과제이다. 이 시기에 겪게 되는 신체적 변화로 소위 갱년기적 현상이 있다. 즉 생식 및 성적 능력의 변화로 인한 특징이다. 여성의 경우 50세를 전후해서 폐경기가 찾아온다. 여기서 폐경이란 여성이 배란과 월경을 멈추고 더 이상 아이를 가질 수 없는 생물학적 사건을 말한다. 그리고 갱년기란 이런 폐경을 전후한 다양한 생리적 변화를 겪는 2~5년 간의 시기를 말한다. 남성의 경우 일반적으로 여성보다 10년 후에 나타난다. 성적인 능력이 쇠퇴하고 수정 능력이 감소하는 현상이 대표적인 특징이라 할 수 있다.

이 시기의 사람들에게 가장 중요한 문제는 이런 신체적 변화에 적응하는 것이다. 특별히 여성들에게 있어서 사회 통념과 편견 때문에 심각한 위기를 겪는 경우가 많다. 노화의 이중 기준, 즉 이런 갱년기의 외모의 변화가 남성에게는 경륜과 노련미의 증거로 매력적으로 받아들여지지만 여성에게는 성적인 매력의 상실, 여성으로서의 기능의 상실로 받아들여지기 때문에 심각한 압박을 느끼는 경우가 많다. 자신의 삶을 무의미하다고 느끼는 심리적 작용과 어우러져 소위 '중년기 위기'로 발전하기도 한다.

둘째, 새로운 환경에서 결혼생활을 이어가야 하는 과제이다. 과거와 달리 중년기에 부부생활을 오래도록 지속해야 한다는 것이 중요한 과제가 된다. 아이들을 다 출가해 보내고도 20여 년을 더 부부생활을 해야 할 상황이 생긴 것이다. 이에 잘 적응하지 못할 경우 이혼이라는 시련이 찾아온다.

셋째, 성숙한 자녀들과의 관계이다. 청년기의 자녀와 중년기의 부모가 함께 산다는 것은 결코 쉬운 일이 아니다. 자기들의 환상과 자녀들의 꿈이 조화를 이루기가 쉽지 않기 때문이다. 더욱 힘겨운 문제는 이들을 떠나 보내면서 겪게 되는 소위 빈둥지의 위기이다. 특히 여성들에게서 더 심한데 자녀들을 위해 자기의 모든 것을 다 쏟아 부어 온 사람들일수록 그 빈자리가 커서 메울 길 없는 허전함을 심각하게 느낀다. 그렇지 못한 사람들에게서는 자녀들을 위해 최선을 다하지 못했다는 후회 형태로 나타난다.

넷째, 노인이 되어버린 부모를 돌보는 일이다. 어느 날 부모가 노인으로 자기 곁으로 다가올 때 자기가 부모를 돌보고 도와야 한다는 사실을 발견하게 된다. 자기의 능력, 자기의 분주함, 그리고 자녀 뒷바라지와의 중복문제 등으로 어려움을 겪고, 효도에 대한 부담감을 심각하게 느낀다.

(3) 학습능력

성인 전기로부터 중기에 이르기까지 생물학적 변화는 거의 알아차리지 못할 정도로 점진적으로 일어난다. 우선 신체적인 변화가 일어난다. 시각, 청각, 미각, 후각과 같은 감각이 서서히 둔화된다. 체력과 근력은 전성기 때의 10% 정도가 감소된다. 다음으로 지적인 측면에서 볼 때 그 변화는 미미한 수준이다. 이 시기의 사람들은 새로운 기술, 새로운 사실을 계속해서 배우며, 이미 잘 알고 있는 내용을 기억할 수 있다. 이 시기의 사람들은 보통 지식과 기술을 획득하는 그 자체에 관심을 더 갖는다. 그리고 이 시기의 사람들은 성숙한 사고를 할 수 있다. 형식적, 조작적 사고의 순수한 논리적 특성은 물론 주관적이고 직관적인 사고를 할 수 있다. 이렇게 볼 때 학습에는 앞 시기인 성인 전기와 비교해서 크게 떨어지지 않음을 알 수 있다.

신앙교육을 위한 학습능력은 역시 파울러의 신앙발달 단계를 통해서 확인해 볼 수 있다. 파울러는 이 시기의 사람들 가운데 제4단계인 개별적-성찰적(Individuate-Reflective faith) 단계에 머물러 있는 사람들이 있는가 하면 그 다음 단계인 제5단계, 즉 결합적 신앙(conjuntive faith)으로 넘어가는 사람들이 생겨난다고 했다. 이 5단계를 보다 자세히 살펴보면 다음과 같다.

이 시기의 사람들은 이전 단계에서 나타난 여러 삶의 갈등과 역설들을 포용하기 시작하며, 이분법적 태도가 아니라 대화적 태도를 가진다. 즉, 자신의 신앙적 입장에 대해서는 분명한 입장을 가지면서도 결코 폐쇄적이지 않으며 다른 입장과 가능한 한 대화하려고 애쓴다. 자신의 내면의 깊은 소리를 듣기 시작하며, 특히 자신이 갖는 사회적인 무의식의 테두리를 인식하고 그 중요성을 느끼기 시작한다. 이로 인해 자신의 배경과 환경을 넘어서서 관심의 폭이 넓어지며 삶의 좌절과 부정적 현실이 받아들여진다.

4. 성인 후기

성인 후기란 60세 또는 65세 이후의 노년기를 말한다. 이 시기에도 발달은 계속되며, 이제 인생의 마지막 국면에 접어든 성인들은 극히 개인적인 면에서 기존의 도전과 새로운 도전 모두에 직면한다.

노인들에 대한 고정관념, 즉 지팡이를 짚고 절뚝거리고 걷거나 안락의자에 앉아 졸고 있는 모습은 편견과 차별에 불과하게 되었다. '젊은 노인'들은 생활 연령과 상관없이 활기차고 정력적이며 적극적인 모습으로 살아가고 있다. 노인세대가 점점 젊어질뿐 아니라 점점 더 많아지고 있다. 인구의 노령화현상은 두 가지 근본적인 이유가 있는데 하나는 출생률의 증가이고, 다른 하나는 의학의 발달이다.

우리가 생각해야 할 것은 성인 후기도 그 자체의 특별한 성격과 발달 과업을 갖고 있는 인생의 정상적인 한 시기라는 것이다.

1) 성인 후기에 관한 발달심리학적 이해

성인 후기는 많은 사람들이 그들의 인생을 과거뿐 아니라 앞으로의 내세까지도 바라보면서 자신들의 인생을 재검토하는 때이며, 남은 시간을 어떻게 최대로 활용할 것인가를 결정하는 시기이다. 이 인생의 마지막 단계에 대한 발달심리학적 설명을 살펴보자.

(1) 에릭슨(E. Erikson)

에릭슨은 여덟 번째이자 마지막 위기인 통합성 대 절망감에서 노인들은 다가오는 죽음을 받아들이기 위해 자신들이 살아온 삶의 방식을 인정해야 될 필요에 직면하는 것으로 본다. 이들은 자신의 삶을 다시 살 수 없다는 무력한 좌절감에 빠지기보다는 자신의 삶에 대한 통합성, 일관성, 그리고 전체성을 느끼려고 노력한다.

이 단계에서 발달하는 미덕은 지혜인데, 그것은 죽음 그 자체와 직면해서 인생 그 자체에 대한 박식하고 초연한 관심이다. 이와 같은 지혜는 성인 후기의 지적인 힘일뿐 아니라 중요한 심리적 자원이다.

에릭슨은 지혜는 개인이 '나는 무엇을 다르게 했어야 했는데', 혹은 '무엇을 할 수 있었는데'라는 큰 후회 없이 살아온 인생을 받아들이게 하는 힘이라 생각했다. 또한 지혜는 자신의 부모를 비록 완벽하지는 않지만 그들이 할 수 있는 한 최선을 다했으며, 따라서 사랑할 가치가 있는 사람으로 받아들이는 힘이라고 보았다. 지혜는 어떻게 살아야 하는지를 아는 것 뿐만 아니라 열심히 살아온 인생에 대한 피할 수 없는 종말로 죽음을 받아들인다는 것을 의미한다. 지혜는 자기 자신, 자신의 부모, 자신의 인생의 불완전함을 인정하는 것을 의미한다.

그러나 이런 인정을 하지 못하는 사람은 통합을 이루기 위해 다른 길을 가기에는 시간이 너무 짧다는 사실을 깨닫고 절망감에 빠지게 된다. 이 위기를 성공적으로 해결하기 위해서 통합성이 절망감보다 낮지만 어떤 절망감은 불가피하다는 것이다. 예를 들어 인간 존재의 나약함과 무상함에 대한 비탄감 같은 것은 피할 수가 없다는 것이다.

(2) 펙(R. Peck)

펙은 에릭슨의 논의를 확장하여 노인들이 심리적으로 건강하게 기능하기 위해 해결해야만 하는 세 가지 중요한 위기를 강조했다.

첫째, 폭넓은 자기 정의 대 직업 역할 몰두이다. 이는 개인이 그가 하는 일에 의해 정의되는 정도를 말한다. 각 개인은 다음과 같은 의문을 가져야 한다. "나는 내가 직업을 가진 한도 내에서만 가치있는 사람인가, 아니면 그 밖의 다른 면에서도 가치있는 사람이 될 수 있는가?"

특히 은퇴에 즈음해서 사람들은 자신의 직업 역할 이상으로 인간으로서의 자신의 가치를 재정의할 필요가 있다. 자랑할 만한 그 밖의 개인적 특성을 발견할 수 있는 사람들은 활력과 자신감을 유지하는 데 보다 성공하는 것 같다. 주된 일이 아내이고 부모였던 여성은 자녀가 집을 떠나거나 남편이 죽었을 때 이 문제에 부딪힌다.

둘째, 신체 초월 대 신체 몰두이다. 일반적으로 노화와 함께 일어나는 신체적 쇠퇴는 두 번째 위기를 나타낸다. 신체적 상태에 관한 걱정을 극복하고 이를 보상할 다른 만족을 구해야 할 필요가 있는데 펙은 이를 신체 초월 대 신체 몰두라 하였다. 행복한 생활의 기본으로 신체적 건강을 강조해 온 사람은 어떤 기능 저하나 고통과 아픔에 의해 쉽게 절망감에 빠지는 것 같다. 그 대신 사람들과의 관계를 중시하고 완벽한 건강상태에 좌우되지 않고서도 몰두할 수 있는 활동을 강조하는 사람들은 신체적인 불편을 극복할 수 있다.

신체 몰두에서 벗어나는 성향은 성인 전기 무렵에 발달시켜야 하지만, 이는 말년에 결정적으로 시험을 받는다. 인생 전반에 걸친 한 가지 목표는 연령에 따라 증가할 수 있는 정신적, 사회적 힘의 배양이며, 뿐만 아니라 세월이 지나면서 쇠퇴하기 쉬운 그러한 특성, 즉 힘, 아름다움, 근육 협응능력, 기타 신체적 건강을 증명하는 것들의 배양이기도 하다.

셋째, 자아 초월 대 자아 몰두이다. 노인들이 직면하고 있는 가장 어려운 과업은 지금의 자신 및 자신의 인생에 대한 관심을 초월하는 것이며, 다가올 죽음의 실체를 받아들이는 것이다. 펙은 이 위기를 자아 초월 대 자아 몰두라고 했다.

어떻게 사람들이 자기 자신의 죽음에 대해 긍정적이 될 수 있는가? 자신들이 살아온 길이 지속적인 의미를 획득할 수 있게 해준다는 것을 인식함으로써 그렇게 할 수 있다. 본질적으로 다른 사람의 행복과 안녕에 대해 기여함으로써 자아를 초월할 수 있는데 그것은 다른 어떤 것보다도 더 인간의 삶을 동물의 삶과 구별해 준다.

2) 성인 중기에 관한 종합적 이해

위에서 살펴본 발달심리학적 이해를 기초로 종합적으로 성인 후기의 사람들을 살펴보자.

(1) 성격 및 사회적 특징

이 시기를 특징짓는 가장 대표적인 용어는 바로 통합성(integrity)이다. 이 용어는 에릭슨이 제시한 것으로 '자기 자신, 인생의 주기, 이에 영향을 미친 사람들과 사건들을 받아들임'을 뜻한다. 이는 자신의 삶의 여정 가운데 주어진 불가피한 것들에 대한 긍정이며, 현재의 좋음을 수용하는 것이다. 이것은 현재의 나 자신의 의미를 받아들이기 때문에 지금 나에게 주어진 고통과 기쁨을 해결하기 위해 되돌아볼 수 있게 해준다. 이렇게 볼 때 통합성은 현재에 뿌리내린 자신을 깊이 수용하고 내 삶이 의미를 지니는 과거를 돌아볼 수 있는 깨달음이다.

통합성과 연관된 심리학적 주제를 살펴보면 다음과 같다.

먼저 통합성과 절망(integrity and despair)이다. 성인 후기의 자기 수용은 자신의 삶의 독특함과 주어짐에 대한 능동적인 반응이다. 이것은 또한 변화에로의 개방성이다. 그러나 변화를 받아들이고 개인의 의미에 대해 질문하기를 거절한다면 절망을 겪게 될 것이다. 절망은 통합성처럼 인생의 독특함에 대한 반응이다. 절망은 자신을 받아들일 수 없는 무능력에서 일어난다. 그것은 현재에 대한 불만족이나 과거에 대한 불평으로서 표면화될 수 있다. 이런 불만족은 남은 시간이 충분하지 않다는 인식을 하게 될 때 절망이 된다. 이 절망은 시간이 없고 다른 삶을 시작할 시간이 너무 짧다는 느낌을 표현하는 것이다. 절망은 자기 자신의 삶에 대한 한계를 인식하고, 이 삶의 끝이 오고 있음을 인식함에 대한 적절한 반응이다. 즉, 내가 한 일과 실패한 일에 대한 후회와 한탄, 그리고 죄책감을 말한다.

성인 후기의 사람들에게 통합성과 절망은 서로 긴장을 유지하면서 상호 작용을 한다. 절망과의 상호작용 없는 통합성은 공허한 낙관주의로 남게 되고, 통합성과의 상호작용 없는 절망은 돌이킬 수 없는 인생의 저주가 된다.

다음으로 통합성과 지혜(integrity and wisdom)이다. 개인의 통합성에 대한 도전이 성공적으로 해결되고, 절망과의 상호 긴장을 이룰 때 이 시기의 덕목인 지혜가 개발된다. 지혜는 성숙한 재치, 축적된 경험, 성숙한 판단의 형태로 나타난다. 심리적인 힘으로서 지혜의 핵심은 '죽음에 직면하면서 갖게 되는 삶 자체와 분리된 능동적인 관심'이다. 지혜는 나의 삶과 나의 능력, 그리고 모든 인생이 죽음으로써 끝이 나게 된다는 깨달음으로부터 온다. 죽음에 대한 인식은 삶에 대한 집착에서 해방시켜 준다. 이 깨달음은 내 삶의 많은 투자와 가치를 관련시킬 수 있는 관점과 인생의 깊은 의미를 감사하는 틀을 제공해 준다.

마지막으로 통합성과 죽음(integrity and death)이다. 죽음은 '통합성의 도전'의 배경이다. 내 자신의 삶을 마지막으로 받아들인다는 것은 나의 죽음을 받아들이는 것이다. 만일 통합성이 부족하면 삶의 한계를 받아들이는 것을 거부하고 받아들임 자체에도 무능력하다. 통합성이 있다는 것은 죽음을 환영한다거나 의심, 두려움, 후회함도 없다는 것을 의미하지는 않는다. 통합성은 궁극적으로 죽음이 나를 지배하지 않을 것이라는 확신이다. 그것은 죽음이 그 독침을 잃게 되는 궁극적인 통합이다. 실상 죽음의 독침은 '삶의 상실'이 아니라 '의미의 상실'이기 때문이다.

(2) 삶의 과제

이 시기의 사람들이 맞게 되는 삶의 과제로 다음과 같은 것들을 들 수 있다.

첫째, 노화에 적응하는 것이다. 노화는 크게 둘로 구분된다. 하나는 일차적 노화인데 인생 초기에 시작되어 일생 동안 계속되는 신체적 노쇠의 점진적 과정을 말한다. 다른 하나는 이차적 노화인데 이는 질병, 신체의 지나친 사용 및 아예 쓰지 않는 등 우리 자신의 통제하에 있는 요소들이다. 일차적 노화에 순응하며 이차적인 노화에는 적극적으로 대처하는 일이 필요하다.

둘째, 질병과 싸우는 일이다. 이 시기에는 대부분 한 가지 이상씩 건강의 문제를 가지게 된다. 일반적인 것으로 관절염, 고혈압, 청력장애, 심장질환, 백내장, 다리 및 척추 이상 등이다. 그리고 치아 및 잇몸에 문제가 생기고, 정신적 차원에서도 퇴화가 온다. 즉 건망증, 치매 등이 온다. 이런 질병과의 싸움은 이 시기 사람들이 피할 수 없는 과제이다.

셋째, 은퇴에 적응하는 것이다. 이 시기에 가장 문제가 되는 것 중의 하나가 바로 은퇴이다. 은퇴에 대한 느낌은 대개 경제적인 문제와 건강 문제에 집중된다. 또한 시간 활용도 중요한 문제로 대두된다. 그래서 이 시기에 성공적인 은퇴생활을 하는 것은 매우 중요한 의미를 가진다. 이를 위해 은퇴에 대한 계획을 세우는 것이 중요하고, 인생을 은퇴 후에 재설계해서 만족스럽게 여가시간을 활용하는 것이 중요하다.

넷째, 배우자 사망에 적응해야 한다. 이 시기의 사람들은 부부 중의 한 사람이 필연적으로 배우자가 먼저 사망하는 것을 보아야 한다. 이때 겪게 되는 심리적인 충격과 고독은 이 시기의 사람들에게 감당하기 무거운 짐이 된다.

다섯째, 죽음을 준비하고 받아들이는 것이다. 이 시기의 사람들은 점점 가까이 다가오는 죽음을 맞을 준비를 해야 한다. 앞에서 살핀 대로 다가오는 죽음에 절망으로 대할 것이 아니라 통합성을 바탕으로 죽음을 맞을 준비를 해야 한다.

(3) 학습능력

이 시기의 학습능력은 신체적인 문제때문에 현격히 저하된다. 먼저 이 시기에는 감각 및 정신운동 기능이 연령과 함께 감소한다. 그래서 시력이 감퇴되고, 청력도 약해지고, 오랜 시간 앉아 있거나 불편한 학습환경에 견디기가 어렵다. 따라서 신체적인 문제로 인해 학습능력은 앞 시기와 비교해 볼 때 크게 약화된다.

이 시기에 학습의 장애가 되는 또 하나의 중요한 문제는 기억이 쇠퇴한다는 것이다. 배운 것을 오래 기억하지 못하고, 새롭게 배우는 내용에 잘 적응하지 못한다. 그러나 이 시기의 사람들은 교육, 직업, 인생 경험에서 얻은 정보와 기술을 실제적으로 사용하는 점에서는 더 잘 배운다. 특히 인생의 지혜라는 측면에서는 서로 많은 것을 나누고 깊이 있게 학습할 수 있다.

신앙교육을 위한 학습능력은 역시 파울러의 신앙발달 단계를 통해서 확인해 볼 수 있다. 파울러는 이 시기의 사람들 가운데 극소수의 사람들이 제6단계인 보편적 신앙(Universalizing faith)의 형태를 나타낸다고 한다. 이 단계의 사람들은 영원에 대한 감각을 느끼게 된다. 모든 존재를 포함하며 온전히 자신의 신앙에 따라 사는 모습을 나타낸다. 이 단계의 신앙은 절대적 유일신 신앙과 그 맥을 같이한다. 이 신앙에서는 모든 인간적인 조건들은 별 의미가 없으며 심지어 종교적인 차이까지도 중요하지 않다. 기독교가 말하는 하나님의 나라를 자신의 삶 속에 실천하는 신앙을 말한다.

한국사회와 성인교육

오늘날 성인들이 살아가는 삶의 컨텍스트(context)는 급격히 변화해 왔다. 토플러(A. Toffler)는 이 변화의 폭이 너무 빠르고 커서 미쳐 준비할 겨를도 없이 밀어닥치고 있기 때문에 하나의 충격(shock)으로 경험되고 있다고 보았다.[1] 특히 한국사회는 서구사회가 300여 년 동안 겪어 온 변화를 불과 30여 년간에 겪고 있기 때문에 그 충격은 서구사회와 비할 데가 못 된다.

이런 일종의 삶의 컨텍스트 변화가 가져다 주는 충격은 기독교 성인교육에 하나의 자극제가 되기도 하지만 또한 성인 기독교교육을 가로막는 걸림돌 역할을 하기도 한다. 그러면 먼저 한국사회의 변화와 그 의미를 살펴보고, 이어서 기독교 성인교육에 미친 영향을 생각해 보기로 한다.

1. 한국사회의 변화와 그 의미

---

1. Alvin Toffler, *Future Shock*(New York : Random House, 1970), pp. 1-2.

한국사회는 지난 한 세기 동안 실로 혁명적인 사회변동을 겪어 왔다. 그것은 이른바 근대화(modernization)로 지칭되는 구조적 사회변동으로서 정치구조의 민주화, 경제구조의 산업화, 생태구조의 도시화, 계층구조의 평등화 등으로 일컬어지는 사회구조 전반에 걸친 광범하고도 심층적인 변동이었다.

한국사회는 이런 혁명적인 사회변동에 제대로 적응하기도 전에 또 다른 변동의 물결에 휩쓸려 있다. 다름아닌 이미 서구사회가 변동을 본격적으로 겪고 있는 소위 탈근대화(postmodernization)로 지칭되는 구조적 사회변동이다. 그것은 세계화, 정보화의 방향으로 우리 사회구조 전반에 걸친 또 다른 광범위하고도 심층적인 변동을 요구하고 있다.

그러면 이미 겪고 있는 변화와 앞으로 필연적으로 겪게 될 변화를 구분해서 살펴보자.

1) 근대화의 유산과 그 의미

(1) 사회변동 과정의 특수성과 그 영향

한국사회에 불어닥친 근대화의 바람은 한국사회의 구조적 변동을 일으켰고, 이는 또한 일정한 시차를 두고 가치체계의 변동을 수반하여 개인주의, 평등주의, 물질주의, 합리주의 등을 강화하고 증대시키는 광범한 문화변동을 가져오게 되었다. 그런데 이런 문화변동은 변동의 과정에 우여곡절을 거쳐서 이루어진 것이었기 때문에 그만큼 다른 사회와 구별되는 특수한 성격을 드러내고 있다. 그 결과 다음의 몇 가지 문제성을 내포하고 있다.[2]

첫째, 한국사회가 겪은 근대화과정은 그 시발점에서부터 외세의 강

---

2. 강광식, "한국적 사회병리의 원인진단 : 그 역사적 맥락과 갈피," 「한국사회병리의 진단 및 처방연구」(서울 : 한국정신문화연구원, 1995), pp. 34 - 35.

압에 의한 개국이라는 타율적 조건하에서 갑작스럽게 이루어졌기 때문에 당초부터 문화적인 적합성의 위기(relevancy crisis)를 드러낼 수밖에 없었다.

둘째, 근대적 차용 문화가 제대로 소화되기 이전에 일제의 식민지 지배체제로 이어지게 됨에 따라서 이후의 근대화과정 역시 총체적으로 왜곡되어 당초의 적합성의 위기에 정체성의 위기(identity crisis)까지 중첩되게 되었다.

셋째, 제2차 대전의 종전과 더불어 광복을 맞이하게 된 현대에 접어들어서 이런 문제상황을 민족 자주적으로 극복할 수 있는 계기를 갖게 되었으나, 분단에 이은 동족상잔의 전쟁, 그리고 냉전상황의 지속으로 근대화과정 자체가 다시 이데올로기적 요인에 의해 왜곡됨으로써 통합성의 위기(integrity crisis)까지 심화되는 결과를 가져오게 되었다.

결국 한국사회가 경험한 근대화과정은 개항 이후 역사적으로 중요한 계기나마 부자연스런 우여곡절을 거쳐 진행된 것이었기 때문에 그 과정에서 야기된 사회변동 양상의 파행성도 문제려니와 이에 수반하여 야기된 문화구조 역시 여러 면에서 왜곡된 위기적 양상을 나타내게 되었다. 전통적 요소와 근대적 요소, 보편주의와 특수주의 등 계통과 연원을 달리하는 갖가지 상반된 요소가 어설프게 혼재하여 '비동시적인 것의 동시적 존재' 양상을 보여 주고 있는가 하면, 여기에 이데올로기적인 왜곡 양상이 중첩되어 일반적인 적실성(適實性)을 갖는 행위양식, 행위규범을 발견하기 어려운 문화적 아노미현상을 드러내고 있는 것이다.[3] 그 결과 현재 한국사회에서는 근대적 시민사회의 중심적 가치지향의 하나인 개인주의가 이기주의적 방어기제로 변질되는가 하면, 평등주의는 무분별한 모방심리나 질투심을 부추기는 천박한 민중주의 이

---

3. 강광식, "분단체제하의 근대화 유산과 그 문화적 함의,"「한국사회의 구조변화와 그 문화적 함의」(서울 : 한국정신문화연구원, 1996), p. 4.

데올로기로 변질되어 공동체 유지에 필요불가결한 권위를 파괴하는 무기로 오용되고 있다. 이렇게 해서 뒤르켐이 강조하는바 전형적인 아노미현상이 드러나고 있다.

(2) 도시화 및 공업화의 영향

광복 50년을 돌이켜볼 때 사회변동의 주요 양상으로서, 그리고 동시에 주요인으로서 가장 두드러진 현상은 도시화와 공업화라 할 수 있다. 도시화는 주로 인구 생태적 변화를 이르는 반면, 공업화는 특히 기술변동을 가리킨다. 한국사회 내의 도시화와 공업화는 무엇보다도 급격한 속도로 진행되었다는 특징을 지닌다. 이런 고속 변화로 말미암아 문화의 이질적인 요소들이 공존하면서 변화를 거쳐야 하는 일종의 농축역사가 생성되고 문화 지체현상이 일어남으로써 혼란과 적응의 긴장을 야기시킨다.

먼저 도시화를 살펴보면 급속한 도시화가 집중(concentration)과 중앙집권화(centralization)를 일으켰다. 이는 거시적으로 볼 때 사회적 불균형을 심화시킴으로써 사회에 긴장과 갈등의 소지를 마련한다는 점에서 뿐만 아니라 도시의 인간적 사회적 기능에 지나친 부담을 안겨 줌으로써 삶의 질적 측면에 부정적인 결과를 가져다 주었다. 그리고 도시화는 인구의 이동을 수반하기 때문에 가족의 형태와 가족관계에 변화가 생기게 되었고, 그로 인해서 공간적으로 뿐만 아니라 사회적, 문화적, 심리적으로 '뿌리가 뽑힌' 사람들을 대량으로 만들어 내게 되었다. 이는 하나의 사회문화적 충격으로 나타나 소위 집 없는 사람들 혹은 고향을 잃은 사람들의 의식(the homeless mind)을 확산시켜 고독과 소외를 경험하게 했다.[4] 여기서 뿌리뽑힌 인간의 외로움을 달래기 위해 종교 인구가 급격히 증가했다. 이는 통계로도 명확하게 확인이 되는바 1954년

---

4. Peter Berger, et al., *The Homeless Mind*(New York : Random House, 1974).

통계치에 의하면 종교 인구가 11.24%였는데 도시화가 진척된 1974년에는 50.10%로 껑충 뛰었고, 1983년 통계에는 61.34%로 올라갔다. 그러나 도시화가 정착되고 그 나름대로의 적응기간이 지난 뒤인 1991년 통계에는 54%, 1994년에는 49.9%로 일단 주춤해지기 시작했다.[5]

다음으로 공업화를 살펴보면 우리나라의 공업화도 우리 사회의 사회변동을 주도했다. 그 예로 직업을 중심으로 하는 사회적 분업의 증대와 기능분화, 교육과 기능수준의 향상을 요하는 전문 기술직의 성장, 지리적 및 사회적 이동, 사회 조직체의 규모 확대와 조직 원리의 관료제화, 중간계층의 확장, 자발적 결사체의 증가, 핵가족화, 2차적 인간관계의 확대 등을 들 수 있다. 그리고 동시에 의식에서도 합리화, 규격화, 동시화, 관리 가능성 신봉 등의 변화가 일어났다. 그리고 경제적 생활 수준의 향상으로 우리 국민들의 삶의 질적인 측면에서 놀라운 변화를 가져왔다. 그러나 이런 공업화는 가치의 혼란과 정신의 황폐화라는 부정적인 측면을 불러왔다. 그 증후를 구체적으로 들어 본다면 물질중심주의, 황금만능사상, 배금주의에다 자기 중심적, 타산적 사고와 행동은 인간관계를 각박하게 변질시켰다. 그리고 상대적 박탈감의 만연은 계층 간의 불신을 고조시키고, 저질화된 대중문화를 양산해서 정신문화의 기반을 흔들어 놓았다.

(3) 민주화의 영향

1945년 해방 이후 우리 사회의 급속한 변화 가운데 빼놓을 수 없는 것이 바로 민주화라는 정치문화의 변화이다. 해방과 미군의 진주, 대한민국 정부수립, 남북분단, 4·19, 5·16 군사 쿠데타, 군사정권의 탄압, 학생 데모, 민주화 투쟁, 문민정권의 등장, 지방자치제 실시, 여야간의 정권교체 지난 50여 년간 우리 정치사의 모자이크이다. 이런 급격한 정

---

5. 통계청,「한국의 사회지표」(서울 : 통계청, 1994), p. 235.

치사의 민주화과정은 우리 사회 성인의 삶에도 커다란 영향을 미쳤다.

우선 이런 변화는 국민의식상의 변화를 초래했다. 민주국가의 시민이 되었다는 정치적 정체감이 생기게 되었다. 이것은 하나의 자신감으로 국제사회에 우리의 자긍심을 심는 매우 중요한 영향을 미쳤다. 그리고 정치 민주화로 우리 문화 곳곳에 침잠했던 군사문화, 군사적 권위주의 요소가 불식되었다. 또한 군사정권이 정치적 수단으로 활용해 오던 뿌리깊은 지역감정도 해소될 길이 열린 것이다.

그러나 권위주의를 청산하는 과정에서 지나치게 자유의 욕구가 일시에 표출되면서 우리 사회 내의 정당한 권위마저 무시당하는 경향이 생겨났다. 그리고 민주화과정에서 의사 표시의 방법으로 사용되어 온 시위가 하나의 문화화되어서 법질서가 훼손되고 공권력이 제기능을 상실하는 부정적인 결과를 초래하기도 했다. 또한 뿌리 깊은 지역감정은 국민의식 깊이 하나의 상처로 남아 민족공동체 형성에 커다란 장애로 남아 있다. 이런 영향들은 일종의 우리 사회의 아노미현상으로 자리잡게 되어 어서 속히 치유해야 할 과제로 남게 되었다.

2) 탈근대화의 지향과 전망

(1) 세계화의 영향

앞으로 우리 사회에 본격적으로 심화될 탈근대화의 현상 중에 우선적으로 전망되는 것이 바로 '세계화'(globalization)이다. 세계화란 지정학적 측면에서 전통적 국경의 '무너짐 현상'을 의미하고, 그 결과 이른바 지구촌(global community)이 형성되는 현상을 말한다. 이런 현상은 우선 경제현상에서 시작되었다. 주로 초국적 기업활동의 확산, 전세계적 시장주의화, 자본 축적 원활화를 위한 통신 및 미디어의 전지구적 네트워크화 등의 경제현상이 새로운시대 조류로 강하게 회오리치고 있다. 그런데 이런 경제현상은 경제 이외의 다른 영역에도 커다란 반향을 불러일으키고 있다. 즉, 그간 국경 단위로 존재해 오던 정치 영역, 문화 영역, 사회 영역 등이 기능적으로 재편되고 통합화되어 가고 있는 것이다.

이런 세계화현상은 현대인의 의식에도 일대 변화를 가져왔다. 벨(D. Bell)에 의하면 세계화 한복판에서 자기 정체성의 준거가 예전처럼 사회질서와 밀착된 '동일성'을 띤 문화질서에 놓여 있지 않고 바로 '자신'(self)에 근거하게 된다.[6] 그리고 특정 타입의 '인격체'(character)로서의 인간 유형보다는 '개성체'(personality)로서의 인간 유형이 현대사회를 구성해 갈 것이라고 보았다.[7] 이렇게 될 때 자신만의 자기 정체성을 걸고 있는 개성체들이 결국 자신의 특이성(idiosyncracy)만을 추구하면서 전통적 문화질서를 벗어버리는 풍조를 쉽게 예측할 수 있다. 이것은 일종의 전통적 근대 문화구조의 해체로 이어지고, 그 결과 필연적으로 문화 다원주의가 출현하게 될 것이고, 더 나아가 문화적 대립과 갈등이 보편화되게 될 것이다.

이런 상황 가운데 우리 사회의 성인들은 일종의 문화적 정체성의 아노미현상을 심각하게 겪을 수밖에 없을 것이다. 우리는 누구이며, 그 안에 나는 누구인가? 우리를 지키기 위해, 나를 지키기 위해 무엇을 해야 하는가? 이런 물음에 응답하지 않으면 안 되는 절박한 상황을 맞게 될 것이다.

(2) 정보화의 영향

정보화는 산업화로 대두된 더 효율적인 통제의 필요성에서 태동된 새로운 전자 및 통신기술의 발전으로, 그리고 그런 기술들을 응용한 새로운 상품으로 새로운 시장을 개척하려는 상업적 이해관계에 의해 일

---

6. Daniel Bell, *The Cultural Contradictions of Capitalism*(N. Y. : Basic Books, 1978), pp. 18-19.
7. Ibid., pp. 36-38, 54.

기 시작한 강력한 사회변화의 물결을 말한다. 쉬멘트(J. Scement)는 이런 정보화가 정착된 정보사회의 특징을 다음과 같이 요약했다. 정보사회는 첫째로 컴퓨터와 통신이 주도하는 정보기술, 즉 정보를 조작하고 저장하고 주고받는 기술의 광범한 유포, 둘째로 많은 메시지와 그것을 전하는 다수의 회로, 셋째로 정보의 상품화와 정보상품의 일차화, 넷째로 산업에서 정보노동의 증대, 다섯째로 정보 이동의 신속성, 여섯째로 과학지식의 상업적 자원화로 특징지어진다.[8]

이런 특징을 갖는 정보화사회는 우리의 삶에 획기적인 발전을 가져다 줄 것이다. 즉, 물질적 상품이 풍부하고 삶의 질이 높고, 자유, 평등, 민주주의의 가치가 실현될 수 있을 것이다. 그리고 사회 구성원들이 모든 정보에 공개적으로 평등하게 접근할 수 있고, 물질적 획득보다는 자아 실현을 추구하는 사회로 나아갈 수 있는 가능성도 대두될 것이다. 또한 총합적, 협동적, 민주적으로 완전하게 통합된 국제사회를 이룰 수 있는 기술적 근거를 마련해 주기도 할 것이다.

그러나 이런 사회의 성인들은 우선 지적인 혼란을 경험하지 않을 수 없게 된다. 즉, 안정적인 지식과 지혜의 증가보다는 피상적이고 일시적인 정보의 과다로 혼란을 겪게 될 것이다. 그래서 많은 미래학자들은 현대인들이 이해할 수도 없고 탈맥락화한 정보의 바다에 익사할 수 있음을 경고하고 있다. 그리고 과도한 정보는 혼란을 초래하고 독립적 사고를 정지시키기 때문에 과소한 정보보다 나쁠 수 있다고 지적하고 있다. 이렇게 될 때 정보혁명의 시대가 오히려 참다운 정보의 상실시대가 될 수 있는 것이다. 그래서 현대의 성인들은 나침반과 같은 정보의 바다를 안내해 줄 도구를 마련하지 않으면 안 되게 되었다.

그리고 이런 정보의 홍수 속에 악의에 찬 사람들이 반사회적 정보들

---

8. 이효성, "정보화의 지향과 그 사회문화적 함의," 「한국사회의 구조변화와 그 문화적 함의」(서울 : 한국정신문화 연구원, 1996), pp. 227 - 228에서 재인용.

을 공개적으로 제공함으로써 커다란 사회적 물의를 일으킬 소지가 많다. 해커들의 활동, 음란 사이트들의 범람, 개인의 사적 정보의 도용, 그리고 정보 통제와 같은 반윤리적 행태가 예견된다. 따라서 정보화사회에서의 올바른 윤리의식 함양이 시급한 과제가 되고 있다.

2. 한국사회 변화와 성인 종교교육

위에서 약술한 한국사회의 급속한 변화는 성인 종교교육에도 피할 수 없는 커다란 영향을 미쳤다. 이를 두 가지 측면에서 고찰해 본다. 하나는 성인 종교교육에 끼친 긍정적인 측면이고, 다른 하나는 성인 종교교육에 끼친 부정적 측면이다.

1) 긍정적인 측면

앞에서 살펴본 한국사회의 급속한 컨텍스트의 변화는 성인도 교육받지 않으면 안 되도록 강요하고 있다. 특히 과거 근대사회에서 학교교육으로 충분했던 상황에 급진적 변화가 생겨난 것이다. 즉, 한국적 컨텍스트에서의 근대화 유산과 탈근대화 사회로의 진입은 학교교육 이후의 성인 계속교육의 필요성을 강하게 제시하고 있다.

우선 한국사회가 안고 있는 근대사회의 유산이 성인 기독교교육의 필요성을 드러내 준다. 앞에서 근대화 사회의 유산을 세 가지 측면에서 살펴보았다.

첫째, 한국사회의 사회변동 과정의 특수성이다. 요약해 보면 한국사회가 경험한 근대화과정은 개항 이후 역사적으로 중요한 계기나마 부자연스런 우여곡절을 거쳐 진행된 것이었기 때문에 그 과정에서 야기된 사회변동 양상의 파행성도 문제려니와, 이에 수반하여 야기된 문화구조 역시 여러 면에서 왜곡된 위기적 양상을 나타내게 되었다. 그 결과 문화적 아노미현상이 나타나 현재 한국사회에서는 근대적 시민사회의 중심적 가치지향의 하나인 개인주의가 이기주의적 방어기제로 변질되는가 하면, 평등주의는 무분별한 모방심리나 질투심을 부추기는 천박한 민중주의 이데올로기로 변질되어 공동체 유지에 필요불가결한 권위를 파괴하는 무기로 오용되고 있다. 성인 기독교교육은 이런 문화적 아노미현상을 극복할 수 있도록 교회의 성인들을 교육해야 할 중대한 과제를 안고 있는 것이다.

둘째, 도시화와 공업화의 영향이다. 먼저 도시화는 인구 이동을 수반하고 가족형태 및 가족관계에 변화를 초래해서 사회심리적으로 소외와 고독을 심화시켰다. 그 결과 종교 인구, 특히 기독교인 수를 급격히 증가시켰다. 성인 종교교육은 이런 상황에 적절히 부응해서 신앙 안에서 소외와 고독을 극복할 수 있도록 교육할 수 있어야 할 것이다. 그리고 공업화는 합리화, 규격화, 동시화, 관리 가능성 신봉 등의 의식변화와 경제적 생활 수준의 향상으로 우리 국민들의 삶의 질적인 측면에서 놀라운 변화를 가져왔다. 그러나 이런 공업화는 가치의 혼란과 정신의 황폐화라는 부정적인 측면을 불러왔다. 그 증후를 구체적으로 들어 본다면 물질중심주의, 황금만능사상, 배금주의에다 자기 중심적, 타산적 사고와 행동은 인간관계를 각박하게 변질시켰다. 그리고 상대적 박탈감의 만연은 계층 간의 불신을 고조시키고, 저질화된 대중문화를 양산해서 정신문화의 기반을 흔들어 놓았다. 성인 종교교육은 이런 왜곡된 정신문화를 바로잡고 기독교적 건강한 정신문화에로 성인들을 이끌어야 할 과제를 안고 있는 것이다.

셋째, 민주화의 영향이다. 우리 사회는 민주화과정에서 권위주의를 청산하면서 지나치게 자유의 욕구가 일시에 표출되게 되었고, 사회를 지탱할 정당한 권위마저 무시당하는 현상이 하나의 사회적 아노미로 나타나게 되었다. 또한 민족공동체를 와해시키는 혈연, 지연, 학연 등의 유사 가족주의를 극복하지 않으면 안 되는 과제도 떠안게 되었다. 성인 기독교교육은 이런 과제에도 적절히 부응해야 할 시대적 요청을 안고 있는 것이다.

다음으로 한국사회가 안고 있는 탈근대화에 부응해야 하는 과제가 성인 기독교교육의 필요성을 드러내 준다. 우리는 앞에서 탈근대화 지향과 전망의 가장 핵심적인 점 두 가지를 살폈다.

첫째, 세계화이다. 이 세계화는 필연적으로 전통적 근대 문화구조의 해체를 낳게 되고, 그 결과 문화 다원주의를 출현시키게 될 것이고, 더 나아가 문화적 대립과 갈등이 보편화되게 될 것이다. 이런 상황 가운데 우리 사회의 성인들은 일종의 문화적 정체성의 아노미현상을 심각하게 겪을 수밖에 없을 것이다. 우리는 누구이며, 그 안에 나는 누구인가? 우리를 지키기 위해, 나를 지키기 위해 무엇을 해야 하는가? 이런 물음에 응답하지 않으면 안 되는 절박한 상황을 맞게 될 것이다. 성인 종교교육은 성인들로 하여금 이런 문제에 적절히 대응하도록 교육할 과제를 떠안게 되었다.

둘째, 정보화이다. 정보화는 성인들로 하여금 정보의 바다에서 지적 혼란을 극복하고, 적절한 정보를 찾을 수 있는 능력을 요구하고 있다. 그리고 정보 활용의 올바른 윤리의식을 갖추도록 요청하고 있다. 성인 기독교교육은 이런 정보화의 요구에 부응해야 할 과제도 안고 있는 것이다.

요컨대 한국사회의 급속한 사회변동이 오늘의 성인으로 하여금 학교교육 이후의 계속교육 또는 평생교육을 받지 않으면 안 되는 절박한 교육환경을 야기했다. 더욱 기독교 성인들로 하여금 기독교인으로 이런 사회적 변동에 적절히 대응하지 않으면 안 되는 과제를 떠안게 했다. 결국 이런 시대적 요청이 성인 기독교교육이 발전하는 긍정적 환경으로 작용하고 있는 것이다.

2) 부정적인 측면

한편, 이런 급속한 사회변동은 성인교육을 더욱 어렵게 만드는 부정적 영향을 미치고 있는 것도 사실이다. 영국의 기독교교육학자 헐(John Hull)은 「무엇이 성인 기독교인들의 학습을 방해하는가」라는 책에서 이 점을 언급하고 있다.[9] 그는 성인의 학습요인을 사회적 요인, 생주기적 요인, 그리고 개인적 요인으로 구분하면서 오늘의 성인교육 상황하에서는 사회적 요인이 가장 중요한 요소로 작용하고 있다고 보았다. 그리고 근대화의 결과인 근대성의 문제가 성인교육을 방해하는 가장 주된 요인이라 보았다.

그는 이런 근대성의 문제를 다음 다섯 가지의 특성으로 정리했다.[10]

첫째는 관료성(bureaucracy)이다. 근대사회의 관리 경영의 절차는 합의된 규정에 따라 개개인들을 획일적으로 취급하게 되었다. 이것은 개인들로 하여금 자신이 인격을 가진 인간으로가 아니라 하나의 이름 또는 수로 파악당하는 비인간화를 느끼게 만들어 준다. 이런 느낌은 사람들이 관료구조가 아닌 다른 곳, 즉 가정과 교회 같은 사적인 곳을 하나의 안식처로 생각하게 만들어 준다. 그런데 교회에서의 학습은 바로 교회에 대한 이런 생각을 무너뜨리게 한다. 그래서 성인이 교회에서 학습을 꺼리게 된다는 것이다.

둘째는 합리성(rationality)이다. 근대사회는 최소의 노력과 자본으로 최대의 생산과 이익을 얻고자 하는 기술적 합리성(technical rationality)을 바탕으로 삼고 있다. 그러나 종교는 비합리적인 특성을 가지고 있기 때문에 합리적 근대사회와 배치되는 점을 가지고 있다. 바로 이런 점이 합리적 사고에 젖어 있는 현대인들이 종교로부터 학습하기를 꺼리는 또 하나의 이유가 된다.

셋째는 개인주의(individualism)이다. 근대사회는 여러 가지 면에서

---

9. John Hull, *What Prevent Christian Adults from Learning*(Philadelphia : Trinity Press, 1991).
10. Ibid., pp. 4-23.

개인주의화를 조장하고 있다. 그러나 기독교는 공동체 중심적 성격을 띠고 있다. 개인이 교회 안에서 학습하고자 할 때 이런 개인주의적 기질을 포기해야 하는 어려움이 있다는 것이다.

넷째는 미래성(futurity)이다. 근대사회는 그 속성상 미래지향적이다. 보다 나은 미래로의 진보, 발전을 위해 질주하고 있다. 그러나 종교는 과거 지향적이다. 종교는 과거의 역사를 뒤돌아보고 과거의 것을 전수하고자 한다. 바로 이 점이 교회에서의 학습을 막는 또 하나의 장애물이 되는 것이다.

다섯째는 해방성(liberation)이다. 근대사회는 인간을 여러 가지 억압으로부터 자유롭게 해주었고, 또 그런 방향으로 나아가고 있다. 예를 들어 질병으로부터의 해방, 빈곤으로부터의 해방, 지나친 노동으로부터의 해방 등이다. 그러나 종교는 어느 의미로 현대인들에게 억압으로 느껴지는 요소를 가지고 있다. 따라서 이것 역시 성인들이 교회에서 학습하는 데에 또 하나의 요소로 작용한다.

요컨대, 헐의 지적에서 확인할 수 있는 점은 오늘의 사회상황이 성인 기독교교육으로 하여금 과거의 교육 패러다임을 고집해서는 안 된다는 점을 강조해 주고 있다. 즉, 오늘의 성인 기독교교육이 새로운 교육 패러다임을 요청한다는 것이다.

성인의 학습

 효과적인 성인교육을 위해서는 성인에 적절한 학습이론과 성인의 학습원리를 이해할 필요가 있다. 이를 위해서 먼저 성인에 관한 학습이론을 살피고, 이를 기초로 성인 학습의 원리를 정리해 보자. 그리고 성인의 학습을 돕는 성인교육의 교사의 역할에 관해 살펴보자.

1. 성인 학습이론

 인간의 학습에 관한 연구는 오랜 역사를 가지고 있다. 교육학자, 심리학자, 철학자들에 의해서 학습이란 무엇인가? 학습은 어떻게 이루어지는가? 학습은 어떻게 증진되는가? 등의 문제가 수세기 전부터 연구되어 왔다. 그러나 이 문제에 대한 체계적인 연구가 이루어진 것은 19세기부터라 할 수 있다. 그 연구결과로 사람들이 어떻게 학습하게 되는가를 이론적으로 설명할 수 있게 되었다.
 미리암과 카파렐라(Merriam and Caffarella)는 최근까지 연구되어진 학습에 관한 이론을 크게 다음의 네 가지로 정리하고 있다.[1] 즉, 행동

---

1. Sharan B. Merrian and Rosemarys. Caffarella, *Leaning in Adulthood*(San

주의(behaviorism), 인지주의(cognitivism), 인간주의(humanism), 사회적 학습이론(social learning theory)이다. 이 각 이론들을 간략하게 정리해 보면 다음과 같다.

1) 행동주의 학습이론

이 이론은 20세기 초에 왓슨(J. Watson)에 의해 시작되어 손다이크(Thorndike), 톨만(Tolman), 거쓰리(Guthrie), 스키너(Skinner)와 같은 학자들에 의해 발전되었다.

이 이론은 다음과 같은 기본 가정에 기초를 두고 있다. 첫째, 내적 사고과정보다 관찰 가능한 행동이 연구의 초점을 이룬다. 둘째, 인간을 외부환경에서 제공되는 자극에 의해 통제되는 수동적 유기체(passive organism)로 본다. 즉, 인간은 환경적 자극으로부터 통제를 받는 수동적 존대라는 것이다. 그래서 인간은 모든 자연환경을 통제하는 보편적 법칙의 지배를 받는다는 것이다. 그 결과 과학적 방법이 인간 유기체를 연구하는 데 매우 적합하다는 것이다. 이 이론의 관점에서 볼 때 인간의 행동은 예언 가능하며 인간은 객관적, 자연적, 측정 가능한 세계에 살고 있다. 인간은 정보를 전달하는 능력은 있지만 그것을 창조할 능력은 없다고 본다. 즉, 인간은 지능을 가진 복잡한 기계로 존재하기 때문에 인간의 지능은 측정되거나 통제될 수 있으며, 이것을 반영한 행동은 예측 가능하다.

이 이론의 입장에서 볼 때 학습은 실천의 결과로 일어나는 다소 영구적인 행동의 변화이다. 따라서 학습과정은 유순하고 수동적인 유기체에 대한 새로운 자극이다. 학습은 어떤 방식으로든지 유기체와 그들을 둘러싸고 있는 환경 사이의 상호작용을 통해 이루어진다고 보기 때문에 학습에 대한 핵심 개념은 자극(Stimulus)과 반응(Response)이다.

Francisco : Jossey-Bass Publishers, 1991).

이 입장의 대표적인 이론가로 손다이크를 들 수 있다. 그는 소위 S-R 이론으로 학습을 이해하는 데 중요한 기여를 했다. 그는 반복적인 시행착오에 의한 학습을 통해 감각적 인상(sensory impressions) 또는 자극(S)과 후속행동 또는 반응(R) 사이의 어떤 관계가 행동의 결과에 의해서 강화되기도 하고 약화되기도 한다고 주장하였다. 그는 자신의 연구결과를 기초로 해서 다음과 같은 세 가지 학습법칙을 공식화했다.

첫째, 효과의 법칙(Law of Effect)이다. 이는 학습자는 만족스러운 결과로 이끄는 반응을 습득하고 기억한다.

둘째, 실행의 법칙(Law of Exercise)이다. 이는 의미 있는 관계의 반복은 실제적인 학습을 결과한다.

셋째, 준비의 법칙(Law of Readiness)이다. 이는 유기체가 학습할 준비가 되어 있을 경우 학습이 강화되고, 그렇지 않으면 학습은 방해를 받게 된다.

이 이론은 교육자와 학습자의 역할을 명백하게 규정한다. 교육자의 역할은 바람직한 행동이 일어날 수 있도록 학습환경에 있어서 강화의 가능성을 배열하고 바람직하지 않은 행동을 제거하는 것이다. 다시 말해서 교육자는 환경 통제자, 혹은 바람직한 행동을 유발시키는 데 필요한 조건을 면밀히 계획하는 행동적 기술자이다. 반면에 학습자는 환경의 변화가 있을 경우 그에 적응하는 방법을 학습하는 것이다.

이 이론은 학습을 행동의 변화로 본다. 따라서 학습자들로 하여금 행동의 변화를 가져오도록 하기 위해 미리 행동목표를 설정할 것을 제안한다. 행동목표는 한 단위의 수업을 마친 후 학습자들이 나타내게 될 행동을 구체화한다. 이 행동목표는 우선 학습자가 수행하기를 기대받는 조건이나 자극, 학습자가 수행하려고 하는 행동, 학습자를 평가할 기준에 대한 기술 등의 요소를 포함한다. 행동목표는 또한 교육자들에게 어떤 내용을 가르칠 것인지를 분명히 해준다. 이렇게 행동목표를 사용함으로써 보다 효과적인 교수-학습이 이루어진다.

이 행동주의가 성인교육에 미친 영향에 힘입어 개발된 수업방법은 매우 다양하다. 예컨대 프로그램 학습, 컴퓨터 보조학습, 완전학습, 계약학습, 개별화 학습체제, 개인 안내교육 등이다.[2]

2) 인지주의 학습이론

이 이론은 1929년 형태심리학자(gestalt psychologist)인 보드(Bode)로부터 시작되었다. 그는 행동주의를 지나치게 개별주의적(particularistic)이고, 단일 사건 및 행동에 지나치게 관심을 가지고 있으며, 학습을 설명하는 데 외현적 행동(overt behavior)에 지나치게 의존한다고 비판했다. 그러면서 부분보다는 전체, 고립적 사건보다는 형태를 고찰할 것을 주장했다. 보드를 이어 베르트하이머(Wertheimer), 코러(Kohler), 코프카(Koffka), 레빈(Lewin)과 같은 형태심리학자들이 이 입장의 이론을 발전시켜 왔고, 20세기 중반에 들어오면서 행동주의와 쌍벽을 이루게 되었다. 나중에 이 이론은 정보처리(information-processing) 학습이론에 통합되었다.

이 이론의 중요 개념은 지각(perception), 통찰력(insight), 의미(meaning)이다. 이 이론은 인간의 정신(human mind)은 자극을 받으면 적절한 반응을 보이는 수동적인 체계를 가지고 있는 것이 아니라, 사고하는 사람은 감각을 해석하고 의식을 침해하는 사건에 의미를 부여한다고 본다. 따라서 학습은 환경으로부터 오는 자극의 의미를 이해하기 위한 경험의 재조직이다. 또한 이들은 "학습은 인지적 현상이다. 유기체는 어떤 문제를 풀고 난 후에 비로소 해결책을 알게 된다. 학습자는 어떤 문제를 해결하는 데 필요한 모든 요소들에 대해 생각하며 그 문제가 해결될 때까지 그것을 조합한다. 문제가 해결되었을 때 유기체는 어

---

2. J. Elias and S. Merriam, *Philosophical Foundations of Adult Education*(New York : Robeit Krieger Publishing C., 1980), p. 103.

떤 문제의 해결안에 대한 통찰력을 얻게 된다. 문제는 해결 아니면 미해결이라는 두 가지만 존재하며, 그 중간에 부분적인 해결안은 없다고 본다.

이렇게 볼 때 인지주의자들과 행동주의자들 사이의 중요한 차이는 학습활동에 대한 통제권의 소재(locust of control)이다. 즉, 행동주의자들은 통제권의 소재를 환경에 두는 데 비해, 인자주의자들은 학습자 개인에게 둔다.

이 입장의 중요한 이론가인 오수벨(Ausubel)은 학습은 한 개인의 인지구조에 이미 존재하고 있는 개념과 관련될 때 의미가 있다고 주장한다.[3] 그러면서 이런 학습을 의미 있는 학습(meaningful learning)이라 불렀다. 그리고 개인의 인지구조와 관련되지 않은 학습을 기계적 학습(rote learning)이라 부르면서 이런 내용은 쉽게 잊혀진다고 했다. 그는 학습에 있어서 인지구조의 중요성을 강조했다.

또 다른 이론가로 브루너(Bruner)를 들 수 있다. 그는 발견(discovery)을 통한 학습을 강조한다. 여기서 발견은 본질적으로 부수적인 새로운 통찰력을 다시 조립할 수 있도록 증거를 능가할 수 있는 방식으로 재배열하거나 변형시키는 문제이다. 이런 관점에서 그의 수업이론은 다음의 세 가지 동시적인 과정을 내포하는 학습행위에 대한 이론에 바탕을 둔다.[4]

첫째, 새로운 지식의 습득

둘째, 변형 또는 새로운 과업에 적합하도록 지식을 조정하는 과정

---

3. D. Ausubel, "A Cognitive Structure Theory of School Learning," in L. Siegal, ed., *Instruction : Some Contemporary Viewpoints*(San Francisco : Chandler, 1967).
4. J. Bruner, "In Defence of Verbal Learning," in R. Anderson and D Ausubel, eds., *Readings in the Psychology of Cognition*(New York : Holt, Rinehart and Winston, 1965), pp. 607-608.

셋째, 평가 또는 우리가 정보를 조정하는 방식이 그 과업에 적합한지를 점검하는 일

결국 인지주의적 관점은 행동주의와는 대조적으로 외적 행동이 아니라 내적인 정신적 과정에 초점을 둔다. 인지주의자들은 정보가 어떻게 습득, 축적, 회상되는지에 관심이 있다. 이 이론은 발달적 시각에서 성인학습의 연구에서 특히 많이 발견된다. 주요 관심은 노화가 정보를 습득하고 회상하는 성인의 능력에 어떤 영향을 미치며, 그것이 성인의 내적 정신구조에 어떤 영향을 미치는지에 있다.

3) 인간주의 이론

이 이론은 인간의 성장 가능성의 관점에서 학습의 문제를 접근한다. 특히 이 입장의 이론가들은 인간은 자기 자신의 운명을 통제할 수 있다고 본다. 즉, 사람들은 선천적으로 선하며 보다 나은 세계를 위해 노력할 것이다. 사람들은 활동하는 데 자유롭다. 행동은 인간 선택의 결과이다. 사람들은 성장, 발전을 위한 무한한 잠재능력을 가지고 있다고 보았다.

학습이론의 관점에서 인간주의는 개인이 되고자 하는 것이 되는 자유와 책임이 있을 뿐만 아니라 경험이 중심이 되는 개인의 지각을 강조한다. 이런 원리는 학습과정에 있어서 성인의 자기 주도성(self-directedness)과 경험의 가치를 강조하는 성인 학습이론의 기초가 된다.

이 입장의 대표적인 사람 중의 하나가 매슬로우(A. Maslow)이다. 그는 욕구위계에 바탕을 둔 인간 동기이론을 제안했다. 즉, 학습에 대한 동기는 내재적인데, 이는 학습자로부터 나온다. 그는 학습의 목표는 욕구위계의 최상위에 있는 자아 실현이며, 교육자는 이것이 이루어질 수 있도록 도와 주어야 한다.[5]

또 다른 사람으로 로저스(K. Rogers)를 들 수 있다. 그는 치료와 학습

을 유사한 과정으로 이해했다. 즉, 그의 내담자중심 치료(client-centered therapy)는 학생중심 학습(student-centered learning)과 같다. 그는 이런 관점에서 볼 때 학습은 다음과 같은 특성을 갖는다고 보았다.[6]

첫째, 개인적 참여(personal involvement)이다. 한 개인의 정의적 내지 인지적 측면이 학습장면에 포함되어야 한다는 것이다.

둘째, 자기 주도성(self-initiated)이다. 발견의 의미가 내부로부터 나와야 한다는 것이다.

셋째, 학습자에 의한 평가(evaluated by learner)이다. 학습자는 자신의 경험이 욕구를 충족시키고 있는지를 누구보다 잘 알 수 있다는 것이다.

넷째, 본질이 곧 의미이다. 경험학습이 이루어질 때 학습자에 대한 그것의 의미는 전체 경험에 통합된다.

성인교육에서 인간주의적 요소는 중요하게 반영되고 있다. 즉, 학습자는 교육과정의 중심이라는 것, 교육자는 촉진자(facilitator)라는 것, 학습은 발견을 통해서 이루어진다는 것이다. 바로 이런 관점이 노울즈에 의해 입증되었고, 안드라고지라는 개념의 핵심을 이루고 있는 것이다.

결국 인간주의적 학습 이해는 인간의 속성, 인간의 잠재능력, 인간의 감정 내지 정의적 측면에 둔다. 인간주의자들은 학습이 인지과정과 외현적 행동 그 이상을 포함한다고 믿는다. 즉, 학습은 동기와 관련되며 선택 및 책임을 포함한다.

---

5. Abraham. Maslow, "Education and Peak Experience," in *The Person in Education : A Humanistic Approach*, ed. Courthey Schlosser(New York : Macmillan, 1976).
6. C. Rogers, *Freedom to Learn for the 80's*(Columbus : Merrill, 1983), p. 20.

4) 사회적 학습이론

이 입장의 이론은 사람들은 다른 사람들을 관찰함으로써 배운다고 주장한다. 그런 관찰은 사회적 상황에서 일어나기 때문에 사회적 학습이라는 말을 쓴다. 즉, 이 입장에서는 학습이 일어나는 과정을 연구의 주제로 다루고 있다고 할 수 있다.

이 이론이 본격적으로 다루어지게 된 것은 1970년대에 들어와 반두라(Bandura)에게서이다. 그는 후속행동보다 관찰에 포함된 인지과정에 초점을 두었다. 그의 이론의 핵심은 관찰과 모방행동의 분리이다. 그는 인간은 관찰했던 것을 모방하지 않고서도 관찰을 통해 학습할 수 있다고 주장한다. 그의 관찰학습의 특징적 개념은 자기 규제(self regulation)이다. 그는 사람들은 자기 생성적 결과를 염두에 둠으로써 어느 정도 자기 자신의 행동을 규제할 수 있다고 보았다.[7]

이 이론의 대표적인 사람으로 헤르겐한(Hergenhahn)을 들 수 있다.[8] 그의 이론의 핵심은 소위 관찰학습이다. 이는 집중(attention) - 파지(retention) 또는 암기(memory) - 행동적 연습(behavioral rehearsal) - 동기(motivation) 등 네 가지 과정의 영향을 받는다. 이를 보다 자세히 살펴보면 우선 학습자는 어떤 것을 학습하기 전에 모델을 주시한다. 관찰을 통해 얻은 지식은 미래에 사용하기 위해 저장하거나 축적해 둘 필요가 있다. 모방 경험을 통해서 획득된 상징은 개인의 행동이 비교되는 잣대 역할을 한다. 이런 연습과정 중 사람들은 자기 자신의 행동을 관찰하고 그것을 모델에 의한 경험과 비교한다. 끝으로 모델에 의한 행동은 한 개인이 그것을 실행하고자 하는 동기가 유발될 때가지

---

7. A. Bandura, *Social Learning Theory*(Englewood Cliffs : Prentice-Hall, 1977), p. 392.
8. B. Hergenhahn, *An Introduction to Theories of Learning*(Englewood Cliffs, Prentice-Hall, 1988), pp. 327ff.

축적된다.

또 다른 사람으로는 로터(Rotter)를 들 수 있다. 그의 이론은 행동, 성격, 경험, 환경의 개념들 사이의 관계를 기술한 일곱 가지 명제들과 부수적인 결과들로 구성되어 있다. 그의 이론은 인간의 행동은 의미있는 환경에서 일어나며, 다른 사람들과의 사회적 상호작용을 통해서 습득된다고 가정한다. 개인의 레퍼토리에서 일단 습득된 행동이 어떤 일정한 상황에서 일어날 것인가를 이해하기 위한 핵심은 기대(expectancy)와 강화(reinforcement)의 개념이다. 여기서 기대는 특정 행동의 결과로서 어떤 특정한 강화가 일어날 가능성을 말한다. 개인이 상황을 해석하거나 심리학적으로 규정하는 방식은 강화와 기대, 그리고 그것에 의해 어떤 일정한 행동이 일어날 가능성에 영향을 미친다는 것이다.[9]

결국 사회적 학습이론은 학습이 일어나는 사회적 상황에 초점을 둔다는 점에서 앞의 세 가지 이론과 다르다. 이 관점에서 볼 때 학습은 자신이 속한 환경에서 사람들의 행동을 관찰함으로써 일어난다. 더 나아가 학습은 개인, 환경, 행동의 상호작용의 함수이다. 동일한 환경에서 행동의 차이는 특이한 인성 특성과 환경적 자극과의 독특한 상호작용에 의해서 설명될 수 있다. 이 이론은 사회적 상황의 중요성을 부각시키고, 모델화 및 지도력의 과정을 밝힘으로써 성인학습에 중요한 기여를 하고 있다.

위에서 살펴본 학습이론을 도표로 정리해 보면 다음과 같다.[10]

---

9. J. Rotter, *Social Learning and Clinical Psychology*(Englewood Cliffs : Prentice-Hall. 1954).
10. Merriam and Caffarella, op. cit., p. 138.

	행동주의	인지주의	인간주의	사회적 학습이론
학습과정에 대한 관점	행동의 변화	내적 정신과정 (통찰력·정보처리·암기·지각 등 포함)	잠재능력 개발	사회적 상황에서 타인과의 상호작용 및 관찰
학습의 초점	외부환경의 자극	내적, 인지적 구조화	정의적 내지 인지적 욕구	개인·행동·환경과의 상호작용
교육목표	바람직한 방향으로의 행동변화	보다 나은 학습을 위한 능력 및 기술개발	자아 실현되고 자율적인 인간 육성	새로운 역할 내지 행동모형 개발
교육자의 역할	바람직한 반응을 이끌어 가기 위한 환경배열	학습활동의 내용을 구성	전인의 개발을 촉진	새로운 역할 및 행동모형을 개발 내지 안내
성인학습의 관점	행동목표, 능력중심 교육, 기술발전 내지 훈련	인지 발달, 연령에 따른 지능·학습·기억, 학습하는 방법에 대한 학습	앤드라고지, 주도적 학습	사회화, 사회적 역할, 지도자, 통제의 초점

[표 2] 학습이론의 비교

그러면 이제 이상에서 살펴본 네 가지 학습이론을 어떻게 성인교육 상황에서 적용할 것인가라는 문제를 생각해 보자. 이 부분에 관해서는 노울즈가 중요한 통찰을 제시해 준다.[11] 그는 어떤 이론을 택할 것인가라는 점을 결정할 때 두 가지를 고려해야 한다고 보았다. 하나는 학습과업의 복잡성이고, 다른 하나는 학습능력 수준이다. 예를 들어 학습과업이 단순하고 학습자의 학습능력 수준이 매우 낮을 경우에는 행동주

---

11. Knowles, *The Making An Adult Educator*(San Francisco : Jossey-Bass, 1989), p. 48.

의 이론에 바탕을 둔 학습, 예컨대 프로그램 학습이나 컴퓨터 보조학습, 연습 등이 적절하다. 그리고 학습과업이 복잡할 때는 인지이론에 기초한 이론이 적합하다. 아울러 학습과업이 복잡하고 학습자의 학습능력 수준이 높을 경우 인간주의에 따른 자기 주도적 학습이 적합하다.

노울즈는 이 내용을 다음과 같은 도식으로 정리하고 있다.[12]

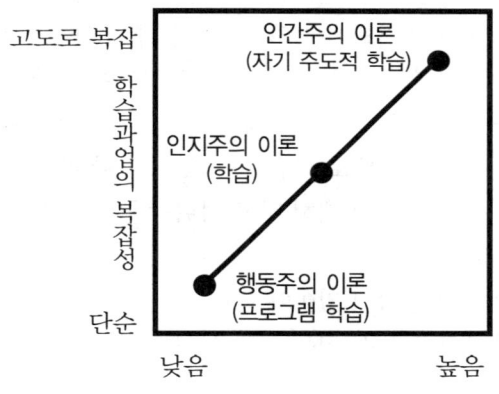

[그림 3] 학습이론의 적용

2. 성인학습의 원리

성인교육의 실천을 위한 원리를 제시한 학자들은 대단히 많이 있다. 그 중에 성인학습의 원리를 도출해 내는 데 도움이 되는 사람들 몇을 꼽는다면 다음과 같다.

1) 노울즈

---

12. Ibid., p. 48.

노울즈는 성인학습의 원리를 다음 13가지로 요약하고 있다.[13]
학습자는 코스의 목적을 이해하고 동의해야 한다.
학습자는 학습하고자 하는 욕구가 있어야 한다.
학습 상황은 부드럽고 화기애애한 분위기가 유지되어야 한다.
신체적 조건이 안락해야 한다.
학습자가 학습과정에 참여하고 그에 대해 인식해야 한다.
학습은 학생의 경험과 관련되어야 하며 그것을 활용해야 한다.
교육자는 자기가 담당할 주제에 대해 잘 알고 있어야 한다.
교육자는 자기가 담당할 주제를 가르치는 일에 열성적이어야 한다.
학습자는 자기 자신의 속도대로 학습할 수 있어야 한다.
학습자는 자기 자신의 진보에 대해 알고 성취감을 가져야 한다.
수업방법은 다양해야 한다.
교육자는 성장에 대한 감각이 있어야 한다.
교육자는 코스에 대해 융통성 있는 계획을 해야 한다.

2) 보일(Boyle)

보일 역시 성인학습의 원리를 다음 여섯 가지로 요약해서 제시하고 있다.[14]

학습환경 : 학습환경은 학습자에게 신체적, 심리적으로 안락해야 한다. 이러한 환경은 신체적 안락, 상호 신뢰 및 존경, 상호 협력, 표현의 자유, 다양성의 인정 등을 포함한다.

학습에 대한 욕구 : 학습자는 학습에 대한 욕구를 느껴야 한다. 학습자는 학습목표를 자신의 목표로 지각해야 한다. 문제중심의 학습상황은

---

13. Ibid., p. 75.
14. P. G. Boyle, *Planning Better Programs*(New York : McGraw-Hill Book Company, 1981).

학습자들의 학습욕구를 부여하는 데 도움을 줄 것이다.
 선행경험 : 학습경험은 선행경험과 관련되어야 한다.
 학습자 참여 : 학습자는 학습경험을 계획하고 실천하는 데 참여해야 한다. 학습기회의 목적이 학습자의 욕구 내지 문제와 관련된다면 학습자와 더불어 해결안이 모색되어야 한다. 그 과정에서 학습자는 목표에 영향을 미칠 수 있으며 문제해결 과정을 배우게 된다.
 학습과 실천 : 학습은 경험이 중심이 되어야 한다. 학습자는 경험에 능동적으로 참여해야 한다. 학습자는 학습경험에 의해 제시된 경험이나 실천적 행동을 활용할 수 있어야 한다.
 피드백 : 학습자는 자신이 설정한 목표에 얼마나 성공적으로 달성했는지를 평가할 수 있도록 피드백되어야 한다. 목표에 성공적으로 도달하기 위해서는 학습에 있어서 학습자의 동기를 유지할 필요가 있다.

3) 왈돈(Waldon)과 무어(Moore)

왈돈과 무어는 성인학습의 원리를 다음 다섯 가지로 정리하고 있다.[15]
 학습은 변화이다 : 우리가 학습할 때마다 우리의 지식 내지 인지적 능력, 태도 및 가치, 기술을 실행하는 능력에 있어서 변화가 일어난다. 성인교육자는 사람들로 하여금 바람직한 방향으로 변화하도록 유도해야 하고, 학습은 사람들이 이런 변화를 습득하는 과정이다.
 학습은 동기를 필요로 한다 : 성인교육에 있어서 학습자들이 학습과업에 대해 동기부여되는 것이 중요하다. 이때 동기를 이해하고 그 조건을 향상시키는 몇 가지 조건이 필요하다.
 첫째, 학습자들이 학습경험을 가치 있고 자신의 개인적 욕구와 관련된다고 간주해야 한다.

---

15. M. Waldon and G. Moore, *Helping Adults Learning : Course Planning for Adults*(Toronto : Thomson Educational Pub., 1991), pp. 59-63.

둘째, 학습자들은 목표를 자신의 현재 능력수준과 관련해서 바람직할 뿐 아니라 성취 가능하다고 생각해야 한다.

셋째, 학습자가 학습과업에 내포된 윤리적 의미에 민감해야 한다.

학습은 집중력을 필요로 한다 : 정보가 기억 속에 남아 반복, 회상에 이용되기 위해서는 약 30분의 시간이 소요된다. 그 시간 동안 학습자에게 또 다른 정보가 주어지게 되면 그것을 기억하는 데 방해를 받게 된다. 이를 위해 집중력을 높이는 효과적인 방법을 사용할 필요가 있다. 그리고 학습자료가 학습자가 이미 지니고 있는 지식과 관련될 필요가 있다.

학습은 실행을 필요로 한다 : 학습을 돕는 좋은 방법은 학생들이 학습내용에 대한 개략적인 개념을 가지고 실제로 그것을 실행해 보는 것이다. 성인 학습자들은 다른 사람들의 이야기를 듣는 것보다 능동적으로 참여할 수 있는 상황을 선호한다.

학습은 피드백을 필요로 한다 : 대부분의 성인들은 그들이 매일 어떻게 행동해 나가고 있는지를 알고 싶어한다. 실행한 것에 대해 개인에게 되돌아오는 정보를 일반적으로 피드백이라 한다. 이 피드백은 성인학습에서 매우 중요하다.

우리는 위에서 세 부류의 성인학습의 원리를 개략적으로 정리해 보았다. 그러면 이제 이들을 참고로 성인학습의 원리를 다음과 같이 설정해 볼 수 있을 것이다.

(1) **자발성의 원리** : 성인은 자기가 원하는 것, 자기가 필요로 하는 것을 학습하고자 한다. 아동이나 청소년이 사회에서 바람직한 것을 의무성에 기초해서 학습하는 것과는 다르다. 따라서 성인 교육자들이 할 일은 성인 학습자들이 자발적으로 학습할 수 있도록 동기를 유발시키는 것이다.

(2) 자기 주도성의 원리 : 성인은 자기 통제력을 가지고 있다. 또한 자기가 부족한 것이 무엇이고, 이를 보충하기 위해 무엇을 해야 할지를 알고 있다. 그렇기 때문에 성인은 능동적으로 학습에 참여한다. 따라서 성인 교육자들은 학습을 주도하기보다는 촉발자로서 이끌어 줌으로써 성인 학습자의 자기주도적 학습을 도와 주어야 할 것이다.

(3) 실용성의 원리 : 성인은 나름대로 목적을 가지고 성인교육에 참여한다. 실질적으로 자기에게 도움이 될 때 학습하려 한다. 따라서 성인 교육자들은 성인의 욕구가 무엇인지 파악하고, 구체적으로 그들의 욕구가 충족되는 방향으로 성인교육을 이끌어 가야 할 것이다.

(4) 다양성의 원리 : 성인 학습자들은 직업, 연령, 학력, 배경, 경험 등이 매우 다양하다. 이것은 획일적인 내용, 획일적인 방법으로 성인학습자 모두를 함께 교육할 수 없다는 것을 뜻한다. 따라서 성인 교육자들은 이런 성인 학습자들의 다양한 특성을 고려한 교육내용을 설정하고 또한 교육방법을 선정해야 할 것이다. 또한 학습자들이 성인교육을 통하여 다양한 경험을 할 수 있는 환경을 만들어 주어야 한다.

(5) 참여의 원리 : 성인 학습자들은 자율적으로 성인교육에 참여한다. 이미 상당한 능력을 가지고 성인교육에 참여한다. 따라서 성인 교육자들은 성인교육을 계획하고, 교육내용을 구성하고, 또한 교육방법을 선정할 때 성인 학습자들의 참여가 장려될 수 있는 방안을 모색해야 할 것이다.

(6) 상호성의 원리 : 성인 학습자들은 각 분야에 풍부한 경험을 가지고 있다. 때로는 성인교육자보다도 특정 분야에서 더 많은 경험을 쌓은 사람들도 있다. 따라서 성인 교육자들은 이런 성인 학습자들의 다양한 경험이 공유될 수 있는 프로그램을 개발해야 하고, 또한 그런 방향으로 성인교육의 방향을 이끌어 가야 할 것이다.

3. 성인의 학습참여

성인교육은 위에서 살펴본 것처럼 성인의 자발적인 참여에 기초한다. 아동 및 청소년들이 학교에 다니는 것처럼 의무적으로 참여하지 않는다. 따라서 성인이 왜 학습에 참여하는지, 어떤 경우 학습에 참여하기를 꺼려 하는지를 아는 것은 성인교육을 기획하는 데 매우 중요한 도움을 줄 것이다.

1) 성인이 학습에 참여하는 이유

성인이 성인교육에 참여하는 것은 나름대로 특별한 목적을 가지고 있기 때문일 것이다. 그런데 그 목적은 저마다 다르고 또한 매우 다양하다. 1965년 존스톤(Johnstone)과 리베라(Rivera)는 '성인이 왜 교육에 참여하려 하는가' 라는 문제를 연구했다. 면접조사에 의한 이 연구조사의 결과는 다음과 같다.[16]

보다 지적인 사람이 되기 위해서	(37%)
새로운 직업을 준비하기 위해서	(36%)
지금 하고 있는 일을 위해서	(32%)
여가 시간을 보다 즐겁게 보내기 위해서	(20%)
새롭고 흥미로운 사람을 만나기 위해서	(15%)
집안에서 매일의 과제를 처리하기 위해서	(13%)
일상의 따분함에서 벗어나기 위해서	(10%)
집을 떠나서 매일의 과제를 처리하기 위해서	(10%)

여기 8가지 주요 이유 외에 다양한 이유들이 10% 미만의 응답으로

---

16. J. Johnstone and R. Rivera, *Volunteers for Learning*(Chicago : Aldine Publishing Co., 1965), p. 143.

나타났는데 대부분 자신의 일이나 집안 일과 관련된 이유들이었다.
 이런 다양한 이유들을 영역화해서 정리해 보려는 시도가 있었다. 즉, 성인 학습자들의 학습동기에 관한 연구이다. 이 분야에 선구적 역할을 한 사람이 호울이다. 그는 성인 학습자들의 학습동기를 크게 세 가지 유형으로 나누어 정리했다.[17]
 첫째는 목적지향적(goal-oriented) 유형이다. 어떤 목적을 세워 놓고 그 목적을 달성하기 위해 학습에 참여하는 사람들을 말한다.
 둘째는 활동지향적(activity-orientation) 유형이다. 활동이나 사회적 참여 그 자체를 위해서 학습에 참여하는 사람들을 말한다.
 셋째는 학습지향적(learning-oriented) 유형이다. 무엇인가를 배우는 그 자체를 위해서 학습에 참여하는 사람들을 말한다.

 모스테인(Morstain)과 스마트(Smart)는 호울의 이 유형론을 발전시켜 성인들이 학습에 참여하는 동기의 요소를 다음 여섯 가지로 정리했다.[18]

 사회적 관계 : 이 요소는 새로운 친구를 만나거나 이성을 만나기 위해 참여한다는 것을 말한다.
 외적인 기대 : 이 요소는 권위 있는 사람의 뜻 또는 지시를 따르기 위해 참여한다는 것을 말한다.
 사회 복지 : 이 요소는 다른 사람이나 공동체를 섬기고 봉사하기 위해 참여한다는 것을 말한다.
 전문적 발전 : 이 요소는 직업적 발전 또는 전문성의 증진을 위해 참여한다는 것을 말한다.

---

17. C. Houle, *Inquiring Mind*(Madison : University of Wisconsin Press, 1961), p. 13.
18. B. Morstain and J. Smart, "Reasons For Participation in Adult Education Courses," *Adult Education*, 1974, 24 (2), pp. 83 - 98.

이탈/자극 : 이 요소는 따분함을 해소하기 위해서 또는 일상에서 벗어나기 위해서 참여한다는 것을 말한다.
지적 흥미 : 이 요소는 배우는 자체를 위해서 참여하는 것을 말한다.

이처럼 성인이 학습에 참여하는 목적과 동기는 다양하다. 성인 교육자들은 이런 다양한 학습참여의 목적 및 동기를 이해하고, 자신의 성인교육에 참여하고 있는 사람들의 특수한 목적과 동기를 미리 파악하는 일이 중요하다.

2) 성인이 학습을 기피하는 이유

성인이 학습에 참여하지 않으려는 이유는 일반적으로 시간, 돈, 기회의 부족이다. 그러나 보다 깊이 들여다보면 또 다른 이유들이 내포되어 있다.

다오(Dao)는 성인 학습자들이 왜 학습에 참여하지 않으려 하는가를 연구했다. 그는 이 연구조사를 통해서 성인이 학습을 기피하려는 이유 9가지를 찾아냈다.[19]

교육활동에 참여할 충분한 시간이 없어서
개인적이고 사적인 문제 때문에(경비를 포함해서)
교육활동이 너무 어려워서
교육활동에 참여하기 위한 사회적 규범이 마땅치 않아서
교육제도가 마음에 들지 않아서
교육활동에 대한 부정적 경험 때문에
교육의 결과가 도움이 되지 않는다고 생각하기 때문에
교육활동에 대한 무관심 때문에

---

19. Merriam and Caffarella, op. cit., p. 87에서 재인용.

유용한 교육활동에 대한 무지 때문에

이처럼 성인이 교육에 참여하려 하지 않는 이유 또한 다양하다. 따라서 성인 교육자들은 이런 다양한 이유를 잘 이해할 필요가 있다. 그리고 지금 참여하고 있는 성인 학습자들의 형편을 잘 파악하여 지속적으로 학습에 참여할 수 있도록 배려해야 할 것이다.

4. 자기 주도적 학습

그러면 성인학습의 가장 두드러진 특징이라 할 수 있는 자기 주도적 학습(self-directed learning)에 관해서 살펴보자.

1) 자기 주도적 학습의 특징

가장 넓은 의미에서 '자기 주도적 학습'은 자신의 학습욕구 진단, 학습목표 설정, 학습을 위한 인적 및 물적 자원 파악, 적절한 학습전략의 선택 및 실행, 학습결과의 평가 등에 다른 사람의 도움을 받거나 혹은 받지 않고 개인이 주도권을 가지는 과정을 말한다. 이를 보다 명확히 이해하기 위해서 교사 주도적 학습과 대비해서 살펴보자.

(1) 교사 주도적 학습은 학습자는 본질적으로 의존적 존재이며, 교사는 학습자가 배워야 할 내용과 방법을 결정할 책임을 진다고 가정한다. 반면 자기 주도적 학습은 인간은 성숙의 본질적 요소로서 자기 주도적이 되기 위한 능력 내지 요구를 가지고 있으며, 이러한 능력은 가능한 빨리 개발되도록 성숙되어야 한다고 가정한다.

(2) 교사 주도적 학습에서 학습자의 경험은 학습자원으로서 교사, 저자 및 학습자료 제작자의 그것보다 덜 가치가 있으므로 교사는 이들 전문가가 지니고 있는 자원들이 학습자에게 잘 전달되고 있는지를 알아볼 수 있는 능력이 있다고 가정한다. 반면에 자기 주도적 학습에서 학

습자의 경험은 전문가의 자원들과 더불어 학습을 위한 풍부한 자원이 되고 있다고 가정한다.

(3) 교사 주도적 학습은 성숙 수준이 동일한 학습자는 동일한 내용을 학습할 준비가 되어 있어야 한다고 가정한다. 반면 자기 주도적 학습은 각 개인은 다른 사람과 다소 다른 학습준비도 유형을 가지고 있다고 가정한다.

(4) 교사 주도적 학습은 학생들은 학습에 대한 교과중심 성향을 가지고 교육에 임하므로 학습경험은 내용의 단위에 따라서 조직되어야 한다고 가정한다. 반면 자기 주도적 학습은 그들의 자연적인 성향은 과업중심적 내지 문제중심적이므로 학습경험은 과업수행 내지 문제해결 학습과제로서 조직되어야 한다고 가정한다.

(5) 교사 주도적 학습은 학생들이 외적인 보상과 처벌되는 데 대한 두려움 때문에 학습할 동기를 부여받는다고 가정한다. 반면 자기 주도적 학습은 학습자는 존경, 특히 자존에 대한 욕구, 성취에 대한 갈망, 성장에 대한 충동, 성취에 대한 만족, 특정한 어떤 것을 알고자 하는 욕구, 호기심과 같은 내적 자극에 의해 동기를 부여받는다고 가정한다.

결국 자기 주도적 학습의 핵심은 학습의 자기 주도성과 학습자의 자기 관리이다. 이는 다음과 같은 세 가지 개념을 포함한다.

첫째, 자기 학습의 목적과 수단에 대한 타자의 통제로부터의 독립성이다.

둘째, 타자의 원조를 받는 경우나 그렇지 않은 경우에도 자기가 주도권을 가지고 자기의 학습욕구를 진단하고 학습목표를 공식화하며, 학습자원을 파악하고 학습전략을 선택, 실시하며 학습결과를 평가한다고 하는 학습과정 전체에 있어서의 주도성이다.

셋째, 학습의 의미 이해와 학습을 통해서 실현되는 가치와 관련되는 학습을 스스로 선택할 수 있는 자율성이다.

2) 자기 주도적 학습의 과정

학습자는 매우 직선적으로 자기 주도적 학습활동을 계획하고 실행하는 것으로 여겨졌다. 즉, 학습자 스스로 목표를 설정하고, 자원을 할당하고, 학습전략을 선정한다고 생각되어졌다. 이런 관점에서 성인 학습과정을 제시하고 있는 사람들이 토우(Tough)와 노울즈이다. 우선 토우는 그 과정을 다음과 같은 13개 단계로 항목화했다.[20]

① 학습할 구체적 지식과 기술이 무엇인지 결정한다.
② 학습을 위한 구체적 활동방법 자원 및 장비를 결정한다.
③ 학습할 장소를 결정한다.
④ 구체적 시간이나 학습대상을 선정한다.
⑤ 언제 학습을 시작할 것인지를 결정한다.
⑥ 학습의 진행속도를 결정한다.
⑦ 바람직한 지식 및 기술을 습득함에 있어서 현재 개인의 지식 및 기술 또는 진척도를 평가한다.
⑧ 학습을 방해하는 어떤 요인을 찾아내거나 현행 절차상의 미비점을 찾아낸다.
⑨ 바람직한 자원이나 장비를 획득한다.
⑩ 학습을 위한 교실을 마련하거나 학습을 준비하는 데 있어서 어떤 다른 물리적 조건을 배치한다.
⑪ 어떤 인적 또는 비인적 자원을 활용하는 데 필요한 자금을 비축하거나 습득한다.

---

20. A. Tough, *The Adult's Learning Projects : A Fresh Approach to Theory and Practice in Adult Learning*(Toronto : Ontario Institute, 1979), pp. 95-96.

⑫ 학습시간을 모색한다.
⑬ 학습동기를 고양시키기 위한 단계를 설정한다.

노울즈는 이를 5단계로 모형화했다.[21]

① 학습욕구 진단
② 학습목표 설정
③ 학습을 위한 인적 및 물적 자원 파악
④ 적절한 학습전략 선정 및 이행
⑤ 학습결과 평가

위에서 토우와 노울즈가 제시하는 성인의 자기 주도적 학습의 과정을 살펴보았다. 요약해 보면 이는 욕구를 평가하고 학습내용을 결정하는 것으로부터 목표 달성, 자원 배정, 전략 선정, 학습수행 및 결과에 대한 평가로 이어지는 직선적 과정으로 간주되고 있다. 그러나 성인의 자기 주도적 학습이 반드시 이런 과정을 순서대로 밟는 것은 아니다. 자기 주도적 학습의 기본 취지와 원리를 살리면서 얼마든지 융통성이 있고 또한 변형이 가능하다.

3) 자기 주도적 학습으로 이끄는 방법

노울즈는 사람들을 자기 주도적 학습이라는 익숙지 않은 물 속에 그냥 던져 놓고 스스로 수영하기를 기대해서는 안 된다고 경고하고 있다.[22] 그것은 과거에 대부분의 성인 학습자들이 교사로부터 학습하고

---

21. Malcom. Knowles, *Self-Directed Learning : A Guide for Learners and Teachers*(Chicago : Follett Publishing Company Inc., Publishers, 1989), p. 18.
22. Malcom. Knowles, *The Making of An Adult Educator*(San Francisco : Jossey-Bass Inc., Publishers, 1989), p. 89.

자 하는 내용, 방법에 대해 강의를 통해 듣기만 했기 때문에 자기 주도적 학습에 관해 준비가 되어 있지 않기 때문이다. 그러면서 그는 성인 학습자들을 자기 주도적 학습에 익숙하도록 돕기 위해서는 다음과 같은 연습이 필요하다고 보았다.[23]

(1) 관계정립 및 분위기 형성 : 함께 참여한 학습자들과 교사 사이에 서로를 이해하고 협력하려는 분위기를 형성하는 일이다. 학습은 참여자들이 자기 자신을 경쟁자가 아니라 상호 조력자로 이해하는 분위기를 통해 촉진되기 때문이다.

(2) 자기 주도적 학습에 대한 이해 : 자기 주도적 학습에 참여하는 학습자들의 특성을 참여자들이 이해하도록 도와 주는 일이다. 여기서 다음과 같은 내용을 학습자들에게 알려 줄 필요가 있다.

첫째, 학습자들은 자기 주도적이 되고자 하는 깊은 심리적 욕구를 가지고 있다.

둘째, 학습자들은 다른 사람의 학습에 대한 풍부한 자원인 자신의 과거의 경험 및 훈련으로부터 획득된 어떤 학습 자원을 가지고 있다.

셋째, 학습자들은 학습성향에 있어서 과업중심적, 문제중심적, 생활중심적이다.

넷째, 학습자들은 본질적으로 올바른 조건 및 격려가 주어진다면 학습하고자 하는 동기를 부여받게 될 것이다.

(3) 상담기술 실천 훈련 : 자기 주도적 학습의 특성 중의 하나는 학습자들은 다른 사람에게 도움을 줌과 동시에 그들로부터 도움을 받는다는 것이다. 여기서 도움을 주고받는 한 형태는 정보 제공과 기술 훈련이고, 또 다른 형태의 도움은 상담이다. 그 목적은 사람들이 문제를 통해서 스스로 생각하고 스스로 결정하도록 도와 주는 것이다.

(4) 학습계약의 체결 : 학습자들과 교사가 함께 학습계약을 세움으로

---

23. Ibid., pp. 89-91.

써 학습상황에서 일어날 문제에 대해 대처해 보게 하는 것이다.
  (5) 문제제기 : 최종적으로 학습자들이 자기 주도적 학습에 대한 다뤄지지 않는 문제를 제기해 보도록 하는 것이다.

5. 성인교육자의 역할

  성인학습이 위와 같은 특징으로 구별되기 때문에 성인교육자에 대한 이해도 변화가 필요하다. 이 문제에 관해 특히 주목했던 사람으로 노울즈를 들 수 있다. 그는 성인교육자는 성인교육의 지도자(leader)라고 이해했다.[24] 그러면서 이 성인교육 지도자는 창조적 지도력(creative leadership)이 필요하다고 보았다. 여기서 창조적 지도력이라 함은 추종자들에 대한 지배력을 뜻하지 않는다. 참여한 사람들의 에너지를 최대한 발휘하도록 이끌어 내는 능력을 뜻한다. 성인 교육자들은 이런 창조적 지도력으로 학습자들의 학습능력 또는 학습 에너지를 최대로 이끌어 내서 자기 주도적 학습을 보다 효과적으로 수행하도록 돕게 된다.
  노울즈는 이런 창조적 지도력의 특성을 다음 몇 가지로 정리한다.[25]

  첫째, 인간성이다. 창조적 지도자는 학습자들을 신뢰하고, 그들에게 참여할 기회를 부여하고, 나아가 그들에게 책임을 위임한다. 이런 역할은 지도자의 인간성에 기초를 둔다.
  둘째, 의사결정이다. 창조적 지도자는 학습자들과 함께 학습과 관련된 결정을 내린다. 예를 들어 프로그램 기획, 욕구 평가, 목적 설정 등 성인교육의 모든 과정에서 요구되는 의사결정을 학습자들이 함께 한다.
  셋째, 자아 성취 예언이다. 창조적 지도자는 사람들이 자신에 대해

---

24. Ibid.
25. Ibid., p. 52-59.

다른 사람들이 기대하는 대로 되려는 경향이 있음을 안다. 그래서 이를 긍정적으로 학습과정에서 활용한다.

넷째, 개체성이다. 창조적 지도자는 학습자들이 그들의 독특한 장점, 재능, 흥미 및 목표에 기초하여 노력하고 있을 때가 강압적으로 획일적 과제를 수행할 때보다 훨씬 학습효과가 높다는 것을 잘 알고 이를 실천한다.

다섯째, 창의력이다. 창조적 지도자는 변화하는 세계에서 창의력이 개인, 조직 및 사회의 생존을 위한 기본 요건이라고 이해하면서 학습자들이 학습과정에서 자신의 창의력을 발휘할 수 있도록 환경을 마련하려고 힘쓴다.

여섯째, 변화지향이다. 창조적 지도자는 지속적인 변화의 과정에 참여하고 학습자와 함께 의미있는 변화를 유발하고 새로운 시도를 전개해 나간다.

일곱째, 동기이다. 창조적 지도자는 학습자의 내적 동기에 주목한다. 학습자들의 불만족 요인을 감소시키고자 노력하면서 그들의 만족도를 높이고자 힘쓴다.

여덟째, 자기 주도성이다. 창조적 지도자는 내용 또는 학습과정 전문가로서 개인적 과제를 수행하고 있는 학습자를 도와 주고, 자기 주도적으로 학습하고자 하는 학습자들을 형식적 수업과정의 일원이 되도록 도와 주며, 이러한 학습형태의 가치를 인식하고 사람들이 스스로 학습하도록 보다 잘 도와 줄 수 있도록 격려한다.

노울즈는 이런 창조적 지도자들이 실제적으로 성인교육 현장에서 수행하는 역할을 크게 다음 세 가지로 설명했다.[26] 그러면서 이 각각의 역할을 위해 필요한 능력을 설명한다.

---

26. Ibid., pp. 140-145.

첫째는 학습 촉발자이다. 이 사람은 성인학습의 개념 및 이론 설정능력과 학습경험의 설계 및 시행능력, 그리고 학습자들로 하여금 자기 주도적 학습을 진행하도록 이끌어 주는 능력이 필요하다.

둘째는 프로그램 개발자이다. 이 역할의 지도자에게는 프로그램 기획능력과 프로그램 설계 및 시행능력이 있어야 한다.

셋째는 행정가이다. 행정가는 조직 구성 및 유지능력과 프로그램 운영능력을 필요로 한다.

제 2 부

성인교육의 실재

I. 성인교육의 이론

II. 교회의 성인교육의 구성

III. 성인교육의 기획

IV. 성인교육의 방법

V. 성인교육의 평가

VI. 성인교육의 프로그램의 사례

I
성인교육의 이론

안드라고지 논의로 본격화된 성인교육에 대한 관심은 보다 다양한 형태의 실천들로 구체화되었다. 그런데 이런 다양한 형태의 실천들은 나름대로 교육철학 또는 교육이론적 체계를 바탕으로 구체화되었다. 다시 말해서 성인교육은 저마다의 교육이론적 체계를 바탕으로 구체적 실천 형태로 나타나게 되었다는 것이다.

이 장에서는 성인교육의 실천을 뒷받침해 주는 교육이론적 체계를 살펴볼 것이다.

1. 교육이론의 성격

교육이론의 성격을 살펴보기 전에 우선 이론이란 무엇인가를 생각해 보자. 이론이란 학자들 간의 입장에 따라 다르게 설명된다. 그러나 일반적으로 이를 크게 세 가지로 정리해 볼 수 있다.

첫째, 이론을 기술적(記述的)인 개념으로 보는 입장이다. 이 입장에 따르면 이론이란 단지 사실을 기술해 주는 것이 된다.

둘째, 이론을 도구적인 개념으로 보는 입장이다. 이 입장에서 볼 때

이론이란 어떤 실재하는 것을 정확히 기술하느냐보다는 그런 경험적인 자료가 분석되고 추리되는 원칙으로서의 기능이 중시되는 개념으로 파악된다.

셋째, 위의 두 가지 입장의 중간적 입장으로 이론이란 관찰될 수 있는 사상(事象)과 특성(特性)들 간의 의존관계를 간결하게, 그러나 생략적(省略的)으로 공식화한 것을 말한다.

이런 분류를 보다 세분화해서 오코너(D. J. O'Conner)는 이론이라는 말을 다음과 같이 네 가지로 분류해서 설명했다.[1]

첫째, 철학이론에서 볼 수 있는 것으로 이론이라는 말은 '서로 관련을 맺고 있는 지식의 체계'라는 의미로 사용된다. 철학자들이 지식론, 가치론이라고 말할 때 이런 개념이 사용되고 있는 것이다.

둘째, 이론이라는 말은 실제적인 활동과는 거의 관계가 없거나 전혀 관계가 없는 고도로 조직적이며 통합적인 개념의 구조를 의미한다.

셋째, 일상 언어에서 이론과 실제를 구분할 경우가 있는데, 이때 이론이란 말은 여러 종류의 행동을 이끌거나 통제하는 법칙의 체계나 계율의 집합체를 의미한다.

넷째, 기술적인 의미의 이론이란 말이 있다. 여기서 이론이란 말의 사용이나 가치를 평가할 수 있는 기준을 제시해 줄 수 있으며, 관찰에 의해 증명된 가설이나 이론적으로 서로 관련이 있는 일련의 확증된 가설들을 의미한다.

이런 다양한 이론에 관한 의미가 교육이란 말과 결합될 때 어떤 의미

---

1. D. J. D'Conner, *An Introduction to the Philosophy of Education*(London : RPK, 1957), pp. 75-76.

로 해석되어질 수 있는가?

우선 교육학의 학문적 성격을 살펴보자. 헤르바르트는 그의 최초의 교육학 책인 「일반교육학」에서 교육학의 성격을 시사해 준다. 그는 교육학을 기술하면서 교육목적론과 교육방법론으로 구분했다. 그러면서 교육목적은 윤리학에, 그리고 방법론은 심리학에 기초를 두었다. 이런 의미에서 헤르바르트는 교육학을 윤리학과 심리학의 응용과학으로 보고 있다고 할 수 있다.[2] 다시 말해서 구체적인 실천을 전제한 응용적 특성을 강조하고 있는 것이다.

이돈희는 교육이론의 성격을 명확하게 설명해 준다. 그는 교육이론의 성격을 이원화해서 이해하고 있다. 즉, 교육행위의 이론화와 교육현상의 이론화이다.[3] 여기서 교육행위의 이론화란 처방과 권고의 체계화된 규범적 이론을 말하고, 교육현상의 이론화는 이런 처방이나 권고를 위한 실천적 지침으로서 요구되는 경험적 지식을 제공하는 설명적 이론이라 하겠다. 이렇게 볼 때 교육이론은 교육행위를 지도하는 규범적 지식을 제공하는 '철학적 차원'과 교육현상을 설명해 주고 과학적 지식을 제공하는 '과학적 차원'과의 두 요소를 갖는다고 할 수 있다.

무어(T. W. Moore)는 교육이론이라는 용어가 종종 교육에 관한 여러 종류의 저서에서 포괄적으로 사용되고 있다고 보았다. 사실상 교육문제에 관하여 심리학적으로, 사회학적으로, 철학적으로 논의되고 있는 것을 교육이론이라는 넓은 표제하에 포함시키고 있으며, 교육이론이라는 말을 위에서처럼 사용하게 되면 교육이론이라는 말의 의미를 다루기 힘들게 되고 또 그 의미의 혼란이 야기될 수 있다고 했다. 그러면서 그는 교육이론을 '교육에 관한 이론'(Theory about Education)과 '교

---

2. 한기언, 「서양교육사」(서울 : 박영사, 1980), pp. 261–271.
3. 이돈희, "교육이론의 2원적 성격," 「한국교육학의 성장과 과제」(서울 : 한국정신문화연구원, 1983), p. 321.

육의 이론'(Theory of Education)의 두 가지로 구분해서 설명했다.[4]

우선 '교육에 관한 이론'은 교육을 하나의 자료로 취급할 것이고, 교육에 관하여 일반화를 만들어 낼 것이다. 말하자면 사회적 개인적 요구라든가 교육의 기원을 추적하고, 그것의 역사와 사회적 영향이란 입장에서 그 기능을 설명하는 것이다. 이에 비해 '교육의 이론'은 교육실제에 관련된 것을 규정하는 권고와 원리의 조직화된 총체라는 좁은 의미로 사용된다. 이렇게 볼 때 교육의 이론은 교육 실제를 안내하는 것이며, 이런 기능을 위해서는 실증적 증거를 제공해 주는 것이 심리학과 사회학이라고 했다.

무어는 실천적 이론으로서 교육이론은 다음 세 가지 구성요소를 갖는다고 설명했다. 즉, 세 가지 종류의 가정으로 구성된다는 것이다. 첫째가 목적에 관한 가정이고, 둘째가 교육받는 사람의 본성에 관한 가정이며, 셋째가 지식의 본질과 지식을 가르치는 데 적합한 방법에 관한 가정이라는 것이다.[5]

결국 교육이론은 두 가지로 구분해 볼 수 있을 것이다. 하나는 철학적 이론이고, 다른 하나는 실천적 이론이다. 철학적 이론이란 교육이란 무엇인가? 교육은 무엇을 위해 있는가? 라는 개념적 물음에서 출발해서 처방과 권고의 체계화된 규범을 제시한다. 따라서 철학적 이론은 연역적 성격을 갖는다. 실천적 이론이란 구체적인 교육 실천에 초점을 맞춘다. 실증적 자료와 과학적 지식을 바탕으로 구체적인 교육실천을 안내해 간다. 따라서 실천적 이론은 귀납적 성격을 갖는다.

이 장에서 관심을 갖는 것이 바로 이 실천적 이론이다. 허스트(P. H. Hirst)는 교육이론이 교육 실천을 안내하기 위해서 다음의 몇 가지 특성을 갖추어야 한다고 했다. 즉, 실천적 교육이론이 갖추어야 할 특성

---

4. T. W. Moore, 박종삼 외 공역, 「교육이론 서설」(서울 : 문음사, 1987).
5. Ibid., p. 34.

을 다음과 같이 정리하고 있다.
  첫째, 실천활동의 범위 내에서 행해야 하는 것을 진술할 때 그 원리를 형식화하고 판단해야 한다.
  둘째, 이론 그 자체는 자율적 지식의 형태도 아니고, 자율적 학문 분야도 아니다. 그것은 논리적 특성상 독특한 개념구조를 가지고 있지 않으며, 타당성을 검증할 만큼 독자적이지도 않다.
  셋째, 교육이론은 실천지향적 원리를 형식화하려는 데 집중하고 있기 때문에 순수하게 이론적 지식의 영역은 아니다. 그렇지만 특성상 이론적 지식의 영역과 유사한 방법이 섞여 있다.
  넷째, 교육원리는 전적으로 과학적, 철학적, 역사적 형태와 같이 다양한 지식의 형태에 직접 호소함으로써만 판단된다. 그것은 이러한 지식의 형태를 벗어나서는 아무런 이론적 종합도 요구하지 않는다.

2. 성인 교육이론의 유형화

  엘리아스는 성인교육에서 하나의 체계적인 교육이론이 되기 위해서는 다음과 같은 기초적인 물음에 나름대로 응답해야 한다고 보았다.[6] 바로 이것이 교육이론의 체계를 진단하는 기준이요, 또한 교육이론을 분류하는 기준이 되는 것이다.
  첫째, 왜 성인을 교육하는가?
  둘째, 성인교육의 적절한 목적 또는 목표는 무엇인가?
  셋째, 왜 특정한 내용 또는 방법이 선호되는가?
  넷째, 성인교육이 어떻게 폭넓은 사회 목적과 연관되는가?
  다섯째, 왜 평가가 교육과정의 한 부분이 되어야 하는가?

---

6. J. Elias and S. Merriam, *Philosophical Foundations of Adult Education*(New Yoek : Robeit Krieger Publishing C., 1980), p. 155.

이런 관점에서 볼 때 다양한 형태의 성인 교육이론이 가능하고, 또 다양한 성인 교육이론들이 등장한 것도 사실이다. 학자들이 이런 다양한 성인 교육이론들을 이해하기 쉽게 유형화하려 했다. 먼저 그 유형화의 시도를 살펴봄으로써 성인교육의 대략적인 윤곽을 이해할 수 있을 것이다.

다양한 성인 교육이론을 유형화하려는 여러 시도들이 있으나 그 중에 대표적인 것을 꼽아 보면 다음과 같다.

1) 앱스의 유형화

미국의 앱스(J. Apps)는 현재 시도되고 있는 다양한 성인교육 현상을 미국의 교육철학 사조를 따라 다섯 가지로 분류했다.[7] 항존주의(perennialism), 본질주의(essentialism), 진보주의(progressivism), 재건주의(reconstructionism), 그리고 실존주의(existentialism)이다. 이를 간략하게 요약해 보면 다음과 같다.

항존주의는 과거의 기본적 믿음과 지식은 현재에도 적용할 수 있다는 입장에서 마음을 훈육시키는 데 필요한 행동에 초점을 두었다. 따라서 교육에서는 즉각적인 활용과 적용보다는 훈육적이고 정신적인 성격이 중시되며 이를 위한 교재로 수학, 언어, 윤리학, 고전들을 들었다.

본질주의는 교육의 본질적 요소는 역사적이고 현시대적인 지식으로부터 얻어진다고 보며, 이런 측면에서 본질주의 철학은 이상주의와 실재주의에 근거한다. 즉, 이상주의로부터는 역사, 외국어, 고전의 중시를, 실재주의로부터는 수학, 자연과학에 대한 중시를 성인교육의 장에 적용하여 설명한다.

진보주의는 인간의 경험을 지식의 근본으로 삼는 듀이(J. Dewey)의

---

7. J. Apps, *Toward a Working Philosophy of Adult Education*(New York : Publications in Continuing Education, 1973).

입장을 반영하며, 노울즈(M. Knowles)의 안드라고지로 대표된다.
　재건주의는 가치란 문화, 시간, 장소에 상대적이며 인간 경험에 의해 생성된다고 보았다. 진보주의와 비교할 때 재건주의는 수단보다는 목적에 초점을 둔다.
　실존주의는 개인적인 자아실현을 교육의 목적으로 삼는다.

2) 엘리아스와 미리암의 유형화

　엘리아스와 미리암은 보다 직접적으로 성인교육과 관련된 이론 분류를 시도했다.[8] 이들은 인문주의 성인교육(liberal adult education), 진보적 성인교육(progressive adult education), 행동주의 성인교육(behavioral adult education), 급진 성인교육(radical adult education), 그리고 인본주의 성인교육(humanistic adult education)이다. 이를 간략히 요약해 보면 다음과 같다.
　인문주의 성인교육은 진보적 교육 관점에서 개발된 직업교육과 비교되는 교육으로 직업을 위한 훈련이 아닌 마음의 훈련을 중시하는 교육형태를 말한다.
　진보적 성인교육은 영국의 공리주의와 미국의 실용주의의 산물이다. 이는 사회문제를 해결하는 교육의 가능성에 대한 믿음을 가지고 과학적 사고에 강조를 둠으로써, 민주주의를 돕고 수호하는 도구로써의 직업프로그램들로 발전해 왔다.
　행동주의 성인교육은 전문적, 직업적 훈련 프로그램에서 널리 행해지는 교육형태로서 교육공학의 발전에 따라 원격교육에 가장 널리 보급되어 왔다.
　급진 성인교육은 대부분 공립학교가 현상유지를 영속화하는 가치들이나 기관을 강조하는 도구에 불과하다고 비판하면서 프레이리(P.

---

8. J. Elias and S. Merriam, op.cit., pp. 1-20.

Freire)식의 성인교육 형태를 지향한다.

인본주의 교육은 개인의 성장에 관심을 두면서 학습자의 사회적, 정적, 지적 발달을 강조한다. 이는 다음의 다섯 가지 기본 성격을 갖는다.
(1) 인간 행동은 결정론적인 것이 아니라 자유와 자율이 있다는 믿음.
(2) 인간 존재의 고유성과 가능성에 대한 믿음.
(3) 개인적 성장과 자아 실현.
(4) 실재에 대한 개인의 인식이 그가 행동하는 실재라는 믿음.
(5) 개인의 가능성 실현이라는 사회적 책임에 대한 강조이다.

3) 자비스의 유형화

영국의 자비스(P. Jarvis)는 사회학적 입장에서 성인 교양교육과 급진 성인교육으로 분류했다.[9] 성인 교양교육의 성격을 인문학(liberal art)과의 교육, 자유인의 교육, 그리고 마음을 자유롭게 하는 교육이라는 세 가지 측면에서 파악하며, 이는 본질적이며 비직업적 교육의 성격을 띤다. 그리고 급진 성인교육이란 개개인들이 자신들의 관심추구를 방해하는 사회적 구조에 의해 제약받고 있다는 전제로부터 출발하며, 이런 사회적 제약상을 인식시키는 교육을 통해 사회구조의 변화와 평등한 사회의 수립을 꾀하는 형태라고 보았다.

위에서 다양한 성인 교육이론들을 분류하는 대표적 유형화의 사례를 살펴보았다. 이런 유형화는 다양한 성인 교육이론을 종합적으로 이해할 수 있는 중요한 통찰을 제공해 준다. 그러나 앞에서 살핀 것처럼 교육이론의 성격을 철학적 이론과 실천적 이론으로 구분해 볼 때, 이 유형화는 모두가 철학적 이론의 관점에 가깝다고 할 수 있다. 따라서 실

---

9. P. Jarvis, *The Sociology of Adult & Continuing Education*(London : Croom Helm, 1985), pp. 34-41.

천적 이론화로 전개해 가고자 할 때 나름대로 적절치 못한 한계를 드러내고 있다고 할 수 있다.

각자의 예를 들어 살펴보자. 우선 앱스의 유형화는 지나치게 교육철학적 관점이 강조되어 성인교육의 심리학적, 사회학적 차원에 취약한 모습을 드러내고 있다. 그리고 자비스의 유형화는 사회학적 차원을 강조했다고는 하지만 성인교육에서 필수적으로 요청되는 기술, 취업교육을 설명하는 데는 부적절하다고 하겠다. 또한 엘리아스와 미리암의 유형화는 철학적 이론의 성격을 가지고 있으면서도 나름대로 가장 실천적 상황에 적절한 형태를 보여 준다고 할 수 있다. 그러나 이 또한 로이와 오코너(L. Lowy and D. O'Conner)의 지적대로 성인 교육이론 중에 인문주의 성인교육, 진보적 성인교육, 그리고 인본주의 성인교육을 성인교육의 실천적 장에서 구분할 수 있을 것인가라는 문제가 제기된다.[10] 이것은 미국이라는 지역성 때문에 생긴 문제로서 진보적 철학의 영향은 궁극적으로 인본적 교양철학 속에 통합될 수 있을 것이다.

3. 실천적 성인교육의 이론

실천적 이론이라 함은 구체적인 교육실천을 안내해 주는 이론을 말한다. 따라서 실천적 성인 교육이론은 성인교육의 구체적인 교육실천과 그 맥을 같이해야 하고, 또 이를 안내해 주어야 한다.

이런 관점에서 최근의 성인교육학자들은 성인교육의 유형을 실천적 측면을 고려해서 분류를 하기도 한다. 그 한 예로 폴스톤(Paulstone)의 경우를 들 수 있다. 그는 성인교육을 사회교육이라는 관점에서 크게 네 가지로 구분한다.[11] 첫째로 인력양성 유형, 둘째로 정신계몽 유형, 셋

---

10. Louis Lowy and Darlene O'Conner, *Why Education in the Later Years?*(Lexington : D. C. Health and Company, 1986), p. 26.

째로 의식함양 유형, 넷째로 사회변혁 유형이다. 이는 성인교육을 실시하는 사회 단체 또는 주관기관의 관점에서 분류한 것이라 할 수 있다.

그러나 성인교육은 사회교육이라는 관점에서만 볼 수 없다. 성인교육은 사회교육을 비롯해서 최근에 더욱 그 중요성이 점증되고 있는 개인의 자기 주도적 교육 설정도 간과할 수 없다. 따라서 성인교육의 실천적 유형 분류를 성인 자신의 욕구를 중심으로 분류하는 것이 더 타당성이 있을 것이다. 이런 관점에서 실천적 성인교육의 유형을 교양교육, 기능교육, 과제해결 교육의 세 가지로 분류해 볼 수 있다.

이 분류를 따라 실천적 성인 교육이론을 정리해 보자.

1) 교양교육

(1) 이론적 개요

성인 교양교육의 이론적 배경으로는 크게 두 가지를 들 수 있다. 하나는 인문주의 교육(Liberal Education)이다. 그 뿌리는 고대 희랍시대의 인문주의 교육에서 찾아지며, 특수한 시대적 상황에 따라 수정되고 보완되어 왔지만, 그 근본 사상은 인간의 생명, 인간의 가치, 인간의 교양, 인간의 창조력을 중히 여기는 사상이다.[12]

이 사상은 인간은 합리적이고 도덕적이며, 영적 및 심미적 존재라고 전제한다. 교육은 이런 인간의 합리성, 도덕성, 영성 및 심미감을 충분히 개발하는 것에 초점을 맞춘다. 이를 위해 이 흐름의 교육이 목적으로 내세우는 것이 지성의 함양을 꾀하는 것이다.[13] 이 흐름에 속하는

---

11. 권두승, "한국사회교육의 실태에 대한 사회학적 유형분석"(문학박사학위논문, 고려대학교 대학원, 1987), pp. 55에서 재인용.
12. 김정한, 「현대의 비판적 교육이론」(서울 : 박영사, 1987), p. 118.
13. R. Paterson, "Social Change as an Educative Aim," *Adult Education*, 45, no. 6(1973), p. 356.

교육학자 프라이덴버그는 이 흐름의 교육의 기능을 다음 몇 가지로 정리했다.[14]

첫째, 자유를 가르쳐서 이를 잘 활용할 수 있도록 돕는다.

둘째, 겪었던 사건에 대해 타당한 응답을 하도록 돕는다.

셋째, 과거의 인간 경험을 공부하여 현재의 삶의 문제에 응답할 수 있도록 경험의 폭을 넓히도록 돕는다.

넷째, 시민으로서 자질을 발전시키고, 여가를 잘 선용하고, 자아 정체성을 성숙시키고, 인간을 존중할 수 있도록 돕는다.

또 다른 이론적 배경으로는 인간주의 교육(Humanistic Education)이다. 이 사상의 뿌리 역시 고대 인문주의이다. 여기서 개인의 자유와 인간 존엄성을 강조하는 사상을 이어받았다. 그러나 이 흐름은 낭만주의에서 또 다른 영향을 받는다. 여기서 인간의 내적 잠재력을 존중하며 이를 자연스럽게 성장시키고자 하는 교육사상을 이어받았다. 또 하나 진보주의로부터 영향을 받는다. 즉, 학습자중심 사상, 학습자의 참여와 경험중심 사상을 이어받는다. 이렇게 볼 때 이 흐름의 교육은 '개인이 될 수 있는 최상의 존재가 되도록 도와 주는 것'이다.[15]

① 교육목적

성인 교양교육의 교육목적은 크게 두 가지로 집약된다. 하나는 지성의 함양이고, 다른 하나는 자아 실현이다. 전자는 패터슨(R. Paterson)이 요약한 것처럼 교육적 가치의 전수, 다시 말해서 기본적인 교양과목의 전수를 말한다.[16] 후자는 매슬로우가 주장하는 것처럼 '개인이 될

---

14. Elias and Merriam, op.cit., p. 33. 프라이덴버그 인용을 재인용.
15. Abraham Maslow, "Education and Peak Experience," in *The Person in Education : A Humanistic Approach*, ed. Courtney Schlosser(New York : Macmillan, 1976), p. 120.
16. R. W. K. Paterson, "Social Change as an Educative Aim," *Adult Education*,

수 있는 초상의 존재가 되도록 도와 주는 것'을 말한다.[17] 이 입장은 철학적으로 볼 때 개인의 가치를 중시하고 실재가 마음이나 이념에 의존한다고 보는 이상주의적 관점에 서 있다고 볼 수 있다. 그리고 개인의 성장과 발달에 초점을 맞추고 있다고 할 수 있다.

② 인간이해

이 입장의 인간이해의 뿌리는 이상주의라는 철학적 흐름에서 찾을 수 있다. 즉, 각 개인은 절대적 가치를 지닌 개성으로 존중되어야 한다고 본다. 이렇게 되기 위해서는 교육의 장에서 학습자는 하나의 개성적 존재로서, 그리고 정신적 존재로서 다루어져야 하고 학습자 스스로 지니는 힘에 의하여 이 세상의 악을 극복하고 신이 보여 주는 최선의 길을 달리는 윤리적 존재로서 자기 수련을 해야 하며, 궁극적으로 이상적 인격을 형성해야 한다고 본다.[18] 이 입장의 인간이해의 뒷받침이 되는 또 하나의 흐름은 현대 인본주의 심리학이다. 여기서는 인간을 어떤 좁은 법칙 속에 틀어넣을 수 없는 역동적 실체로 보며 유형, 무형의 문화에 반응하고 항상 새로운 이념을 추구하여 자신에 대해 "나는 무엇인가?"라는 의문을 부단히 제기하는 존재라고 규정한다. 즉, 인간은 그 본성에 있어서 진, 선, 미와 같은 보다 나은 것을 끊임없이 추구하는 존

45, no. 6(1973), p. 356. 패터슨은 성인교육의 목적을 교육적으로 가치 있는 지식을 전수하는 것이라고 보았다. 그리고 가치 있는 지식이란 어떤 지식의 인지적 가치, 즉 지식으로서의 본질적인 가치이며 교육적 가치까지도 결정한다. 가치 있는 지식은 개인이나 사회 내에서 경제적 진보의 수단으로서 또는 심각하고 중요한 사회문제를 해결하는 수단으로서의 가치를 지니고 있다기보다는 지적 성신조직의 일부분으로서 또한 인성의 일부분으로서 본질적인 가치를 지니고 있다.

17. Abraham Maslow, "Education and Peak Experience," in *The Person in Education : A Humanistic Approach*, ed. C. Schlosser(New York : Mcmillan, 1976), p. 120.
18. 김정환, 「교육의 철학과 과제」(서울 : 박영사, 1982), p. 95.

재라는 것이다.[19] 따라서 이 입장에서는 인간은 무한한 잠재가능성을 갖는 존재라고 본다.

③ 교육방법

이 입장의 교육방법도 크게 두 가지 조류가 있다. 하나는 성인교육을 교육적으로 가치 있는 것을 전수하는 것이라 보는 흐름인데, 여기서는 교사가 교육의 주체가 되며 교육적으로 가치 있는 것을 선택하여 학습자들에게 효과적으로 전달하는 사람들이다. 물론 성인교육이라는 관점에서 볼 때 학습자의 참여가 확대되어 인정되기는 하지만 교사는 여전히 교육의 주도권을 쥐고 학습자를 이끌어 가게 된다. 학습자들은 교사의 권위를 인정하고 이에 따르고 교사의 지도를 수용하게 된다.

다른 하나는 성인교육을 자아 실현이라 보는 흐름이다. 여기서는 학습자가 교육의 주체가 된다. 이를 위한 구체적인 방법으로 감수성 훈련(sensitivity training), 비지시적 상담(nondirective counselling), 인간 잠재성 세미나(human potential seminars), 자기 주도적 학습(self directed learning)과 같은 것이 활용된다.

이런 입장의 성인교육은 실제로 교양교육, 또는 여가교육 형태로 실시되고 있다. 권두승은 교양교육을 정신교육과 함께 묶어 정신계몽형 사회교육으로 분류했다.[20] 예를 들어 각 시도 문화원 및 여성회관, 부녀회관 등에서 진행되고 있는 기초 교양강좌, 생활 및 취미교실 등 각 대학의 평생 및 사회교육원의 대학 확장교육, YWCA, 주부교실, 한국사회교육연수원 등에서 진행되고 있는 일반교양강좌가 있고, 동아 문

---

19. M. Knowles, *The Modern Practice of Adult Education*(New York : Cambridge Books, 1980), pp. 24-27.
20. 권두승, "한국사회교육의 실태에 대한 사회학적 유형분석"(문학박사학위논문, 고려대학교, 1987), pp. 60-63.

화센터, 한국일보 문화센터, 중앙일보 문화센터 등의 일반 교양교육이 있고, 새마을지도자연수원의 정신계발과 같은 교육과 가나안 농군학교, 흥사단 등의 정신교육이 있다.

(2) 기독교 성인교육의 적용

이 입장의 기독교 성인교육 모델은 우선 쉐퍼(J. Schaefer)에게서 찾아볼 수 있다. 그는 기독교 성인교육의 목적을 그리스도의 신비에 관한 경험의 의미를 배우도록 신자들을 이끌어 주는 것이라고 생각했다.[21] 그리고 교육내용의 범위를 사건으로서 그리스도의 신비에 관한 지식(성경적 차원), 지평으로서 그리스도의 신비에 관한 지식(신학적 차원), 예식으로서 그리스도의 신비에 관한 지식(예전적 차원), 도덕적 명령으로서 그리스도의 신비에 관한 지식(윤리적 차원)으로 보았다. 또 교육방법으로 다음 네 가지를 들었다.

첫째, 노출의 방법이다. 이는 성경에 제시된 그리스도에 관한 역사적 지식을 얻게 하는 방법을 말한다.

둘째, 연구의 방법이다. 이는 그리스도의 신비에 관한 신학적 접근들을 인지적으로 이해하도록 이끌어 주는 방법을 말한다.

셋째, 입례의 방법이다. 이는 그리스도의 신비에 관한 예전적 축하를 이해하게 해주는 방법을 말한다.

넷째, 문제해결 방법이다. 이는 그리스도의 신비에 포함되어 있는 도덕적 명령에 대한 책임감을 느끼도록 해주는 방법을 말한다.

이 입장의 성인교육의 모델의 또 다른 예를 맥켄지에서 찾을 수 있다. 그는 성인교육의 목적을 성인들로 하여금 개인들로서 보다 충분히 자유를 구가하게 되고 그들이 속해 있는 공동체생활을 증진시키는 데

---

21. J. Schaefer, *Program Planning for Christian Adult Education*(New York : Paulist, 1971), p. 109.

에 참여할 보다 충분한 준비를 하게 되는 데에 있어서 그들의 잠재력을 발현할 수 있도록 하는 것이라고 규정했다.[22] 그는 성인 종교교육의 원리를 다음 몇 가지로 정리했다.[23]

첫째, 학습자로서 성인에 대한 긍정
둘째, 사람들에 대한 존중 및 고려
셋째, 학습상황하에서 성인 자유의 신장
넷째, 개인과 기관의 욕구에 대한 배려
다섯째, 지속적이고 생애 전반에 걸친 성장의 가속
여섯째, 사회 발전에 있어서 성인의 참여

그리고 그는 아동과 성인 사이의 실존적인 차이는 교수 학습이론에서 드러나게 한다고 강조했다. 구체적으로 그는 성인교육은 보다 성숙된 인간 존재로 발전할 책임이 있는 적극적이고 자기 주도적인 성인의 발전을 촉진하는 것이라고 보았다. 그래서 성인 교육자들은 인간 복지, 상호 의존 및 협동정신, 그리고 학습자에 대한 격려와 관심을 증진시켜야 한다고 했다. 그러나 이런 일들은 자기 주도적 학습과 집단의 격려를 통해서만 이루어진다고 했다.

실제로 교회의 성인교육의 장에서 이 이론이 적용될 수 있는 영역은 신앙교육의 범주이다. 여기서는 기독교 지성의 함양과 경건의 훈련, 그리고 신앙 인격 형성과 같은 분야에 적용될 수 있을 것이다.

2) 기능교육

(1) 이론적 개요

---

22. L. McKenzie, *Adult Religious Education*(West Mystic, Conn : Twenty-Third Publication, 1977), p. 13.
23. Ibid., ch. 3.

성인교육에 있어서 기능교육은 행동주의 성인 교육이론에 기초한다. 여기서 행동주의 성인교육은 인간에 관해 어느 정도의 확실성을 가지고 살 수 있는 것은 외형적이고 관찰 가능한 행동뿐이며, 그런 행동만이 심리학의 유일한 연구 대상이 될 수 있다고 보는 이론적 접근이다. 행동주의는 학습환경의 조작을 통한 학습목표 달성이라는 학습관에 기초하며, 인간을 선도 악도 아닌 중립적이고 수동적인 존재로 보는데, 이런 행동주의 입장이 성인교육 실제에 적용될 때 기술습득의 교육이 주를 이룰 수밖에 없게 된다. 결국 경제적 보상이 행동주의 성인교육 과정에 참여하는 개인과 이를 운영하는 기관의 중요한 동기가 된다.

엘리아스와 미리암은 이 입장의 성인교육 원리를 다음 몇 가지로 정리했다.[24]

첫째, 행동주의 교육의 목표는 행동 변화이다. 그런데 이 변화는 측정 가능한 것에 초점을 맞춘다.

둘째, 교육 실천에서 책임성이 강조된다. 교육이 측정 가능한 행동의 변화에 초점을 맞추기 때문에 교육활동은 결과에 대해 책임을 지게 된다.

셋째, 교육 프로그램은 개인의 능력을 기초로 한다. 여기서는 능력을 기초한 교육에서 학습목표가 뚜렷하고 그 목표달성을 위하여 충분한 시간과 강화가 주어지면 목표를 달성할 수 있다는 전제가 있다.

넷째, 교육방법으로는 개별학습이 사용된다. 이 개별학습의 특징은 조작적 조건화와 반복적 강화의 원리에 근거한다는 점, 학습자의 행동은 점진적인 진보를 통해서 형성된다는 점, 그리고 지속적이고 즉각적인 피드백을 제공해 준다는 것이다.

---

24. Elias and Merriam, *Philosophical Foundations of Adult Education*(Malaba, Fla. : Robert Krieger Publishing Com., 1980), pp. 89 – 105.

① 교육목적

기능교육의 목적은 두 가지 차원을 갖는다. 하나는 개인적 차원이고, 다른 하나는 조직적 차원이다. 즉, 개인적 차원에서는 교육을 통한 경제적 지위 향상이며, 조직적 차원에서는 교육을 통한 조직적 효율성의 증진이라 할 수 있다. 여기서 조직이란 공공단체, 기업, 국가까지를 포함하는 광범위한 개념이 된다. 그래서 개인적 차원에서 볼 때 기능교육은 주로 취업, 기술, 전문교육 영역에 관련된 교육 형태를 띠며, 이런 교육에 참여하는 학습자들은 현재 종사하는 일을 보다 효율적으로 수행하는 데 필요한 직업, 기술, 전문교육이나 취업을 위한 수단으로 이런 교육을 택하게 된다. 그리고 조직적 차원에서 볼 때 기능교육은 조직의 효율성 증진이라는 관점에서 훈련(training)과 개발(development)이라는 개념으로 받아들여지게 된다.

② 인간이해

기능교육이 행동주의 교육이론을 근거로 한다고 할 때, 여기서 인간은 선하지도 악하지도 않은 중립적 존재이며 수동적인 존재라고 이해된다. 즉, 인간은 다른 모든 동물과 다를 바 없는 반응체이며 이런 의미에서 생물학적, 행동적, 수량적 연구의 대상이 될 수 있다는 것이다. 다시 말해서 복잡한 기계에 불과한 인간의 행동은 복잡하기는 하지만 원칙적으로 예측 가능한 것이며, 인간의 행동은 어떤 선행조건에 의해서 결정되기 때문에 인간형성에 있어서는 환경적 결정론이 지배적인 작용을 한다고 보았다.

그리고 인간의 행동은 개인의 의도 또는 성향에는 별로 영향을 받지 않으며, 또한 내부로부터의 어떤 동기에 의해서 일어나는 것이 아니라 개인이 거의 또는 전혀 통제할 수 없는 외적인 힘에 의해 결정된다고 보았다. 또한 인간만이 가지는 독특한 행위로 생각되어 왔던 것들, 즉 사고, 의지, 사랑과 같은 것들도 사실상 이전에 경험한 조건화의 결과에 지나지 않는다고 보았다.

③ 교육방법

기능교육에서 지식이란 경험론에 기초해서 이해된다. 여기서 경험론적 지식이해의 요지를 정리해 보면 다음과 같다.

첫째, 선천적 인식능력은 있을 수 없다.

둘째, 직접적인 경험만이 가장 확실하다.

셋째, 직접적인 경험만이 지식의 유일한 원천이다.

넷째, 이성은 우리에게 아무것도 가져다 주지 않으며, 다만 경험에 의해서 얻어진 표상을 분석하고 결합할 뿐이다.

다섯째, 일체의 지식의 증가와 진보는 모두 경험에 의존한다.

여섯째, 가장 추상적인 개념이나 원리까지도 경험에 의해서 성립한다.

일곱째, 사실을 출발점으로 하기 때문에 귀납적 방법론이 사용된다.

지식에 대한 이해가 이렇기 때문에 여기서는 구체적인 것, 경험할 수 있는 것을 교육내용으로 다루게 되고, 취업이나 승진과 같은 외적인 보상에 대한 욕구가 참여의 동기가 된다. 그리고 교육의 책무성이 강조된다. 즉, 개인의 경우나 조직의 경우나 경제적 지수로 나타나는 보상은 교육 참여나 실시의 결정적인 원천이 되며, 특히 이윤을 추구하는 기업체의 교육에서는 어떤 형태로든 되돌아오는 경제적 보상이 교육 실시의 중요한 동기가 된다.

따라서 기능교육은 책무성이라는 측정 가능한 결과를 확보하기 위해 체제접근(System Approach)을 구조적으로 사용하고 있고, 구체적인 교육방법으로는 프로그램 수업과 자기보속 학습(self-paced learning)이 주로 사용된다. 여기에 감수성 훈련, 인간 잠재성 세미나, 비지시적 상담, 자기 주도적 학습이 교육효과를 위해 보조적으로 사용된다.

행동주의 성인교육은 주로 직업, 기술, 전문교육 형태로 구체화되고 있다. 권두승은 이를 인력양성형 교육이라고 구분했다.[25] 실제적인 예로 각종 직업훈련소의 직업훈련, 농촌지도사업 및 영농교육, 기업체 내의 연수교육 등을 들 수 있다.

(2) 기독교 성인교육의 적용

이 입장의 기독교 성인교육의 모델의 직접적인 예는 찾기가 어렵다. 다만 리(J. M. Lee)의 종교 교수론이 가장 접근하고 있다고 볼 수 있다. 그는 "종교교수의 목적은 학습자의 행동이 종교적 신념에 따라 바람직하게 수정되도록 촉진하는 것이다."라고 했다.[26] 그리고 그는 신앙의 내적 요소도 결국은 외적인 행동으로 나타나게 됨으로써 측정이 가능하다고 보았다.[27] 따라서 종교교수도 일종의 외적 행동을 다루기 때문에 일반 교수이론에서처럼 예측 가능하고 그 결과가 측정될 수 있다는 것이다.

또 넓은 의미에서 종교사회화, 또는 신앙문화화를 주장하는 신앙공동체 이론가들의 이론도 이 입장에 포함시킬 수 있을 것이다. 넬슨(E. Nelson), 웨스터호프(J. Westerhoff III) 등의 신앙공동체 이론가들은 신앙교육의 환경적 요인을 강조한다는 부분에서 이 입장과 맥을 같이한다고 할 수 있다. 그러나 구체적인 방법에 들어가서는 훈련 또는 행동 수정이라는 적극적인 측면보다는 사회화라는 소극적인 측면에 초점을 맞춘다는 점에서 차이를 보인다고 할 수 있다.

실제로 교회의 성인교육의 현장에서 사역훈련이 이 영역의 범주에 해당된다고 할 수 있다. 사실 기독교인은 모두가 하나님의 사역에 동역자로 부르심을 받고 있다. 특별히 교회 안팎의 다양한 사역 형태에 참

---

25. Ibid., p. 85.
26. J. M. Lee, *The Shape of Religious Instruction*(Mishawaka : Religious Education Press, 1971), p. 56.
27. Ibid., p. 55.

여하도록 초대받고 있는 것이다. 예를 들어 당회 운영, 제직회 각 부서 활동, 남녀선교회 활동, 교회학교 교사, 성가대, 교회 회계, 예배 봉사 등 다양한 형태의 교회 내부의 사역이 있고, 전도 및 선교, 지역사회 봉사와 같은 교회 외부의 사역이 있다. 성인 각자가 이런 사역에 참여하기 위해서는 걸맞는 적절한 훈련이 필요하다. 이런 관점에서 볼 때 기능교육의 이론적 지침을 기독교적 관점에서 비판적으로 수용하여 활용할 수 있을 것이다.

3) 과제해결 교육

(1) 이론적 개요

성인교육에 있어서 과제해결 교육은 성인들이 당면한 구체적인 과제를 해결하도록 돕는 교육이다. 이 입장의 이론적 배경으로 급진주의 성인교육을 들 수 있다. 급진주의 성인교육은 개개인이 자신들의 관심추구를 방해하는 사회구조에 의해 제약을 받고 있다는 전제로부터 출발하는 이론이다. 따라서 이 입장의 기본 입장은 기존의 사회구조가 개인들을 불평등하게 제약하고 있기 때문에 이런 구조들은 변화되어야 하며, 성인교육은 사람들을 자유롭게 해방시켜야 함은 물론 이를 통해 보다 평등한 사회를 만들어야 한다는 것이다.

이 입장의 대표적 학자로 프레이리(P. Freire)를 들게 된다. 그는 우선 교육을 정치적 행동으로 보았다.[28] 즉, 교육은 길들임이거나 아니면 해방을 위한 것이라는 것이다. 그런데 참된 교육은 교화를 통한 길들임이어서는 안 되고, 의식화를 통한 해방을 이루는 작업이어야 한다는 것이다. 이 해방으로 진정한 인간화를 이루게 된다는 것이다. 그는 이런 인간화를 이루는 교육의 구체적인 방법으로 지식의 프락시스 기능을

---

28. P. Freire, *Pedagogy of Oppressed*(New York : The Seabury Press, 1970).

강조한다.[29] 여기서 프락시스란 행동하고 그 행동을 성찰하고 성찰된 행동으로 이어지는 변증적 과정을 말한다. 그런데 이 프락시스의 기초가 되는 것이 대화이다. 여기서 대화는 단순한 담화가 아니다. 평등이 보장된 비판적인 의사소통이다. 이런 대화와 프락시스를 통해서 진정한 의미의 의식화 또는 인간해방이 일어난다는 것이다. 이런 대화와 프락시스가 이루어지는 교육의 설정은 문제노출식 설정이어야 한다. 그는 기존의 전통적 교육을 은행저축식 교육이라고 불렀다. 교사는 지식을 제공하면 학습자는 수납하여 머릿 속에 차곡차곡 저장한다는 것이다. 이렇게 될 때 기존의 지식을 비판 없이 전수받게 되고, 그 결과 길들여지게 된다는 것이다. 이를 극복하기 위해서는 문제노출식 설정이 교육에서 이루어져야 하는데 이 문제노출식 설정은 그가 말하는 자유를 위한 문화적 행동이다. 이 문화적 행동은 삶의 구체적 상황과 그 상황의 이유를 알고 가능한 해결책을 찾아가는 일련의 노력이다.

① 교육목적

과제해결 교육의 목적은 그야말로 과제를 해결하는 것을 그 목적으로 삼는다. 그런데 그 과제라는 것이 대부분 왜곡된 사회구조로 인해 생겨난 것이기 때문에 사회질서를 변화시키고, 과제를 야기한 근본 원인을 제거하는 것도 그 목적에 포함되게 된다. 더 나아가 과제해결을 위한 의식화도 교육목적의 한 부분을 차지하게 된다.

② 인간이해

과제해결 교육을 급진주의 성인교육의 관점에서 볼 때 인간은 처한 상황과의 관계 속에서 파악되는 존재이다. 그리고 인간이란 목적과 인

---

29. Freire, *Education for Critical Consciousness*(New York : The Seabury Press, 1973).

식을 가지고 역사적으로 결정된 환경 속에서 주체적으로 행동하는 사회적 존재로 이해된다.

③ 교육방법

이 이론적 입장에 서 있는 브룩필드는 다음과 같이 교육원리를 정리해 준다. 참여의 자원성, 자기 가치에 대한 관심, 교육실제에 있어서 교사-학습자의 협동적 관계, 프락시스가 중심이 되는 교육, 비판적 반성정신을 길러주는 교육, 자기 주도적 능력을 갖춘 성인의 양성이다. 여기서 사용하는 교육방법은 인간의 자유와 평등, 그리고 친밀한 인간관계를 진작시킬 수 있는 학습형태이다.[30]

이런 원리하에 교육방법은 자비스가 제시해 주는 것처럼 평등교육(education of equals) 방법이 된다. 그가 제시해 주는 평등교육의 방법은 다음과 같은 특징을 갖는다.[31]

첫째는 조성적 방법이다. 일방적인 지시가 아니라 교사와 학습자가 함께 만들어 가는 방법을 말한다.

둘째는 대화적 방법이다. 특정 학습결과를 지향해서 나누는 대화가 아니라 학습을 자극하고 격려할 때 나누는 대화를 말한다.

셋째는 자율적 방법이다. 교사가 학습과정을 통제하는 것이 아니라 학습자에게 자율적으로 맡기는 방법을 말한다.

넷째는 보조적 방법이다. 교사는 학습과정에서 단지 촉발적, 보조적 위치를 점한다. 학습자가 주도적인 위치에서 학습을 진행한다.

이 입장의 교육의 구체적인 예로는 YMCA에서 실시하고 있는 시민

---

30. S. Brookfield, "A Critical Definition of Adult Education," *Adult Education Quarterly*, 36, no. 1(1985), pp. 44-49.
31. P. Jarvis, *The Sociology of Adult & Continuing*(London : Croom Helm, 1985), p. 40.

논단, 사회문제 고발, 청년 아카데미 같은 프로그램과 직장별 노조에서 소규모로 실시하고 있는 각종 노동교육, 여성문제의 해결을 위해 여성단체에서 실시하는 여성운동 및 여성개발사업 등과 소비자보호단체 등을 중심으로 하는 소비자보호운동을 위한 교육을 들 수 있다.

(2) 기독교 성인교육의 적용

이 입장의 기독교 성인교육의 예로는 그룸(T. Groome)의 방법을 들 수 있다. 그는 기독교교육의 방법을 공유된 기독교 프락시스 방법이라 불렀다. 그는 이 공유된 기독교 프락시스가 다음의 세 차원 또는 세 순간의 변증법적 통합으로 구성된다고 보았다.[32] 첫째는 시간과 장소 안에서 행위적 주체의 모든 의도적이고 역사적 활동을 포함하는 행동적 차원이다. 둘째는 이 행동을 분석하고 비판적으로 성찰하는 성찰적 차원이다. 셋째는 보다 옳은 행동으로 이끌어 주는 창조적 차원이다.

그는 이 공유된 기독교 프락시스 방법이 기독교교육에 적용되기 위해서는 하나의 초점 활동(focusing activity)과 다섯 개의 후속 교육적 운동(movement)으로 이루어진다고 설명했다.[33] 이를 정리해 보면 다음과 같다.

초점 활동 : 이는 사람들로 하여금 시간과 공간 내의 자기 자신의 존재에 대해, 그리고 그들의 현재의 프락시스에 관심을 기울이고, 이로써 커리큘럼을 위한 초점을 형성할 수 있게 하는 활동을 말한다.

운동 1-현재의 프락시스에 대한 표현 : 이는 사람들이 그들의 역사적

---

32. Thomas Groome, *Sharing Faith : A Comprehensive Approach to Religious Education & Pastoral Ministry*(New York : Harper Collins, 1991), pp. 148-154.
33. Ibid., pp. 146-148.

컨텍스트 안에서 현재의 프락시스에 참여하고 또 이를 경험했을 때 초점화되어진 주제를 중심으로 자신과 사회의 '현재의 행동'을 어떤 형식으로 명명하거나 표현하도록 초대하는 것을 말한다.

운동 2-현재의 행동에 대한 비판적 성찰 : 이는 위의 운동 1에서 현재의 행동으로 표현된 것에 대해 비판적으로 성찰하도록 참여자들을 격려하는 것을 말한다. 여기서 비판적 성찰이란 참여자들이 비판적이고 사회적으로 생각하고, 분석적이고 사회적으로 기억하고, 그리고 창조적이고 사회적으로 상상하는 것을 말한다.

운동 3-다가갈 수 있는 기독교 이야기와 비전 형성 : 이는 학습 사건의 주제와 상징에 적합하게 기독교 이야기와 비전의 다가갈 수 있는 표현들을 만드는 것을 말한다. 기독교 이야기란 기독교공동체의 신앙생활을 상징화한 것을 말하고, 기독교 비전이란 기독교 이야기로부터 생겨난 약속과 요구를 성찰한 것을 말한다.

운동 4-참여자의 이야기와 비전에 기독교 이야기와 비전을 수용시키는 변증법적 해석학 : 이는 참여자들이 변증법적 해석학 안에서 주제 및 상징과 중심의 현재의 프락시스에 대한 그들의 비판적 이해를 기독교 이야기와 비전과 함께 위치시키는 것을 말한다. 이 변증법적 역동성이 충분히 표현되기 위해서 참여자는 다음의 질문을 던지게 된다. 어떻게 기독교 이야기와 비전이 현재적 프락시스를 넘어 우리를 증거하게 하고, 묻게 하고, 부르는가? 그리고 반대로 어떻게 현재의 프락시스가 운동 안에 다가갈 수 있게 된 기독교 이야기와 비전을 증언하고 또 비판적으로 수용하는가? 또한 어떻게 하나님의 통치의 비전을 향해 보다 충실히 살아야 하는가?

운동 5-살아진 기독교 신앙을 위한 결정/반응 : 이는 참여자들에게 세계 안에서 기독교 신앙대로 살 수 있는 방법에 관해 결정할 수 있는 분명한 기회를 제공해 주는 것을 말한다.

실제로 교회의 성인교육 현장에서 삶의 과제를 다루는 교육에서 이 접근방법이 활용될 수 있다. 사실 성인들은 저마다 삶의 주기에 따라 주어지는 삶의 과제를 갖고 있다. 이 책의 전반부에서 크게 이를 셋으로 구분해서 정리했다. 즉, 초기 성인기(청년기), 중기 성인기(중년기), 그리고 후기 성인기(노년기)이다. 성인교육은 성인 각자가 이 과제를 적절하게 해결할 수 있도록 돕게 된다. 이 접근방법은 이런 성인의 삶의 과제를 해결해 가도록 돕는 성인교육의 적절한 길을 안내해 줄 것이다. 물론 급진주의적 접근이 과격한 개혁과 변형에 초점을 두고 있다는 문제를 제기할 수 있으나 구체적인 문제해결을 위한 접근방법은 성인들이 개인적으로 맞고 있는 문제해결을 위한 적절한 통찰을 제시해 준다고 할 수 있다. 따라서 급진주의 성인 교육이론이 제시하는 이론적 지침을 기독교적 관점에서 비판적으로 수용하여 활용할 수 있을 것이다.

교회의 성인교육의 구성

　교회에서 성인교육을 구체적으로 어떻게 구성할 것인가? 이것이 이 장에서 다루고자 하는 내용이다.
　성인은 아동이나 청소년들과 달리 교회학교의 주어진 교육과정을 따라 교육받지 않는다. 성인들은 교회의 학교식 체계 안에 있지 않기 때문이다. 그들의 필요에 따라 선택하여 교육과정에 참여한다. 따라서 성인교육은 교회학교 체계와 다른 관점에서 교육과정이 구성되어야 한다.
　이 장에서는 성인교육을 구성하는 핵심적 요소로 성인교육의 설정, 성인의 교육욕구 분석, 성인교육의 목적, 그리고 성인교육의 내용문제를 살펴보자.

1. 성인교육을 위한 설정(settings)

　성인 교육자들은 성인교육을 구성하기 위해 우선 성인교육을 위한 설정을 결정해야 한다. 성인교육을 위한 설정에는 다음과 같은 것들을 들 수 있다.

1) 학습자

성인 교육자들은 성인교육에 참여할 학습자가 누구인가를 결정해야 한다. 성인교육을 구성하기 위해서는 이것이 먼저 설정되어야 한다. 이를 설정하기 위한 가장 중요한 변수를 생각해 보면 다음과 같다.

첫째, 연령에 따른 변수이다. 성인교육을 구성할 때 참여하는 사람들이 누구인가를 설정해야 하는데 이때 우선 고려될 수 있는 변수로 나이를 들 수 있다. 크게 셋으로 구분해 볼 수 있다. 이 점에 관해서는 이미 3장에서 다룬 바가 있다. 성인 전기는 청년기로 18세 이후에서 30대 후반까지의 사람들을 말하며, 성인 중기는 장년기로 30대 후반에서 60대 초반 또는 중반까지의 사람들을 말한다. 성인 후기는 노년기로 60대 중반 이후의 사람들을 말한다.

성인 교육자는 성인교육 프로그램을 기획할 때 그 대상을 어떤 연령층으로 잡는가를 결정해야 한다. 위의 세 시기 중 어떤 특정한 시기의 사람들을 대상으로 할 수 있고, 아니면 전 연령의 성인 모두를 그 대상으로 삼을 수가 있다.

둘째, 신앙 수준에 따른 변수이다. 성인교육을 구성할 때 특히 다루는 내용이 신앙적인 측면과 연관되어 있다면 대상자의 신앙적 수준을 고려하지 않으면 안 될 것이다. 교회 내의 성인들의 신앙 수준을 다음 셋으로 구분해 볼 수 있다. 먼저 초신자이다. 이 사람들은 교회에 처음 등록하고 세례받기 이전의 신앙 수준을 보이는 사람들을 말한다. 다음은 기신자로 이 사람들은 세례받은 후 교회생활을 열심히 하는 사람들이다. 많은 경우 교회에서 서리집사 또는 각종 모임에 참여해서 중요한 회원으로 활동하는 사람들을 말한다. 지도자는 기신자들 가운데 지도자적 위치에 있는 사람들로, 일반적으로 교회에서 장로, 안수집사, 권사와 같은 항존직의 위치에 있든지 또는 교회의 각 부서의 책임을 맡는 등 평신도로서 지도적 위치의 신앙 수준을 가진 사람들을 말한다.

성인교육자는 성인교육 프로그램을 기획할 때 그 대상자들이 어떤 신앙 수준의 사람들인가를 선정할 필요가 있다. 위의 세 부류의 사람들 가운데 하나일 수도 있고, 교인 전체를 대상으로 할 수도 있다.

셋째, 특정 상황에 따른 변수이다. 성인교육을 구성할 때 다루는 내용이 성인들의 특수한 상황과 연관되어있다면 그런 상황을 고려해야 할 것이다. 예를 들면 대상자가 남성인지 여성인지의 성적 차이를 구분 짓는 성 구별과, 미혼인지 기혼인지, 아니면 사별 또는 이혼으로 혼자 살고 있는지와 같은 결혼과 연관된 특정 상황, 또 대상자들이 하나님께 받은 특별한 재능과 연관된 은사의 차이, 취미와 관심사와 연관된 특정 상황 등을 말한다.

2) 내용영역

성인 교육자들은 성인교육을 구성하기 위해서 성인교육에서 다루고자 하는 내용이 무엇인가를 설정해야 한다. 이를 설정하기 위해 성인교육의 내용범위를 선정해야 한다. 앞장에서 성인교육의 내용범위를 성인의 욕구에 초점을 맞춰서 세 가지로 정리해 보았다. 즉 신앙교육 영역, 사역훈련 영역, 그리고 삶의 과제영역이다. 그 각각을 살펴보면 다음과 같다. 보다 자세한 각 영역의 성인교육내용은 이 장의 후반부에서 다루게 될 것이다.

신앙교육의 영역에서 다루고자 하는 내용은 하나님의 구원의 은총을 경험한 사람들로 하여금 그 구원의 은총의 의미를 깨닫게 하고, 지속적으로 하나님의 은총 안에 살게 하며, 그 하나님의 은총에 어떻게 응답하며 살아야 할 것인가라는 점이다.

사역훈련의 영역에서 다루고자 하는 내용은 하나님의 부르심을 받은 사람들로 하여금 그 부르심에 충실하게 헌신할 수 있도록 준비시키는 것이다.

삶의 과제 영역은 교회의 성인들이 이 세상을 살아가면서 삶의 주기를 따라 혹은 개인적인 특별한 상황에 따라 삶의 문제 또는 삶의 과제를 맞게 될 때 교회가 이런 삶의 문제 또는 삶의 과제를 적절히 해결하고 극복할 수 있도록 도와 주는 것들을 다루게 된다.

3) 프로그램의 개념적 특성

성인교육은 실시할 프로그램이 개념적으로 어떤 특성을 갖게 될 것인가라는 점을 결정해야 한다. 개념적 특성으로 다음의 네 가지를 들 수 있다.

첫째, 기초적(basic) 특성이다. 이는 모든 성인들이 다 참여해야만 하는 성인교육 프로그램으로 필수적이고 근본적인 특성을 말한다.

둘째, 선택적(elective) 특성이다. 이는 성인들이 저마다 선택할 수 있는 기회를 주는 특성이다. 즉, 교회 내의 성인들의 기호나 관심에 따라 참여 여부가 결정되는 특성을 말한다.

셋째, 지속적(ongoing) 특성이다. 이는 지정된 기간이 없이 계속적이고 규칙적인 모임을 갖는 특성이다. 매주, 격주, 매월과 같이 안정적이고 장기적으로 모임이 이어지는 특성을 말한다.

넷째, 단속적(occasional) 특성이다. 이는 모임의 횟수가 제한되는 특성으로 1회, 10회, 1년 등 정해진 모임의 횟수 안에서 이루어지는 프로그램의 단기적 특성을 말한다.

그런데 이 네 가지 개념적 특성은 두 쌍을 이룬다. 즉, 기초적인가 선택적인가라는 쌍과, 지속적인가 단속적인가라는 쌍이다. 그러므로 개념적 설정은 다음 네 가지 형태로 나타난다.

	기초적	선택적
지속적	1	3
단속적	2	4

[표 3] 개념설정의 도식

먼저 기초적-지속적 특성은 기초적이고 필수적이며 규칙적이고 지속적인 설정을 말하며, 기초적-단속적 특성은 기초적이고 필수적이나 단지 때때로 혹은 짧은 기간으로 이루어지는 설정을 말한다.

선택적-지속적 특성은 원하는 사람들 중심으로 선택적으로 모여지지만 규칙적이고 지속적인 특성을 갖는 설정을 말하는 반면, 선택적-단속적 특성은 원하는 사람들 중심으로 선택적으로 모여지지만 때때로 혹은 짧은 기간으로 이루어지는 설정을 말한다.

2. 성인의 교육욕구 분석

성인교육을 구성하기 위해서는 성인의 교육욕구를 알아야 하며, 그 욕구들 중에 어떤 것에 초점을 맞출 것인가를 정하는 일은 성인교육 구성의 중요한 요소가 된다.

1) 성인의 교육욕구

욕구(need)란 개인이 느끼고 있는 무엇인가의 결핍상태(deficiency)를 충족시키기 위하여 필요로 하거나 원하는 상태 또는 상황을 말한다. 보일은 욕구란 현상(what is)과 이상(what should be) 사이에 존재하는 격차(gap) 내지는 조건(condition)이라고 했고, 이것을 파악해 내는 것이 욕구분석(need analysis)이라 했다.[1]

성인들은 저마다 욕구를 가지고 있다. 심리학자들은 이런 많은 욕구들 가운데 인류가 공통적으로 가지고 있는 욕구를 기본적 욕구라 부른다. 노울즈는 여러 심리학자들이 제시하는 인류 공동의 기본적 욕구를 종합해서 육체적 욕구, 성장의 욕구, 안전감의 욕구, 새로운 경험에 관

---

1. P. G. Boyle, *Planning Better Programs*(New York : McGraw-Hill Book Compahy, 1981), p. 155.

한 욕구, 애정의 욕구, 인정의 욕구로 정리했다.[2]

육체적 욕구는 육체를 지탱하고, 쉬고, 무엇인가 보고 듣고자 하는 욕구이고, 성장의 욕구는 정신적, 정서적, 육체적으로 보다 나아지고자 하는 욕구이다. 안전감의 욕구는 육체적, 심리적으로 자기를 보존하고자 하는 욕구를, 새로운 경험에 관한 욕구는 새로운 세계를 모험해 보고자 하는 욕구를 말한다. 애정의 욕구는 사랑받고 싶고, 칭찬받고 싶고, 다른 사람의 관심을 끌고 싶어하는 욕구이며, 인정의 욕구는 애정의 욕구와 비교할 때 보다 사회적인 성격을 지닌 것으로 공동체에서 가치 있는 존재로 인정받고 존경받고 싶어하는 욕구이다.

교육욕구란 이런 인간의 기본적 욕구와 구분되는 것으로 위의 성장욕구를 토대로 흥미와 관심과 결합되어 이루어지는 새로운 차원의 욕구를 말한다. 이는 현재의 자신의 모습과 자기가 바라고 소망하는 모습 사이의 차이로부터 발생된다. 즉, 현재의 학습, 배움에 관한 능력 수준이나 상태, 개인 및 사회적으로 기대되는 바람직한 학습에 관한 능력 수준 및 상태 사이의 관념적 실제적 간격과 차이 때문에 생겨난다. 다시 말해서 교육욕구란 현재의 부족한 능력 수준이나 상태에서 부족함을 충족시키고자 할 때 발생되는 상태나 조건을 말한다.

노울즈는 이를 다음과 같이 그림으로 설명했다.[3]

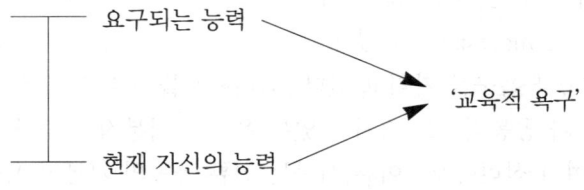

[그림 4] 교육적 욕구

---

2. Malcom. Knowles, *The Modern Practice of Adult Education*(New York : Association Press, 1980), pp. 80–118.

교육욕구를 분석하고 해석하기 위한 이론적 기초를 제공한 사람으로 매슬로우(Abraham Maslow)를 들 수 있다. 그의 이론은 두 가지 전제로 구성되어 있다. 하나는 인간은 특수한 형태의 충족되지 못한 욕구들을 만족시키기 위해서 동기화되어 있는 동물이라는 점이다. 다른 하나는 대부분의 사람들이 추구하는 욕구들은 사람에 따라 서로 다르기는 하지만 이를 분류하면 몇 가지 공통된 범주로 나눌 수 있다는 것이다.[4] 그리고 이런 전제하에 대부분의 인간들은 다음과 같은 욕구의 충족을 추구한다고 가정한다. 첫째로 생리적 욕구, 둘째로 안전의 욕구, 셋째로 소속 및 애정의 욕구, 넷째로 존경의 욕구, 다섯째로 자아 실현의 욕구이다. 이 중에 성인의 교육욕구와 밀접하게 연관된 것은 넷째와 다섯째 욕구이다. 이를 보다 자세하게 살펴보면 다음과 같다.

우선 존경의 욕구이다. 대부분의 사람들은 사회생활을 통해서 계속적으로 자신을 높이 평가하고 자신을 존중하며 자존심을 지니며 타인으로부터 존경을 받기 바라는 욕구가 있다. 자존심이란 실제적인 역량이나 성취를 나타내기도 하며 타인으로부터의 존경을 의미하기도 한다. 이런 자존심의 욕구들은 두 가지 종류로 나누어 볼 수 있다. 하나는 자신이 강하다는 느낌, 성취감, 적당감, 실생활에서의 자신감, 그리고 독립과 자유에 대한 갈망을 들 수 있다. 다른 하나는 명성 혹은 위엄, 타인의 주의 획득, 중요한 인물로 대우받기, 높은 평가를 받으려는 욕망 등이 포함된다.

다음으로 자아실현의 욕구이다. 이 욕구는 외부적 보상요인이 아니라 내적인 만족요인이 있을 경우에만 적절히 충족될 수 있다. 이 욕구는 자기 완성에 대한 갈망을 뜻하며 인간이 잠재력을 지닌 존재로부터 그 잠재력을 실제로 발휘하는 존재로 실현되려는 경향을 말한다. 이 경

---

3. Ibid., p. 86.
4. 한덕웅, 「조직행동의 동기이론」(서울 : 법문사, 1987), pp. 208-209.

향은 자기 자신이 더욱 참 존재로 되어가면서 실현될 수 있는 최선의 존재가 되는 것이다.

성인의 교육욕구는 매슬로우가 말하는 존경의 욕구와 자아실현의 욕구와 깊은 연관을 맺는다. 따라서 성인의 교육욕구를 분석할 때 성인교육자는 이 부분을 깊이 통찰할 수 있어야 할 것이다.

2) 성인의 교육욕구 분석

성인교육에서 교육욕구 분석은 잠재적 성인 학습자를 그 대상으로 하게 된다. 성인들이 성인교육에의 참여 여부를 결정하게 되는 것은 성인교육 프로그램이 준비된 뒤 홍보를 통해 정보를 얻은 후이기 때문에 누가 참여할 지 모르는 상황에서 성인의 교육욕구 분석을 하게 된다.

성인의 교육욕구 분석을 위한 단계는 다음과 같다.

첫째, 표본집단 선정이다. 성인교육 설정에서 선정된 학습자 설정을 기초로 교회 내의 이 범주에 드는 사람들이 어떤 부류의 사람들인지를 확인하고 이들 전원을 그 대상으로 할지, 아니면 일부를 표본으로 삼을 것인지를 결정한다.

둘째, 질문을 준비한다. 성인의 교육욕구를 분석하기 위해 얻고자 하는 자료가 무엇인지를 선정한다. 다시 말해서 기획하고 있는 성인교육 프로그램과 연관된 자료를 선정한다. 그리고 이를 질문화한다.

셋째, 조사 연구를 한다. 선정된 사람들을 대상으로 질문을 통해 얻고자 하는 자료를 찾아낸다. 이를 위해서는 질문지를 사용할 수도 있고, 면접방법을 사용할 수도 있다.

넷째, 자료를 분석한다. 얻어진 자료를 분석해서 성인의 교육욕구를 찾아내면 이를 바탕으로 구체적인 성인교육 프로그램을 기획해 갈 수 있을 것이다.

3. 성인교육의 목적

성인교육을 구성하기 위해서 성인교육의 목적을 설정하는 일은 빼놓을 수 없는 중요한 요소이다. 특히 성인교육을 수행하는 사람들의 교육신학적 입장과 성인교육의 방향을 확인하고 설정하는 일은 매우 중요하다.

1) 성인교육의 목적

교육행위는 본질적으로 의도적 행동이다. 이는 하나의 가치추구적 활동이요 목적적 활동이다. 따라서 교육행위에는 명확한 교육목적 설정이 필수적이다.

교육목적은 교육활동이 일어나도록 동기를 유발하고, 이것이 나아가야 할 방향을 제시해 주고, 이를 안내해 주는 것을 말한다. 따라서 성인교육의 목적이란 성인의 교육활동이 일어나도록 동기를 유발하고, 성인교육이 나아가야 할 방향을 제시해 줄 뿐 아니라 안내해 주는 것을 말한다. 교육목적은 일반목적과 특수목적으로 나눌 수 있다. 여기서 일반목적은 모든 교육행위의 큰 방향을 제시해 줌으로써 변화무쌍한 사회 속에서 불변의 지표를 제공해 주는 기능을 하고, 특수목적은 구체적인 교육행위의 일정한 방향을 제시해 줌으로써 교육실천을 가능케 해주는 기능을 한다.

일반적으로 일반목적을 교육목적으로, 특수목적을 교육목표로 개념화한다. 물론 이는 엄밀히 구별하기 힘들고 학자들마다 견해가 다르다. 굳이 구별한다면 교육목적(aim, purpose)은 포괄적인 항목으로 기술되는 일반성을 띤 것이고, 교육목표(objectives, goal)는 보다 세밀한 다수 항목으로 기술되는 구체성을 띤 것이다. 일반적으로 교육학계에서 통용되고 있는 교육목적과 목표 사이의 상관관계를 다음 도표를 통해서 확인해 볼 수 있다.[5]

---

5. 김정규, 「교육과정 및 교육평가」(서울 : 형설출판사, 1992), p. 74.

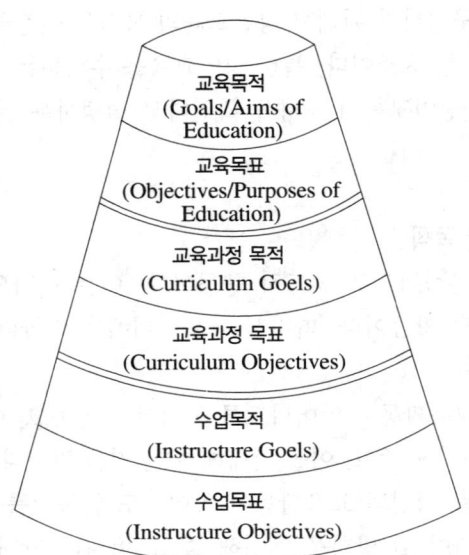

[그림 5] 교육목적과 교육목표의 위계

    교육신학자 토마스 그룹은 나름대로 교육목적을 둘로 구분했다.[6] 하나는 메타 목적(meta purpose)으로서 최종적 목적(final purpose)이다. 이는 가르칠 것을 위한 궁극적인 해석학적 원리, 교육방법을 위한 기본적인 안내, 그리고 교육정책을 위한 방향을 제공해 준다. 다른 하나는 보다 직접적이고 실제적인 목적으로서 형식적 목적(formal purpose)이다. 이는 최종적 목적을 향해 참석자들이 갖추어야 할 구체적인 삶의 형식을 말한다. 결국 그룹은 기독교교육의 목적을 거시적인 측면에서 기독교교육이 지향해야 할 방향성과 미시적인 측면에서 개개인 학습자가 기독교교육을 통해 변화되어 나가야 할 방향성으로 구분하고 있는

---

6. Thomas. Groome, *Sharing Faith : A Comprehensive Approach to Religious Education & Pastoral Ministry*(New York : HarperCollins, 1991), pp. 14 – 21.

것이다.

　교육학에서는 교육목적을 어떻게 설정할 것인가를 연구하는 것이 중요한 학문적 주제이다. 이 주제를 주로 연구하는 교육학 내의 하위 분야를 교육목적 분류학(taxonomy)이라 한다. 여기서는 교육목적을 영역화하여 범주를 정하고, 각 영역을 따라 교육목표를 설정하는 방식을 사용한다. 영역화의 한 예로 1950년대 미국 대학이 시도한 하나의 교육목적 분류학의 기준을 들 수 있다. 여기서는 인간의 행동 자체 안에서 분류의 기준을 찾았다. 즉, 인지적 영역(cognitive domain), 정의적 영역(affective domain), 심리역동적 영역(psycomotor domain)이다. 이것이 교육목적을 구체화하는 중요한 하나의 모델이 되었다. 기독교교육에서도 이를 널리 활용하고 있는 실정이다.

　그러나 기독교교육에서 보다 보편화된 교육목적 분류학 모델로는 인간이 맺는 관계 또는 인간의 활동영역을 분류 기준으로 삼는 것이다. 즉, 하나님과 관계영역, 인간과의 관계영역, 우주와의 관계영역이다. 그래서 기독교교육의 목적의 구체적인 예들을 살펴보면 교육목적이 하나님 – 교회 – 세계, 개인적 차원 – 공동체적 차원 – 우주적 차원과 같은 영역 분류를 취하고 있음을 볼 수 있다.

2) 성인교육 목적 설정을 위한 자원

　성인교육의 목적을 설정하기 위해서는 여러 가지 자원이 필요하다. 즉, 교육목적 설정을 위한 근거로서의 자원이 필요하다. 이를 다음 두 가지 관점으로 구분할 수 있다.

　첫째는 기독교교육의 이론적 관점이다. 기독교교육의 이론적 관점에서 교육목적 설정을 위한 자원은 두 가지를 생각해 볼 수 있다. 하나는 신학적 자원이고, 다른 하나는 사회과학적 자원이다. 전자는 텍스트(text)에 관한 자원으로 성경, 전통을 들 수 있다. 후자는 컨텍스트(context)에 관한 자원으로 교육환경으로서 사회적 상황, 교육 대상자에 관한 심리학적 이해를 들 수 있다.

둘째는 기독교교육의 실천적 관점이다. 기독교교육의 실천적 관점에서 교육목적 설정을 위한 자원은 세 가지를 들 수 있다. 하나는 거시적 교육목적 진술이다. 즉, 교회의 교육목적이다. 물론 여기에는 총회의 교육목적이 반영되어 있다. 다시 말해서 성인교육이 한 분야로 포함되어 있는 교회 전체의 교육목적이 우선적인 자원으로 고려되어야 한다는 것이다. 다른 하나는 성인교육자의 자원이다. 성인교육을 주관하는 사람들이 어떤 생각으로, 어떤 입장에서 성인교육을 기획하고 실행하는가 하는 점을 말한다. 그리고 보다 구체적으로는 성인교육 프로그램을 기획하는 사람들이 그 프로그램을 통해서 얻고자 하는 것이 무엇인가라는 생각을 말한다. 마지막은 성인교육 참여자의 자원이다. 그 교회의 성인들이 교육받기를 기대하고 바라는 것, 성인교육 프로그램에 참여하는 동기, 그리고 참여의 여건 및 능력 등을 말한다.

성인교육의 목적은 이런 자원들을 종합적으로 검토한 후에 진술하게 된다.

3) 성인교육의 목적 설정

성인교육의 목적 설정의 구체적인 단계를 살펴보면 다음과 같다.

첫째, 교육목적을 설정한다. 위에서 살펴본 것처럼 교육목적이란 기독교교육의 포괄적인 목적을 말한다. 즉, 교육목적이란 교회의 교육에 관한 기본 이념이요, 교육에 관한 근본적인 입장을 묘사해 놓은 것이다. 이런 교육목적이 설정되기 위해서는 총회의 교육목적, 담임목사의 교육신학적 입장, 교회의 전통적인 교육방향 등이 종합적으로 고려되어야 한다. 이렇게 설정된 교육목적은 교회 내의 모든 교육활동의 기본 원리와 지침을 제공해 준다.

성인교육의 목적은 이런 교회의 교육목적에 준해서 성인교육의 설정의 틀 안에서 서술되게 된다. 위에서 살펴본 성인교육의 설정의 변수들을 고려해서 교회의 교육목적을 성인교육의 목적으로 묘사하게 된다.

둘째, 교육목적의 영역을 분류한다. 성인교육의 목적이 진술되게 되면 이를 영역화해서 구분하게 된다. 성인교육의 관점에서 나름대로 기준을 따라 영역화하게 된다. 예를 들어 성인의 인간 행동을 기준으로 인지적 영역, 정서적 영역, 심리역동적 영역으로 구분할 수도 있고, 성인의 관계적 활동영역을 기준으로 하나님과의 관계영역, 인간과의 관계영역, 우주 또는 세계와의 관계영역으로 구분해 볼 수 있다. 이외의 다른 기준으로 그 교회 나름대로의 교육목적 영역을 구분할 수 있을 것이다.

셋째, 교육목표를 설정한다. 이제 교육목적이 설정되고, 이것이 영역별로 분류되고 나면 각 영역별로 구체적이고 보다 세밀한 교육목표가 진술되어야 한다. 여기서 교육목표란 성인의 구체적인 삶의 형식을 말한다. 즉, 성인교육을 통해서 학습자들이 변화되어 가야 할 또는 형성해 가야 할 삶의 형식을 말한다.

넷째, 프로그램의 목적과 목표를 진술한다. 성인교육은 다양한 프로그램으로 구성된다. 즉, 성인교육은 여러 가지 구체적인 프로그램들을 통해서 진행된다. 이 프로그램들은 포괄적인 교육목적 달성을 위해서도 기획 및 실행되고, 또 교육목표의 각 영역의 달성을 위해서도 기획 및 실행되고, 그리고 교육목표 내의 구체적인 항목 달성을 위해서도 기획 및 실행될 수 있다.

이제 구체적인 프로그램의 실행을 위해서는 그 프로그램의 목적과 목표를 진술해야 한다. 성인교육 전체의 교육목적과 목표를 거시적 교육목적과 목표라 할 때 이는 미시적 교육목적과 목표라 할 수 있다. 따라서 미시적 교육목적과 목표로서 프로그램의 목적과 목표는 거시적 교육목적과 목표로서 성인교육 목적과 목표의 안내와 제한을 받게 된다. 다시 말해서 프로그램의 목적과 목표는 성인교육의 목적과 목표의 범주를 벗어나서도 안 되고, 이것과 상충되어서도 안 되고, 이것을 달성하는 방향으로 설정되어야 한다.

4. 성인교육의 내용

성인교육을 구성하기 위해서 성인교육의 내용 선정은 빼놓을 수 없는 중요한 요소 중의 하나이다. 교회의 성인교육이 다루어야 할 교육내용에는 어떤 것들이 있을까? 이는 위에서 살펴본 교육목적과 밀접한 관계를 가지고 있다. 이 목적으로부터 교육내용의 범위가 설정되고 그 범위를 따라 구체적인 교육내용이 구성되기 때문이다.

1) 성인교육의 내용 선정을 위한 원칙

성인교육의 내용을 선정할 때 고려해야 할 원칙을 다음과 같이 정리해 볼 수 있다.

첫째, 교육목적으로부터 추출된 내용범위의 한계 내에 있어야 한다.

둘째, 신학적 텍스트에 의한 타당성이 검증되어야 한다.

셋째, 상황적 컨텍스트에 의한 적절성이 입증되어야 한다.

넷째, 학습자의 수준이 고려되어야 하고, 학습자의 흥미와 관심이 반영되어야 한다.

다섯째, 교사의 자질이 고려되어야 한다.

여섯째, 교육부서의 자료 준비 및 프로그램 진행능력이 고려되어야 한다.

2) 성인교육의 내용

성인교육의 내용범위는 앞에서 설정된 성인교육의 목적에 준하게 된다. 다시 말해서 교육목적의 영역 분류에 따른 교육목표를 따르게 된다. 따라서 성인교육의 내용범위는 각 교회마다, 각 성인교육 시행단체에 따라 다르게 된다. 이미 앞에서 성인교육의 내용범위를 일반화해서 세 가지로 정리한 바가 있다. 즉, 신앙교육의 영역, 사역훈련의 영역, 그리고 삶의 과제영역이다. 각 영역별 내용을 보다 자세하게 하나의 예로 제시해 보면 다음과 같다.

첫째, 신앙교육의 영역은 성인들의 신앙수준에 따라 구분해서 이루어지는 것이 좋을 것이다. 이미 앞의 성인교육의 설정 부분에서 성인의 신앙수준을 세 가지로 구분한 바가 있다. 즉 초신자, 기신자, 그리고 평신도 지도자이다. 초신자라 함은 교회에 원입해서 세례받을 때까지의 사람들을 말하고, 기신자라 함은 세례받은 이후의 사람들로 대개 서리집사와 일반신자들을 말하고, 평신도 지도자라 함은 장로, 안수집사, 권사 등 항존직의 사람들과 교회 형편에 따라 항존직에 각 부서 회장단의 사람들을 포함할 수 있다.

초신자들을 위한 교육으로 다음 세 과정을 들 수 있다. 먼저 교회에 처음 나온 사람들을 대상으로 교회 소개 및 교회생활 안내를 중심 내용으로 하는 새신자교육과 기독교 기초 교리를 그 중심 내용으로 한 학습반, 그리고 기독교인의 기본 지식을 전반적으로 다룬 세례반이 있다.

기신자들을 위한 교육으로 다음 두 과정을 들 수 있는데 성경 및 기독교 교리를 공부하는 과정의 성경공부반과 말씀 묵상훈련, 기도훈련, 예배훈련, 관계훈련 등 신앙의 훈련을 실시하는 신앙훈련반 과정이다.

교회 내의 평신도 지도자들을 위한 교육으로도 두 과정을 들 수 있다. 평신도 지도자로서 갖추어야 할 신앙적 자질을 훈련시키는 과정의 지도자훈련반과 하나님의 청지기로서 살아가야 할 삶의 기본 자세를 훈련시키는 과정의 청지기반이다.

둘째, 사역훈련의 영역이다. 그리스도인들은 하나님의 사역에 동참하도록 부르심을 받고 있다. 교회 안팎의 여러 사역에 동참하도록 하나님께서 부르신 것이다. 그리고 이런 부르심 이전에 그리스도인들은 하나님께 은사를 선물로 받는다. 이 은사를 잘 가꾸고 훈련해서 부르심에 효과적으로 응답해야 한다.

여기에는 사역에 따라 여러 가지 교육과정이 개설될 수 있다. 예를 들어보면 교회학교 교사들을 위한 교사대학, 성가대원 및 찬양 사역자들을 위한 찬양학교, 전도 사명자들을 위한 전도훈련학교, 직장에서, 지역사회에서, 또는 해외에서 선교에 동참하려는 사람들을 위한 평신도 선교사반 등이다. 또 교회 내의 헌금위원, 안내위원, 차량 봉사위원, 식당 봉사위원 등 제반 교회 내의 봉사자들을 위한 봉사훈련도 있을 수 있다.

셋째, 삶의 과제영역이다. 이는 성인들의 삶의 정황에 따라 크게 셋으로 구분해 볼 수 있다. 초기 성인과정(청년기), 중기 성인과정(장년기), 후기 성인과정(노년기)이다. 이 과정은 각 과정의 삶의 과제를 그 교육내용으로 다룰 수 있다.

① 청년기

가정생활 : 배우자를 만나서 안정된 결혼생활에 적응하고, 자녀를 양육하며, 가족관계를 원만하게 유지하도록 돕는다.

직장생활 : 적절한 직업을 선택해서 경제적인 안정을 유지하면서 성공을 추구하고, 삶의 보람을 찾도록 돕는다.

시민생활 : 책임있는 시민으로서 가족 이외의 공동체에 참여해서 사회 발전에 기여하고, 지역사회에 봉사하는 것이다.

자아 성숙 : 급격히 변화하는 사회에 적응해 가기 위해 자기 성장을 추구하며, 여가를 의미있게 지내는 것이다.

② 장년기

부부문제 : 아이들을 다 출가시키고 부부 둘만 남아 있는 상황에 새롭게 적응해야 한다. 이 과제를 적절히 대응해 가도록 돕는다.

자녀문제 : 성숙한 자녀와의 관계는 이 시기의 힘겨운 과제로 대두된다. 빈 둥지 위기도 극복해야 한다. 이를 돕는다.

부모문제 : 어느새 노인이 되어버린 부모를 돕는 것은 또한 이 시기의 중요한 과제로 대두된다. 자기의 능력, 자기의 분주함, 그리고 자녀

뒷바라지와의 중복 문제 등으로 어려움을 겪고, 효도에 대한 부담감을 심각하게 느낀다. 이를 돕는다.

③ 노년기

건강문제 : 노년기로 접어들면서 줄어 가는 체력과 건강문제가 대두된다. 이에 적응하도록, 그리고 노년을 건강하게 살도록 돕는다.

고독문제 : 배우자 사망과 자녀와의 관계 소원으로 심각한 고독이 찾아오는데 이에 적응하고, 이를 슬기롭게 극복하도록 돕는다.

인생의 정리 : 죽음이 서서히 다가오고, 인생을 정리해야 할 시기이다. 죽음을 준비하고 인생을 차분하게 정리하도록 돕는다.

성인교육의 기획

 교회의 성인교육은 커리큘럼을 따라 진행된다. 이 커리큘럼은 크게 세 차원으로 구성된다. 하나는 거시적 커리큘럼(macro curriculum)이다. 이는 교회의 궁극적인 교육목적하에 성인 전체의 커리큘럼을 거시적 관점에서 설정해 놓은 것을 말한다. 둘은 중시적 커리큘럼(meso curriculum)이다. 이는 성인 커리큘럼을 성인 전기, 중기, 후기의 연령층 또는 청년부, 장년부, 노년부 등 부서별로 정해진 교육목적하에 중시적 관점에서 설정해 놓은 것을 말한다. 그리고 셋은 미시적 커리큘럼(micro curriculum)이다. 이는 각 부서의 중시적 커리큘럼의 각 단위를 구성하는 구체적인 커리큘럼을 말한다. 성인교육의 미시적 커리큘럼은 하나의 프로그램(program) 형태를 띤다. 여기서 프로그램은 구체적인 목표를 달성하기 위해 구조화된 학습기회를 말한다. 그리고 이 프로그램은 전문가와 학습자가 참여하는 제반활동을 말한다. 이 프로그램은 하나의 기획과정을 통해서 마련된다. 이제 성인교육의 기획에 관해 살펴보자.

1. 기획의 개념정의

기획(planning)이란 사람에 따라 다양하게 정의되지만 일반적인 합의를 따라 정의해 보면 어떤 개인이나 공동체가 희망하는 목적을 성취하기 위하여 필요 적절한 목표를 세우고, 이에 도달하기 위하여 가장 합리적이고도 효율적인 실행방법을 선택하며, 그 세부 절차와 순위를 결정하는 의도적 과정을 말한다. 그리고 이 기획은 계획(plan)과 구분되는데 일반적으로 기획은 일련의 과정을 말하고, 계획은 그 과정의 최종 결과물을 말한다. 또한 계획은 다양한 형태로 나타나지만 그 중에 대표적인 것이 프로그램(program)과 프로젝트(project)이다. 여기서 프로그램은 개인이나 공동체가 추구하는 하나의 사업계획을 말하고, 프로젝트는 보다 세부적인 수준의 단위 사업계획을 말한다.

앞에서 언급한 것처럼 성인교육에서 미시적 커리큘럼은 프로그램 형태를 띤다. 성인교육에서 구체적인 교육실천은 바로 성인교육의 프로그램을 통해서 실행되는 것이다. 이렇게 볼 때 성인교육의 기획은 이 프로그램을 마련해 가는 일련의 과정인 것이다.

이제 기획의 특성을 살펴보자. 이를 올바로 이해함으로써 성인교육의 기획의 방향을 올바로 잡을 수 있게 될 것이다. 김영한은 여러 학자들의 의견을 종합해서 다음 7가지로 정리했다.[1]

첫째, 기획은 하나의 과정이다. 기획이 하나의 과정이라는 것은 기획은 어떠한 조직이나 업무단위 안에서 나타나고 있는 계속적인 활동이며, 이 활동이 지속되기 위해서는 어느 정도의 자원이나 에너지가 투입될 필요가 있다는 의미이다.

둘째, 기획은 준비과정이다. 기획이란 본질적으로 또한 대부분의 경우 공식적 및 법적으로도 다른 기관에 의하여 승인되고 집행될 일단의

---

1. 김영한, 「행정 기획론」(서울 : 법문사, 1988), pp. 15 - 19.

결정, 다시 말해 계획을 준비하는 과정이다.
　셋째, 기획은 일단의 제(諸)결정이다. 이 점이 일반적으로 기획과 의사결정 혹은 정책결정과의 차이점이다. 즉, 기획이 의사결정 또는 정책결정의 일종이기는 하지만 기획은 단일 결정을 대상으로 하는 것이 아니라 한 묶음의 결정을 다룬다는 점이 특징이다.
　넷째, 기획은 행동지향적이다. 기획은 행동에 제1차적인 목표를 두는 것이며, 결코 순수한 지식의 탐구는 기획자의 육성과 같은 다른 목표를 지향하는 것이 아니다.
　다섯째, 기획은 미래지향적이다. 기획은 미래를 지향한다. 그런데 여기서 주의해야 할 점은 그렇다고 기획이 미래 예측을 뜻하는 것은 아니다. 미래 예측이란 앞으로 발생할 가능성이 가장 많은 상황 또는 사태의 진전방향이나 가능성의 정도를 미리 알아내려는 데 목적이 있지만 기획은 반드시 미래 예측과 연관된 행동이 포함되어 있다.
　여섯째, 기획은 목표지향적이다. 기획은 장래에 달성하려고 하는 목표가 어느 정도 명시되지 않고서는 성립될 수 없다. 그렇다고 기획과정이 처음부터 분명하게 명시된 목표를 가지고 움직여져 나가는 것은 아니다. 대부분의 경우 기획과정의 최초 단계는 기획과정 이전의 다른 것에 의해 설정된 애매하고 모호한 목표를 토대로 한다.
　일곱째, 기획은 최적의 수단을 제시한다. 장래를 합리적으로 형성하는 과정인 기획의 본질은 수단, 목표관계를 바탕으로 하며, 이 관계는 기획과정의 기초가 된다. 기획과정의 방향은 목표달성을 위한 최적의 수단을 제시하는 데 있다.

　그렇다면 성인교육에서 기획은 왜 필요한가? 성인교육을 정의하면서 이 문제를 살펴볼 필요가 있다. 위에서 살펴본 내용을 기초로 성인교육에서 기획의 필요성을 다음 몇 가지로 정리해 볼 수 있다.

첫째, 목표 달성을 용이하게 하기 위해서이다. 각 프로그램들은 성인교육의 구체적인 목표를 달성하기 위해 존재하는 것이다. 각 프로그램들이 아무리 훌륭하고 필요한 것이라 해도 목표 달성에 도움이 되지 못한다면 의미가 없다. 기획은 각 프로그램들이 목표지향적이 되도록 이끌어 준다.

둘째, 각 프로그램들의 통일성(unity)을 위해서이다. 성인교육은 구체적인 프로그램들로 구성된다. 그런데 이 구체적인 프로그램들은 다양한 형태를 띤다. 이런 다양한 프로그램들은 상호 경쟁적이거나 서로 상충되면 안 된다. 상호 보완적이고 상호 보조적일 필요가 있다. 즉, 여러 프로그램들이 잘 계획된 통일성을 가지고 표현될 필요가 있다. 기획은 바로 이런 통일성을 위해 필요하다.

셋째, 각 프로그램의 연계성(continuity)을 위해서이다. 성인교육의 모든 프로그램들은 하나의 공동목표를 지향하게 되어 있다. 따라서 모든 프로그램은 종적으로나 횡적으로 연계성이 있어야 한다. 각 프로그램들이 하나의 나열식으로 구성되어서는 안 된다. 예를 들어 다른 교회의 프로그램을 연계성을 생각지 않고 중간에 도입해서 넣어 둔다면 연계성을 해쳐서 하나의 목적을 향해 연관되지 못한다.

넷째, 업무의 진보(progress)를 위해서이다. 프로그램을 진행하다 보면 반복되는 일들이 많게 되고, 그 반복 속에 목적을 향한 의미가 상실되는 경우가 많다. 기획은 반복되는 프로그램의 일들 안에 흥미를 가지게 하고, 의미를 잃지 않게 하여 업무의 진보를 꾀한다.

다섯째, 미래의 전망을 위해서이다. 기획은 미래지향적이라는 특징을 가진다. 원시안적 안목을 가지고 기획되기 때문이다. 따라서 앞으로의 성인교육 활동을 전망해 볼 수 있게 한다.

2. 기획과정의 단계

기획과정은 계획을 수립하여 그것을 집행하고, 그 결과를 평가하여 다음 계획에 반영하는 하나의 순환과정(cycle)을 형성한다. 그러나 보다 폭을 좁혀 살펴보면 기획과정은 계획을 수립하는 과정을 뜻한다. 일반적으로 전자를 광의의 해석이라 하고, 후자를 협의의 해석이라 부른다. 후자의 관점에서 기획과정의 단계를 살펴보자.

합리적 기획과정에 관한 단계 구분은 학자들 사이에 다양한 견해가 제시되고 있다. 정규서와 강태룡은 여러 학자들의 다양한 견해를 종합해서 나름대로 10단계로 도식화했다. 이를 살펴보면 다음과 같다.[2]

첫째, 제기되는 문제를 인지한다.

둘째, 목표를 설정한다.

셋째, 목표에 관련된 자료와 정보를 수집한다.

넷째, 기획의 전제, 즉 장래의 가정을 설정하는 단계로서 여기서는 사태의 개연성, 예측, 또는 전망 등이 포함된다.

다섯째, 목표 달성을 위하여 필요한 모든 대안을 탐색한다.

여섯째, 이 대안들의 장단점을 분석하고, 이들을 비교 검토한다.

일곱째, 분석, 비교, 검토된 여러 대안 중에서 가장 바람직한 대안, 즉 최선의 방안을 선택, 결정한다.

여덟째, 선택된 최선안을 중심으로 효과적인 집행을 하기 위한 부수적인 세부계획을 수립하고 기타 집행에 필요한 준비를 한다.

아홉째, 파생계획에 예산이 책정되면 상부에서 내리는 기획의 해석에 따라 지시와 조정 및 통제과정을 거치면서 집행을 하게 된다.

열째, 사업이 진행되거나 또는 집행이 완료되면 심사, 분석 등에 의하여 계획을 평가하며, 평가에서 나타난 결과는 시정조치로 이어짐과 아울러 목표에로 피드백된다.

---

2. 정규태·강태룡, 「기획론」(서울 : 대왕사, 1984), pp. 117-119.

이를 도표로 표시해 보면 다음과 같다.[3]

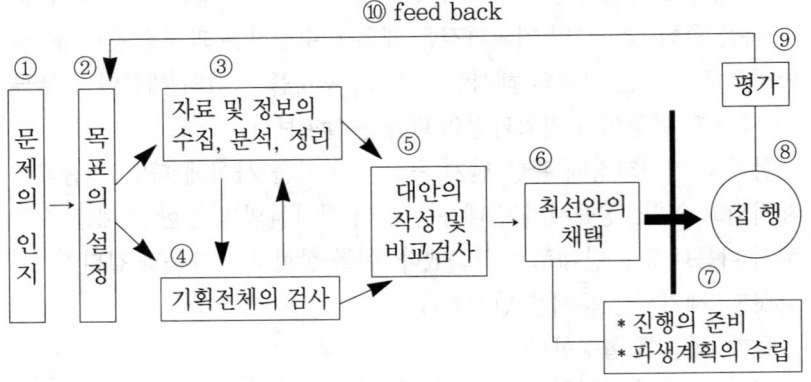

[그림 6] 기획의 과정

위의 일반 기획과정 단계와 교육기획에서의 단계는 기본적 방향은 같지만 세부적인 과정의 단계에 차이가 있다. 그것은 교육계획이 하나의 커리큘럼 형태로 나타나며, 기획과정에서 다루는 내용이 교육활동이기 때문이다.

교육기획을 위에서 살펴본 대로 광의의 개념으로 접근한 대표적인 예로 유네스코에서 제시된 교육기획 과정을 들 수 있다.[4] 여기서 교육기획의 과정을 여섯 단계로 제시했다. 이를 요약해 보면 다음과 같다.

제1단계 : 기획 이전 단계

기획을 위한 조직이 없을 경우 기획 이전 단계로서 적절한 기획조직의 창설, 기획절차의 수립, 기획 작성과 실천에 참여하는 교육 행정기구

---

3. Ibid., p. 119.
4. A. W. P. Gurge, *An Introduction to Educational Planning Process*(Paris :

의 구조적 재조직, 기획에 필요한 통계적 및 기타 자료의 수집 분석을 위한 기구와 절차의 설정 등을 착수하게 된다. 이 기획을 위한 조직은 국가나 사회의 교육목표를 찾아 정리한다. 이것이 기획 이전 활동이 된다.

제2단계 : 기획단계

이 단계는 다섯 가지의 하위단계로 구성된다. 첫째는 진단이다. 일단 국가나 사회의 교육목표가 확정되면 교육기획자가 제일 먼저 해야 할 일은 현재 국가나 사회의 교육적 노력이 목표 달성에 적절하고, 타당하며, 공헌하는 것인지를 규명하는 것이다. 이 일은 교육적 노력의 산출을 목표와 관련시키고 그 뚜렷한 차이를 주목하여 수행하게 된다. 이런 활동을 진단이라고 부르며, 그것을 통해 국가 교육활동의 성질, 규모, 질, 조직 및 성과 수준에 있어서 약점 및 단점을 확인하게 된다.

둘째는 정책의 형성이다. 현재 교육상황의 진단은 적절성, 효과성, 효율성의 향상을 위해 수정하게 될 결함과 약점을 분명히 드러내 준다. 수정행위는 정책에 기초를 두어야 하며, 정책은 세부 결정의 일반적 틀을 지시하도록 자세히 설명되어야 한다. 진단에 의해 나타난 각각의 결함 내지 단점을 바로잡도록 짜여진 일련의 정책들은 국가 교육정책을 형성할 것이다.

셋째는 장래 필요의 비용화이다. 회선의 기용 비용자료를 이용하여 각 필요 군을 만족시키는 데 필요한 비용을 가격변동을 고려하여 계산한다. 이런 활동을 끝내면 기획자는 모든 요구를 만족시키는 데 확보되어야 할 총 재정적 지출을 알게 된다.

넷째는 우선순위의 수립과 표적 설정이다. 기획 목적을 위해 자료를 분석할 때, 교육기획자는 다양한 재원으로부터 교육발전에 쓸 수 있는 재원 저량을 조사한다. 교육기획자는 장래 요구를 자세히 살피고 재원

UNESCO, 1984).

사용의 경쟁관계에 있는 대안간에 우선순위를 수립하고 예상되는 재원 투자로서 실지로 성취될 수 있는 표적을 설정한다. 이것은 허용 비용 내에서 가장 적절하고 효과적인 목표 달성 방안을 결정하기 위해 그 방안들이 검토되는 단계이다.

　다섯째, 실현 가능성의 검토이다. 확인된 요구에 따라 표적이 설정되고 우선순위가 부과된다. 그러나 표적에 대한 또 하나의 중대한 측면은 그 표적들이 일관성이 있으며 실현 가능한지를 보장할 필요가 있다는 것이다.

제3단계 : 계획 형성 단계

　기획의 목적은 주로 두 가지이다. 하나는 승인받기 위해 적당한 국가 당국에 일련의 결정들을 제출하는 것, 그리고 다른 하나는 그 결정들을 시행할 책임이 있는 각종 기관의 행동을 위한 청사진을 제공하는 것이다.

　두 가지 목적을 위해 관계 당국과 기관은 제안 내용, 그 이유, 그리고 시행방법 등에 관한 명료한 진술을 요구한다. 교육계획이라고 부르는 것은 바로 그 진술을 말한다.

제4단계 : 계획 정교화 단계

　교육계획은 짧고 간결한 진술이어야 한다. 그러므로 그것이 실시될 수 있기 전에 정교하게 다듬어져야 한다. 즉, 개별적 활동 단위가 분명하게 확인될 수 있는 것을 지적하는 데까지 확대되어야 한다는 것이다. 정교화과정은 두 단계를 거친다.

　첫째, 사업계획 작성(programming)이다. 이것은 계획을 특수 목표를 달성하고자 하는 광범한 활동영역으로 분할하는 것을 말한다. 각 활동영역을 프로그램이라고 부르는데 보통 프로그램은 동일 행정단위에 의해 감독되거나, 아니면 서로 의존적이며 보완적이어서 모두가 동시에 또는 잇따라 이루어져야 하는 모든 활동을 포함한다.

둘째, 프로젝트의 확인과 형성(Project Identification and Formulation)이다. 각 프로그램은 행정적 또는 회계 목적을 위해 한 단위 형태로 묶여질 수 있는 활동들로 구성된다. 그러한 단위를 프로젝트라고 부른다. 프로젝트는 보통 프로그램의 주요 목표 내에 있는 특수 하위 목표나 표적을 달성하는 데 초점을 둔다. 프로젝트는 시행될 수 있도록 확인되고 형성되어야 한다. 프로젝트의 형성은 프로젝트를 위한 기관, 비용, 시간 등 세부사항을 작성하는 과업이다. 계획이 사업계획 작성과 프로젝트 확인 및 형성과 연계성을 가질 때 비로소 실제적 시행이 가능하다. 따라서 이 단계는 매우 중요하다.

제5단계 : 계획 실천 단계

개별적 프로젝트가 시행될 때 교육계획은 시행되기 시작한다. 여기서 기획 과정은 국가의 교육적 노력에 관한 경영관리 과정에 병합된다. 연간 예산이나 연계 계획을 주는 도구로서 사용하여, 각종 프로젝트를 위한 조직체계가 개발된다. 각 프로젝트에 필요한 제자원은 배분된다.

제6단계 : 평가, 수정 및 재기획 단계

교육계획이 시행되고 있을 때 진도율을 평가하고 이탈되는 것을 찾아내는 기구가 활동한다. 평가는 계속적 작업이며 계획 시행과 동시에 일어나지만, 보고서 작성은 고정 시점에 해도 좋다. 여기서 평가는 두 가지 목적에 기여한다.

첫째, 평가는 계획의 약점을 드러내 준다. 예컨대, 비현실적 목표, 부적당한 재정적 준비, 부적당한 상황 설정 등이 그것이다. 그리고 평가는 계획 기간의 균형을 위해 계획을 수정하기 위한 문제를 부각시킨다.

둘째, 평가는 재(再)기획의 기초를 제공하는 데 있어서 앞의 기획 단계의 진단을 대신한다. 따라서 그것은 다음 기획 주기의 시초가 된다.

그러면 이제 협의의 교육기획의 관점에서 교육기획 단계를 살펴보자. 앞에서 살펴본 것처럼 협의의 교육기획은 프로그램을 작성하는 것에 초점을 맞추는 기획 과정을 말한다. 엘리아스는 교육기획 과정에서 프로그램 작성에 초점을 맞출 때 이는 곧 커리큘럼 작성을 의미한다고 보면서 교육기획 과정은 바로 커리큘럼의 체계적인 접근에서 제시하는 커리큘럼 작성 과정을 의미한다고 보았다.[5] 이런 엘리아스의 관점에서 커리큘럼의 체계적인 접근의 예를 몇 가지 살펴보자.

1) 타일러(Tyler) 모델[6]

타일러의 모델은 성인 교육자들이 성인교육 프로그램을 기획하는 데 가장 많이 활용되어 왔다. 이는 다음 네 단계로 구성된다.

첫째, 교육목적을 설정하는 단계이다. 성인교육 기획자는 학습자의 욕구, 그 시대 상황을 면밀히 연구하여 목적을 설정한다.

둘째, 교육경험을 선정하는 단계이다. 성인교육 기획자는 위의 교육목적을 성취하기 위해 제공될 수 있는 교육경험을 선정한다.

셋째, 교육경험을 조직하는 단계이다. 성인교육 기획자는 선정된 교육경험들을 효과적으로 조직한다.

넷째, 평가하는 단계이다. 성인교육 기획자는 위에서 설정된 교육목적이 성취되었는지 여부를 평가한다.

이 모델은 광범위하게 사용되었지만 지나친 행동주의적 접근이라는 점, 가치나 규범에 대한 고려 없이 학습자의 욕구에 의존한다는 점에

---

5. J. Elias, "Andragogy Revisited." *Adult Education*, 1979, 29(4), *The Foundations and Practice of Adult Religious Education*(New York : Fordam Univ., 1993), p. 204.
6. R. W. Tyler, *Principles of Curriculum and Instruction*(Chicago : University of Chicago Press, 1950).

비판을 받아왔다.

2) 호울(Houle) 모델[7]

호울의 모델은 위의 타일러 모델의 확장이라 할 수 있다. 이 모델은 다음과 같은 과정을 통해 구성된다.

첫째, 가능한 교육활동을 찾는다.

둘째, 사용할 교육활동들을 결정한다.

셋째, 교육목적을 설정한다.

넷째, 자료, 지도자, 방법, 스케줄, 연계성, 사회 개발, 개인화, 역할과 관계, 평가 기준, 설계의 명료성 등을 포함하는 하나의 프로그램 형식(format)을 작성한다.

다섯째, 삶의 양식, 재정, 해석을 고려해서 생활의 보다 큰 형태에 맞게 조절된다.

여섯째, 계획이 결과로 나타난다.

일곱째, 결과가 평가된다.

3) 노울즈(Knowles) 모델[8]

최근에 폭넓게 성인 교육자들에게 지지를 받고 있는 모델이다. 이 모델은 타일러의 모델에 인간 관계이론의 요소를 결합한 형태라 할 수 있는데, 다음과 같은 과정으로 구성된다.

첫째, 개인, 조직, 공동체의 욕구 및 필요를 조사한다.

둘째, 이 욕구 및 필요를 부서의 목적, 실현 가능성, 지도자들의 관심과 같은 기준을 따라 프로그램의 목표로 전환한다.

---

7. C. O. Houle, *The Design of Education*(San Francisco : Jossey-Bass, 1972).
8. M. Knowles, *The Modern Practise of Adult Education*(Chicago : Follet/Association Press, 1980).

셋째, 개인과 집단의 학습과 공동체의 발전을 위한 프로그램 형식을 작성한다.

넷째, 프로그램을 실시한다.

다섯째, 프로그램 목표를 평가한다.

4) 왈드론과 무어(Waldron & Moore) 모델[9]

이 모델은 최근에 구체적인 프로그램 개발을 위한 안내를 위해서 마련되었다. 이는 다음 여섯 단계로 구성된다.

첫째, 학습자의 욕구 분석이다. 학습자들의 자아 실현, 인정받고자 하는 욕구, 안전 욕구 등의 욕구를 분석한다. 물론 학습자의 흥미, 경험, 배경 등을 함께 고려한다.

둘째, 프로그램의 목적 설정이다. 프로그램에서 고려되어야 하는 모든 이용 가능한 것 중에서 몇 가지를 선택한다.

셋째, 프로그램 목표 진술이다. 학습자들이 프로그램에 참여하고 난 후에 얻게 될 성취 내용을 구체적인 용어로 진술한다.

넷째, 수업방법의 선정이다. 학습활동이 구조화될 수 있는 일반적인 내용, 관련자료, 그리고 상용될 장치와 기법을 포함한다.

다섯째, 교사와 학습자에 대한 피드백 통로 마련이다. 수업과정을 통해서 학습 성취와 수업과정 자체에 대한 정보를 제공해 줄 피드백을 구체화하기 위한 통로를 마련한다.

여섯째, 학습결과에 대한 평가이다. 프로그램 진행 과정에서 어떤 학습결과가 나타났는가를 평가한다.

이런 여러 커리큘럼의 체계적 접근의 단계 묘사를 기초로 성인교육

---

9. M. Waldron and G. Moore, *Helping Adults Learning : Course Planning for Adults*(Toronto : Thomson Educational Publishing Inc, 1991).

의 기획단계를 정리해 보면 다음과 같다.

- 바람직한 상 정립 : 성인 교육자들이 교회의 합의를 모아 성인의 바람직한 상을 그려 보는 단계이다.
- 흥미와 욕구 분석 : 성인 교육자들이 성인 학습자들의 교육욕구와 흥미를 분석해 보는 단계이다.
- 목적 설정 : 성인 교육자들이 정립된 바람직한 상과 분석된 흥미와 욕구를 기초로 프로그램의 교육목적을 설정하는 단계이다.
- 내용 선정 : 성인 교육자들이 위의 목적을 달성하기 위해 프로그램에서 다루어야 할 내용을 선정하는 단계이다.
- 프로그램 설계 : 성인 교육자들이 선정된 교육내용을 구체적인 프로그램으로 설계하는 단계이다.
- 프로그램 실행 : 성인 교육자들이 설계된 프로그램을 실제로 실행해 보는 단계이다.
- 평가 : 성인 교육자들이 프로그램을 실행해 본 결과를 설정한 목적과 비교해 보면서 평가해 보는 단계이다.

3. 교육기획의 실행

성인교육을 기획하기 전에 몇 가지 사전 준비가 필요하다. 즉, 다음과 같은 사실을 확인해 볼 필요가 있다.

먼저 성인교육 전체 내의 이 프로그램의 위치를 확인해야 한다. 성인교육은 앞에서 살펴보았듯이 프로그램 – 각 부서 커리큘럼 – 교회 내의 전체적인 성인교육 커리큘럼으로 다차원적으로 구성된다. 이 다차원적 커리큘럼들은 보완성, 반복성, 연계성이란 특징을 나타내며 조직되어 있다. 보완성이란 프로그램들이 상호 중복을 피하면서 다양한 내용을 다루어 가는 특성을 말한다. 반복성이란 같은 내용을 다루더라도 과거에 다루었던 내용을 그대로 다루는 것이 아니라 점차 심화된 내용을 다루어 가는 특성을 말한다. 그리고 연계성이란 다양한 프로그램들이 효과적으로 상호 연관을 맺어 가는 특성을 말한다. 따라서 프로그램 기획자들은 이 프로그램을 전체적인 커리큘럼의 맥락하에서 살펴보아야 하고, 이 프로그램의 전체적인 위치를 파악할 필요가 있다.

또한 프로그램의 참여자를 확인해야 한다. 프로그램 기획자들은 이 프로그램에 참여할 대상들이 누구인지를 분명히 할 필요가 있다. 학습자로 참여하는 사람들이 누구인가를 확인해야 하고, 이들에 대한 정보를 파악할 필요가 있다. 또 이 프로그램을 돕고 이끌어 갈 사람들을 살펴볼 필요가 있다. 인원수, 역량, 참여 정도 등을 확인하여 성인교육의 목적, 내용, 제반 프로그램들을 확인한다.

마지막으로 프로그램을 진행하는 조직의 상황을 파악해야 한다. 프로그램 기획자들은 그 부서의 경제적인 능력, 인적인 능력, 상황적 능력 등 프로그램을 운영할 제반 자료 및 정보를 파악할 필요가 있다.

그러면 이제 구체적으로 성인교육 프로그램을 기획하는 과정을 살펴보자. 위에서 정리한 프로그램 기획 단계를 따라 다음과 같이 정리해 볼 수 있다.

1) 바람직한 상 정립

성인교육 기획자들은 교육철학 또는 교육신학적 관점에서 학습자인 성인들의 바람직한 상을 가지고 있어야 한다. 이것이 교육이념의 근거로서 모든 교육활동을 방향지우는 역할을 한다. 예를 들어 한국 교육의 바람직한 상은 홍익인간이다. 이 상이 모든 교육의 방향성의 토대가 된다. 기독교교육학자 그룹(Thomas Groome)은 이것을 메타목적(meta purpose)이라고 불렀다. 그리고 자신이 생각하는 기독교교육의 메타목

적으로 하나님 나라를 제시했다.[10]

성인교육학자 엘리아스(J. Elias)는 이 바람직한 상을 보다 세밀하게 진술할 수 있는 방법을 보여 준다. 즉, 바람직한 가치(value)들을 조사하라는 것이다.[11] 그러면서 세 가지 가치를 들고 있다. 첫째가 개인적인 가치(personal values)이다. 신앙, 인격, 자아 실현과 같은 개인적인 차원에서 바람직한 가치가 무엇인지를 조사하라는 것이다. 개인적 차원의 신앙적 덕목들이 발견될 것이다. 둘째가 대인적인 가치(interpersonal values)이다. 대인 관계에서 필요한 바람직한 가치가 무엇인지를 조사하라는 것이다. 사랑과 같은 대인적 관계에서 요청되는 덕목이 찾아질 것이다. 그리고 셋째가 정치적인 가치(political values)이다. 사회 및 국가와 같은 보다 넓은 차원에서 요청되는 바람직한 가치가 무엇인지를 조사하라는 것이다. 여기서 정의와 같은 덕목들이 찾아질 것이다.

이렇게 볼 때 바람직한 상은 성인교육의 방향을 근거지우는 형이상학적인 표현과 이를 개인적 차원, 공동체적 차원, 그리고 세계적인 차원으로 보다 자세하게 진술된 표현들로 그려질 수 있을 것이다.

2) 흥미와 욕구 분석

앞에서 살펴본 타일러와 노울즈의 성인교육 기획 모델은 학습자의 욕구와 흥미를 분석하는 것에서부터 시작했다. 특정 프로그램에 참여하는 성인들은 저마다 기대하는 바가 있고, 관심 있는 것이 있다. 이를 분석하고 정리할 필요가 있다. 이것이 구체적인 교육목적을 설정하고 교육내용을 선정하는 데 매우 중요한 자원이 된다.

맥킨리(J. McKinley)는 이런 작업에 유용한 방법을 세 가지 모델로

---

10. Thomas Groome, *Sharing Faith : A Comprehensive Approach to Religious Education & Pastoral Ministry*(New York : HarperCollins, 1991), p. 14.
11. J. Elias, op. cit., p. 212.

제시해 준다.[12]

첫째, 개인적 자아실현 모델이다. 학습자들 중의 일부를 선정해서 면접, 전화, 앙케이트 등의 방법으로 제시된 흥미와 욕구들에 답하게 한다. 그리고 이를 분석하는 방법이다.

둘째, 개인적 평가 모델이다. 학습자들에게 의식적으로, 그리고 직접적으로 자기들이 프로그램에서 기대하고 바라는 것을 구체적으로 제출하게 한다. 그리고 이를 분석해서 가장 빈도수가 많은 것에서부터 의미를 부여하는 방법이다.

셋째, 문제제기 모델이다. 학습자들이 기존의 프로그램을 보고 문제를 제기하게 한다. 자기들이 참여했던 경험이 있거나, 없으면 설명을 듣고 불만이 있거나 문제가 있다고 생각되는 것을 제기하게 하는 방법이다.

3) 목적 설정

위에서 살핀 내용들을 바탕으로 성인교육 기획자들은 성인교육 프로그램의 목적을 진술하게 된다. 이 프로그램에 참석한 사람들에게 기대되는 행동 양식, 정서적인 상태, 그리고 앎의 내용 등을 말한다. 일반적으로 이를 학습목표(learning objectives)라 부르기도 한다.

이미 앞장에서 성인교육의 목적 설정에 관해 살펴보았다. 여기서는 성인교육의 세부적인 프로그램의 목적을 살펴볼 것이다. 특별히 교육심리학적 관점에서 목적하의 학습목표를 서술하는 것이 도움이 될 것이다.

교육심리학적 관점에서 세 가지 차원으로 구분해 보면 다음과 같다.

첫째, 인지적 차원이다. 이 프로그램을 통해서 학습자들이 새롭게 배

---

12. J. McKinley, "Perspectives on Diagnostics in Adult Education," *Viewpoints : Bulletin of the School of Education*, 1973, 49(2), Indiana University, pp. 69-84.

우게 되고 알게 되는 앎의 내용을 말한다.

둘째, 정서적 차원이다. 이 프로그램을 통해서 학습자들이 영향을 받게 될 심리적, 정서적 변화를 말한다.

셋째, 행동적 차원이다. 이 프로그램을 통해서 학습자들에게 나타날 행동 양식의 내용을 말한다.

4) 내용 선정

이제 위에서 진술한 목적을 달성하기 위해서 프로그램이 다루어야 할 구체적인 내용을 선정해야 한다. 또한 위에서 구분한 목적의 차원들을 따르게 된다. 일반적으로 이를 내용범위(scope)라 한다.

프로그램의 내용 선정과정은 우선 내용범위를 설정한다. 그리고 그 내용범위에서 다룰 수 있는 가능한 내용들을 수집한다. 즉, 기존의 프로그램들을 연구조사하여 사용될 수 있는 다양한 활동들과 내용들을 수집한다. 또 자체로 개발할 수 있는 내용의 목록을 나열한다. 이렇게 한 후 이들 중에서 목적에 맞고 그 프로그램에 적절한 내용들을 선정한다.

이를 선정할 때 우선적으로 고려해야 할 것이 앞에서 살펴본 학습자들의 욕구와 흥미, 즉 학습자의 상황이다. 또한 학습자들의 학습능력과 그 부서의 여건도 고려해야 한다. 운영하고 지도하는 교사 또는 지도자들의 역량, 그 부서의 재정적인 상황, 그리고 교육환경 등을 잘 헤아려 적절한 내용을 선정해야 할 것이다.

5) 프로그램 설계

이제 프로그램을 구체적으로 설계해야 할 단계에 들어섰다. 성인교육 프로그램 설계에는 두 가지 단계가 있다.

첫째, 프로그램 조직이다. 하나의 프로그램은 다양한 교육활동들이 있다. 이것을 진행 가능한 하나의 프로그램의 형식(program format)으로 조직해야 한다. 여기서 성인교육 기획자들은 선정된 교육내용들을 어떻게 가장 효과적으로 조직할 것인지를 물어야 한다. 이를 위해서 다음과 같은 사항들이 고려되어야 한다.

① 프로그램의 기간이 설정되어야 한다. 단기간 진행되는 프로그램인지, 장기간 운영될 프로그램인지가 결정되어야 한다.

② 프로그램의 성격이 결정되어야 한다. 정기적인 프로그램인지, 필요에 따라 모이는 비정기적 프로그램인지, 어느 기간 동안 집중적으로 진행되는 집약적 프로그램인지가 결정되어야 한다.

③ 학습자들의 상황이 고려되어야 한다. 여기서는 학습자들의 학습능력, 남녀 성비, 학습자들의 배경 등이 프로그램 조직에 중요한 자원이 된다.

④ 부서의 역량이 고려되어야 한다. 인적, 재정적, 교육환경적 역량을 고려해서 선정된 내용들을 조직하게 된다.

둘째, 교육활동의 설계이다. 교육활동 설계에는 활동 유형, 방법, 장치의 선정에 가장 중요한 요소이다. 여기서 유형이란 학습자들을 조직하는 방법을 말한다. 즉, 개인적인 활동으로 조직할 것인가? 아니면 집단적 활동으로 조직할 것인가?의 문제를 말한다. 다음으로 방법이란 구체적인 활동방법을 말하는데 예를 들어 강의법, 토론법, 패널방법, 현장 견학방법 등을 들 수 있다. 그리고 장치란 학습을 촉진하기 위해 사용되는 기계적 품목 내지 조건을 말한다. 예를 들어 영화 슬라이드, 멀티미디어 등의 기자제를 말한다.

성인교육 기획자는 학습자들이 가장 효과적으로 교육내용을 다룰 수 있도록 최상의 유형, 방법, 장치들을 선정해야 할 것이다. 이 문제에 대해서는 다음 장에서 보다 자세하게 다루게 될 것이다.

다음 단계인 프로그램 실행과 평가는 이 장에서는 생략하고 평가부분에서 다루게 될 것이다.

4. 기획 참여자

그러면 누가 성인교육을 기획하는가를 살펴보자. 물론 주축을 이루는 사람은 성인 교육자들이다. 그러나 이들이 독자적으로 성인교육을 기획하는 것은 아니다. 학습자들도 참여하고, 일반인들의 도움도 받게 된다.

1) 성인 교육자

성인교육의 기획은 대체로 성인 교육자들이 주도적으로 실행하게 된다. 성인교육의 기획은 합리적이고 치밀한 작업이기 때문에 이들에게 요구되는 구비요건이 있다. 정규서와 강태룡이 제시한 내용을 성인교육에 맞추어 재진술해 보면 다음과 같다.[13]

첫째, 성인교육과 연관된 현재의 제반 상황을 잘 알아야 한다.
둘째, 성인교육에 관한 전문적인 지식이 있어야 한다.
셋째, 융통성 있는 창의력과 결단력, 그리고 예리한 판단력이 있어야 한다.
넷째, 심리적 안정감을 가지고 원만한 대인관계를 형성함과 동시에 민감한 감각을 가져야 한다.
다섯째, 개방적인 성격을 가지고 주위 사람들의 의견을 존중하고 경청해야 하며, 함께 참여하는 사람들의 사기에 민감해야 한다.
여섯째, 성인교육을 실행하는 교회공동체의 특성, 전통, 나름대로의 문화를 잘 알고 있어야 한다.

성인 교육자들은 성인교육을 기획하는 과정에서 다양한 역할을 수행한다. 성인교육 기획자들이 성인교육을 기획하는 과정에서 어떤 일들을 하는지 살펴보자. 여기에 노울즈와 보일이 우리에게 중요한 통찰을 제공해 준다.

---

13. 정규서·강태룡, 「기획론」(서울 : 대왕사, 1984), pp. 113-114.

먼저 노울즈는 성인 교육자가 수행하는 기능을 다음과 같이 제시했다.[14]

- 진단기능 : 이 역할을 수행함에 있어서 학습자들이 주어진 상황의 범위 내에서 특정 학습에 대한 자신의 욕구를 진단하는 데 도움을 준다.
- 기획기능 : 학습자들로 하여금 바람직한 학습을 할 수 있는 일련의 경험을 계획하는 데 도움을 준다.
- 동기유발 기능 : 학습자들이 학습하려는 마음이 우러나올 수 있는 조건을 마련하는 역할을 한다.
- 방법론적 기능 : 바람직한 학습이 이루어질 수 있는 가장 효과적인 방법 및 기법을 선정한다.
- 자원기능 : 바람직한 학습이 이루어지는 데 필요한 인적, 물적 자원을 제공한다.
- 평가기능 : 학습자들이 학습경험의 결과를 측정하는 것을 도와 주는 데 초점을 둔다.

보일은 네 가지 기능으로 설명했다.[15]

- 분석가 기능 : 이 역할은 프로그램 개발상황을 조사하고 학습자들의 욕구 및 흥미를 분석하는 것을 말한다. 이 역할은 교육내용 결정, 자원의 고려, 평가계획의 개발 등이 분석 과정에서 다양하게 수행된다.

---

14. M. Knowles, *Modern Practice of Adult Education*(New York : Association Press,1980).
15. P. G. Boyle, *Planning Better Programs*(New York : McGraw-Hill Book Company, 1981).

- 자극 제공자 기능 : 활동가 또는 동기유발자라고도 불리어진다. 학습자들이 프로그램에 관심을 갖도록 동기를 유발하는 것을 말한다.
- 촉진자 기능 : 이 역할은 학습자들이 학습할 수 있는 환경을 조성해 주는 것을 말한다.
- 격려자 기능 : 성인 학습자들은 프로그램에 참여할 때 불안감을 느낀다. 특히 자기에게 새로운 것일 때 더욱 그렇다. 각 개인이 자기 자신의 잠재능력을 충분히 발휘하도록 도와 주기 위해서 신뢰적 분위기를 조성하는 것이 중요하다.

2) 학습자 및 일반인의 참여

일반인을 프로그램 개발에 참여시키는 방법으로 다음 몇 가지를 생각할 수 있다.

첫째, 특별 전문위원회(task force committee)이다. 약 15명의 소집단으로 구성된다. 어떤 특정 문제에 대해 모든 관련 정보를 탐색하거나 관련 자료를 찾아내고, 그 자료에 기초하여 대안적 기획목록을 제시하는 것이다. 한시적 성격으로 활동한다.

둘째, 공청회(formal hearing)이다. 특정 사안에 대해 이해관계자나 전문가로부터 공개석상에서 의견을 듣는 제도이다.

셋째, 조사 연구(survey)이다. 다수의 대상자들의 의견을 수렴하는 것을 말한다.

넷째, 자문위원회(advisory committee)이다. 교회 대표, 전문가, 유경험자, 학자 등으로 구성한 자문위원회를 만들고 이 자문위원회의 자문을 듣는 것을 말한다.

성인교육의 방법

성인교육의 방법은 매우 다양한 형태로 나타난다. 그 다양한 방법들을 정리하기 위해서는 유형별 정리가 필요하다. 이 유형별 정리를 위해서 엘리아스는 구성형식(format)이라는 개념을 사용했다.[1] 이 구성형식이란 교육활동을 위해 학습자를 조직하는 기본 형식을 말한다. 그리고 이 구성형식에 맞는 교육방법은 또 다양하게 존재한다. 그래서 본장에서는 먼저 교육방법의 구성형식을 살펴보고, 이와 연관된 교육기법을 살펴볼 것이다.

1. 성인교육의 구성형식(Formats)

호울은 성인교육의 구성형식을 크게 네 가지로 유형화했다. 즉, 개인적 학습(individual learning), 집단학습(group learning), 대중교육(mass education), 교육기관 형태(formation of educational institution)이다.[2] 그리고 왈드론과 무어는 세 가지로 유형화했다.[3] 즉 개인적 방

---

1. J. Elias, *The Foundations and Practice of Adult Religious Education*(New York : Fordam Univ., 1993), p. 235.
2. C. O. Houle, *Design for Education*(San Francisco : Jossey-Bass, 1972).

법(individual method), 집단적 방법(group method), 대중적 방법(mass method)이다. 여기서 교회라는 이미 형성된 하나의 성인교육의 기관의 틀 안에서 이루어지는 교육방법을 생각하기 때문에 왈드론과 무어의 구성형식을 따르기로 한다.

1) 개인적 구성형식

개인적 구성형식은 학습자가 독립적으로 교사와의 관계를 형성하고 학습자료를 이용하여 스스로 학습을 수행하는 것을 말한다. 여기에 대표적인 구성형식을 살펴보면 다음과 같다.

(1) 독학(Independent Study)

독학이란 교육활동이나 교육경험을 스스로 계획하고 독자적으로 수행해 가는 학습형태를 말한다. 특정 교사에게 지도를 받거나 친구들과 함께 학습하지 않는다. 그로스(Ronald Gross)는 독학을 계획하는 사람들이 생각해야 할 점을 다음 몇 가지 물음으로 정리했다.[4]

우선 기본적인 질문이 나는 정확하게 무엇을 배우고, 이해하고, 알기 원하는가이다. 이것을 묻고 나서 다음을 보다 자세하게 물어야 한다.
- 어떻게, 그리고 어디서 이것을 배울 수 있는가? 어떤 자료들을 사용할 수 있는가?
- 언제 이것을 배울 수 있으며, 가장 바람직한 일정은 무엇인가?
- 누가 도움을 줄 수 있는가?
- 얼마나 많은 투자를 요하는가?(시간, 재정, 힘)
- 어떻게 목표가 달성되었는지를 확인할 수 있는가?

---

3. Waldron and Moore, *Helping Adults Learning : Course Planning for Adults*(Toronto : Thomson Educational Publishing Inc, 1991).
4. Ronald Gross, *The Lifelong Learner*(New York : Simon and Schuster, 1977).

그리고 이 독학의 진행 절차를 다음과 같이 정리해 볼 수 있다.

첫째, 학생과 교사의 합의하에 연구분야를 결정한다.
둘째, 연구방법을 지도한다. 자료를 찾는 방법, 도서 이용방법 등을 개별지도 한다.
셋째, 학생과 교사는 함께 연구계획을 구체적으로 세운다. 연구분야, 읽어야 할 책, 알아야 할 기능 또는 지식을 논의하며 특정한 시간을 약속하여 개별지도를 받을 수 있도록 한다.
넷째, 교사는 지나친 간섭은 삼가하되 학습 진도상황을 점검한다. 학생이 필요할 때 충분한 지도, 조언을 한다.
다섯째, 연구계획이 과제물이 아니고 학점화된 경우 교사의 확인을 받은 후 학점으로 신청할 수 있다.
여섯째, 평가시 학생에게 자기 평가의 기회를 주고 교사의 견해도 함께 밝히도록 한다.

독학의 장점은 학습자가 자기 자신의 속도로 학습할 수 있고 학습센터와의 거리에 상관없이 학습을 계속할 수 있다는 점이다. 반면에 단점으로는 교육자와 학습자 사이에 피드백이 즉각적으로 일어날 수 없고, 코스를 이수하기 위해 매우 높은 수준의 동기가 요구된다는 점이다.
교사는 학습자들이 스스로 교육계획을 구상할 수 있도록 도와 주고, 책이나 테이프, 필름과 같은 자료를 소개해 주고, 학습 도중 생겨나는 제반 문제해결에 도움을 주게 된다.

(2) 개인교수 (Tutorial teaching)
개인교수는 성인이 개인교사에 의해 1 : 1로 지도를 받는 성인교육의 한 구성형식이다. 이 형식의 교수방법은 플라톤식 대화에서부터 프로그램화된 개인교수까지 다양한 형태를 포괄한다. 여기에는 도제제도와 인턴제도도 포함되며, 특히 예체능 영역에서 많이 활용된다.

오늘날 이 개인교수 기법은 코치에 비유되며, 학습자가 새로운 개념을 습득할 수 있도록 도와 주고 그 개념을 실천하는 것을 보조해 주며, 이미 획득된 개념을 완벽하게 해줌으로써 새로운 개념들을 발전적으로 가르치는 데 사용된다.

개인교수의 장점은 교사의 즉각적인 피드백을 받을 수 있기 때문에 가장 효과적인 학습형태 중의 하나이다. 그러나 비용이 많이 든다는 점이 단점이 될 수 있다.

2) 집단적 구성형식

집단적 구성형식은 학습자를 다양한 형태의 집단으로 편성해서 학습하는 방법이다. 학습자들은 편성된 집단 안에서 학습자간의 상호작용(interaction)을 통해서 배워간다. 여기에 대표적인 구성형식을 살펴보면 다음과 같다.

(1) 학습집단(Learning Group)

학습집단은 학습자들이 학습을 위해 함께 모여 특정한 주제를 연구하는 그야말로 학습을 위한 집단이다. 이 집단은 그 자체로 하나의 활력이 넘치는 활동이다. 이 집단은 학습자들이 자치권을 지니고 집단 외부와는 단절된 독립적 상황에 있게 된다. 여기서 주된 초점은 구성원 간의 상호작용에 맞춰져 있다. 물론 지도자가 있기는 하지만 그가 곧 교사는 아니다. 다만 이 집단을 이끌어 가는 역할을 할 뿐이다.

그로스는 이 집단의 성장 발전과정을 다음 네 가지로 정리했다.[5]

첫째, 감정적인 수준에서 서로를 향해 마음을 연다.

---

5. Ronald. Gross, The Lifelong Learner(New York : Simon and Schuster, 1997), p. 177.

둘째, 정보와 경험을 나눈다.
셋째, 나눈 정보와 경험을 분석한다.
넷째, 삶을 위한 통찰로 전환한다.

이런 학습집단은 실제로 교회의 성인교육을 위해 다양한 형태로 사용되고 있고, 또 사용될 수 있다. 예를 들어 성경공부 모임, 기도 모임, 구역 모임, 남녀 선교회 모임 등이다.

(2) 집단수업 (Group Instruction)

한 명의 교사 또는 일부의 교사들이 학생 집단의 활동을 계획하고 이끌어 가는 것을 말한다. 즉, 교사가 주도하는 학습자 집단의 형식이다. 이런 형식의 수업은 집단의 사람들로 하여금 전문가와 만나서 지도를 받을 수 있게 해주어 전문적 지식이 효과적으로 이용되도록 한다. 많은 학습자들이 집단 안에서 비교적 익명적 분위기를 경험하며 교사의 전문적인 지도를 받을 수 있어 이 형식을 선호한다.

이 형식은 학교식 수업과 흡사하다. 그러나 성인교육의 경우 활발한 피드백으로 훨씬 수업이 활기가 넘친다. 학습자들은 제안, 질문, 비평, 그리고 격려의 형태로 교사들에게 피드백을 제공해서 이 집단 수업이 보다 활발하고 효과적으로 진행되도록 돕는다.

3) 대중적 구성형식

이 구성형식은 대중을 학습자로 해서 진행되는 학습 방법들이다. 대표적으로 다음 두 가지를 들 수 있다.

(1) 대중 청중 (Mass Audience)

대중 청중은 개인 학습자들이 프로그램을 행하는 사람들에게 개인으로서 알려지지 않은 곳에 존재한다. 대형 강의, 컨벤션, 프리젠테이션, 박람회, 회의 등 누구인지 잘 모르는 대중들을 대상으로 교육해 가는 방법이다.

  이 방법의 장점은 도달될 수 있는 사람이 다수라는 점이다. 그러나 가장 큰 단점은 교육가와의 접촉 부족이다. 다시 말해서 대중교육은 학습자들에게 새롭고 유명한 교육가와 연사들을 소개해 준다는 점에서 가치가 있다. 그리고 사람들에게 현재의 이슈들을 소개해 준다는 점에서 가치가 있다. 하지만 교육가와의 만남이 없고, 피드백을 직접 확인할 수 없다는 점에서 문제가 있다.

(2) 원격 교육(Distance Education)

  이 방법은 라디오, 텔레비전, 컴퓨터 통신과 같은 전파 매체를 통해서 멀리 있는 다수의 학습자들에게 교육해 가는 방법을 말한다. 이를 통신교육이라고도 부르는데 교육자가 직접 학습자를 대면하여 가르치지 않고 의사전달의 수단을 매개시켜 교육을 실시하는 것을 말한다. 현대에 와서 제한된 학교교육 기회로 인해서 학교교육을 필요로 하는 많은 사람들이 그 기회를 얻지 못하게 되자 그 욕구에 부응하기 위해 원격교육이 도입되었다.

  이 방법의 장점은 사람들이 시간과 공간, 그리고 연령의 제약을 극복하여 자유롭게 학습할 수 있도록 해준다는 점에서 큰 장점을 가지고 있다.

4) 교육 구성형식 선정시 고려사항

  이상에서 간략히 살펴본 개인적, 집단적, 대중적 구성형식 중 어느 것을 선택할 때 고려해야 할 요소들을 살펴보면 다음과 같다.

  첫째, 교육목표를 고려해야 한다. 교육목표에 따라 개인적 형식, 집단적 형식, 그리고 대중적 형식이 그 의미가 다르게 작용하기 때문이다.

  둘째, 학습 내용을 고려해야 한다. 학습 내용은 학습의 구성형식에 따라 효과적으로 학습될 수 있을지의 여부가 드러나기 때문이다.

셋째, 교육시설을 고려해야 한다. 학습의 구성형식은 교육시설 준비 여부에 따라 실시할 수 있고 없고가 결정되기 때문이다.

넷째, 학습자 특성을 고려해야 한다. 학습자의 능력, 취향 등에 따라서 구성형식이 효과를 나타낼지 여부가 결정되기 때문이다.

다섯째, 학습상황을 고려해야 한다. 현재 진행되고 있는 학습의 분위기와 상황에 따라 구성형식의 적절성 여부가 달라지기 때문이다.

2. 성인교육의 기법(Techniques)

성인교육의 구성형식이 결정되면 그 구성형식을 실제로 진행해 가는 구체적인 기법들을 선정해야 한다. 실제로 매우 다양하고 많은 기법들이 성인교육 현장에서 사용되고 있다. 엘리아스는 이를 크게 다섯 유형으로 구분해서 정리하고 있다.[6]

1) 강의 형태의 기법(Lecture-Type Process)

성인교육에서 가장 많이 사용되는 기법 역시 강의 형태이다. 이 강의 형태에 속하는 기법들을 살펴보면 다음과 같다.

(1) 강의(Lecture)

이는 자질을 갖춘 사람이 세밀하게 계획된 한 주제에 대해 구두로 발표하는 것을 말한다. 여기서 강사는 정보를 제시하고 학습자들은 그것을 받아들이는 일방적 형태의 전달방식이 사용된다. 이 기법의 목적은 조직화된 형태로 정보를 제공해 주고, 문제를 확인하거나 명확히 하고, 논쟁적인 문제에 대해 분석하고, 청중을 고무시키거나 격려하는 것이다. 강의의 구체적인 수단으로는 서술(narration), 묘사(description),

---

6. Elias, op.cit., pp. 247-256.

설화(telling)가 사용된다.

현대에 와서 가장 많이 쓰이는 강의법의 구체적인 예는 3단계 전개법이다. 즉, 도입 - 전개 - 정리 및 평가로 이루어진 강의법이다. 도입단계는 선행학습과 연결시켜 현행학습에 관심을 갖도록 개념 연결과 동시에 학습동기를 유발하는 단계이다. 전개단계는 수업활동이 전개되어 교수-학습활동이 본격적으로 이루어지는 단계이다. 그리고 정리단계는 수업이나 강의가 끝나기 전에 배워 온 내용을 정리, 요약하여 학습자의 이해도를 알아보는 단계이다.

이 기법의 장점은 짧은 시간에 다량의 정보를 전달할 수 있다는 점, 자료를 소개하고 정보를 제시하며 개념을 설명하는 데 매우 유용하다는 점, 그리고 융통성이 없고 순응적이고 학습능력이 떨어지는 학습자들에게 적절하다는 점을 들 수 있다. 반면에 단점으로는 학습자들의 능동적인 참여가 배제된다는 점, 학습자의 욕구가 무시되고 피드백을 위한 기회가 거의 없어 잘못된 정보를 수정하기가 어렵다는 점, 그리고 지나치게 강사의 능력에만 의존한다는 점들을 들 수 있다.

효과적인 강의를 위한 일반적인 제언을 살펴보면 다음과 같다.[7]
첫째, 강의법은 지식 전달 이상의 역할을 해야 한다. 강의가 교과서나 자료의 내용을 전달하는 데 그쳐서는 안 되고, 강의자는 강의자료를 충분히 숙지한 후에 자신의 경험과 지혜를 동원해서 철저한 준비로 강의에 임해야 한다.

둘째, 강의자는 강의 내용을 전할 때 얼굴표정, 몸동작, 눈빛, 목소리 등을 통해 생동감나는 모습으로 임해야 한다. 초연하면서도 신념에 넘쳐 흐르는 분위기가 조성되었을 때 그 강의는 설득력 있고 감동적인 강의가 될 수 있다.

셋째, 강의시간 시작 전에는 반드시 조용한 시간을 마련하여서 마음

---

7. 김광자, 「실기 교사를 위한 교수 학습 방법론」(서울 : 학문사, 1993), pp. 121-122.

의 준비를 해야 한다. 강의 때 강의자는 세상의 복잡한 생각을 떠나 오로지 강의에만 집중할 수 있어야 한다.

넷째, 강의자와 수강자는 생각의 호흡이 맞아야 한다. 교사의 일방적인 지시나 전달이 아니고 같은 제목으로 같이 대화를 나눌 수 있는 상호 교환적 관계가 성립되어야 한다. 교사는 수강자의 눈빛, 얼굴 표정, 태도 등에서 그들의 이해도, 갈등, 감동성 등 수강자의 마음의 변화 상태를 재빠르게 읽고 대응할 수 있는 능력이 있어야 한다.

다섯째, 훌륭한 강의는 많은 지식을 전달하는 것보다 전이가와 파지율이 높아야 한다. 그러기 위해서는 자기의 말로 정돈된 회화체를 사용하고 간단명료한 문장으로 표현해야 한다. 쉽게 설명할 수 있어야 쉽게 전달된다는 것에 유의해야 한다. 한꺼번에 많은 것을 설명하는 것보다는 하나씩 논리정연하게 설명하는 것이 효과적이다.

여섯째, 강의자는 수강자의 생각을 고무시키고 연구하고 싶은 마음을 갖도록 자극할 수 있어야 한다. 즉, 연구의욕을 살릴 수 있도록 함이 중요하다. 연구하고 싶은 충동을 갖기 위해서는 먼저 자기에 대한 존경과 신뢰를 가져야 한다. 연구는 하고 싶으나 나는 능력이 모자랄 것 같다는 열등의식을 갖지 않도록 주지해야 한다.

(2) 질문법 (questioning)

질문법은 강의법과 마찬가지로 오랜 역사를 가진 교수법으로 학습자가 갖고 있는 다양한 잠재능력을 이끌어 내어 개발시키고 생각하는 방법을 터득시키기 위해 사용하는 교수방법이다. 이 질문법은 사용자의 목적과 능력에 따라 어떤 수업방법에서도 다양하고 광범위하게 적용된다. 그러나 사용자의 기술과 지혜, 경험에 따라 학습 효과가 큰 차이를 나타낸다. 잘된 질문은 사색을 자극시켜 사고능력을 개발 촉진시키는 반면에, 잘못된 질문은 학습자로 하여금 공포와 불안으로 위축시킬 가능성이 높아지고, 때로는 사고의 혼란에까지 빠지게 할 우려가 있기 때문에 이 방법에 관해 잘 연구하여 적절히 사용할 기술을 터득해야 한다.
　질문의 종류를 다음 몇 가지로 구분해 볼 수 있다.
　첫째, 지식이나 기능에 대한 기억의 재생을 요구하는 질문이다. 이는 배운 사실을 반복 연습시키기 위해서, 학습 내용을 정리하기 위해서, 중요한 개념에 대한 주의를 환기시키기 위해서, 비교 분류 특징짓기 위해서, 설명을 하기 위해서, 사실을 재조직하기 위해서, 지식의 축적, 계산 및 해석 응용을 위해서 주어지는 질문을 말한다.
　둘째, 사고능력 및 창의력 조성을 위한 질문이다. 이는 크게 두 가지로 나누어 볼 수 있는데 하나는 제한형 질문이요, 다른 하나는 확장형 질문이다. 전자는 낮은 수준의 사고, 간단한 사실에 대한 응답을 요구하는 질문이다. 즉, 질문 자체가 구체적이고 응답 또한 제한되어 있다. 이런 질문은 깊은 사고력을 촉진시키기는 어렵지만 짧은 시간에 대답이 가능하므로 질문법에 익숙지 않은 초보학습자에게 유리하다. 후자는 질문 자체가 다양한 대답이 허용되며, 응답의 내용이나 범위도 예측하기 어렵다. 그러나 이 질문들은 응답자로 하여금 깊고 넓게 생각할 수 있는 기회를 준다.
　셋째, 학습동기 유발을 위한 질문이다. 이는 학습자의 주의를 환기시켜 학습에 대한 흥미를 유발하거나 학습에 관심을 갖도록 하기 위한 질문이다.
　넷째, 학습자와 교사와의 인간적 유대관계를 갖기 위한 질문이다. 이는 교수-학습 활동과정에서 질문법을 사용할 때 오고 가는 내용 이외에도 진지하면서 친근한 목소리, 얼굴 표정, 눈빛 등이 학습효과에 커다란 영향을 준다. 더욱이 일반적으로 지시적이고 권위적인 질문이 아니고 실제로 대화가 오가게 하는 가장 중요한 역할을 하게 하는 질문이다.
　다섯째, 주의 집중 및 학습 분위기 환기를 위한 질문이다. 이것은 질문을 했는데 무응답인 경우 또는 학습 분위기가 침체되어 수업을 재미있게 이끌어 가지 못하는 경우 사용되는 질문이다. 수업 분위기를 조절하고 학습에 대한 주의를 집중시키는 데 효과가 있다.
 여섯째, 학습목표 달성도를 측정하기 위한 질문이다. 학습목표 달성도를 알기 위해서 구두로 또는 필기로 질문을 하는 방법으로서 흔히 수업시간에 사용되고 있다.

 효과적인 질문을 위한 일반적인 제언을 살펴보자.[8]

 첫째, 어떤 종류의 질문이든지 학급 전체에게 명료하고 명확한 문장을 사용해야 한다.
 둘째, 질문하는 교사는 너그러워야 하고, 학습자 개개인의 내면생활을 잘 파악할 수 있어야 한다. 학생의 요구, 경험, 지식, 흥미에 부합되는 질문을 하면 학습자에게 자신감을 주고 관심도를 높일 수 있다.
 셋째, 교사는 학생에게 항상 학생의 질문이나 대화를 환영하고 격려하고 있다는 확신을 갖도록 해야 한다.
 넷째, 학생의 응답과 질문에 대한 교사의 대처기술과 충분한 지식이 필요하다.
 다섯째, 학습자로 하여금 예의에 어긋난 질의 응답이 있을 때 불쾌한 반응을 즉시로 보이지 말아야 한다.
 여섯째, 질문 목록을 체계적으로 작성해 둔다.
 일곱째, 교사는 질문이나 대화를 유도하는 데 필요한 지식, 기술, 경험, 지혜, 그리고 인내를 가지고 학생을 사랑하는 마음으로 꾸준히 연구하고 노력하는 것이 중요하다.

(3) 심포지엄 (Symposium)
 심포지엄이란 고대 그리스 및 로마에서 담화 또는 좌담형식의 토의

---
8. Ibid., pp. 129-130.

라는 이름으로 어떤 주제에 대해 학문적으로 이야기를 나누는 교양인의 모임이라는 뜻을 갖고 있다.

　동일한 소재에 대해 전문적인 지식을 가진 몇 사람을 초청하여, 각기 다른 입장에서 그 문제에 대한 의견을 발표하도록 한다. 이 발표된 내용을 중심으로 사회자는 마지막 토의시간을 마련하여 문제해결에 임하고자 하는 방법이다. 수업이 1~2시간으로 끝나는 배심토의와는 달리 한 연사자가 2~3시간 정도 강연함으로 대개의 경우 2~3일 또는 4~5일까지도 계획해야 하며, 이 토의의 특징은 사회자, 강연자, 청중 모두가 정해진 토의 소재에 대해 전문 지식과 경험을 소유한 전문가라는 점이다.

　어떤 분야에 문제가 있다고 생각되었을 때, 해결방법을 분석하고자 할 때, 정책이나 제도의 변화를 시도할 때에 주로 사용하는 방법이다. 그러나 강연자의 능력과 준비 여하에 따라 토의의 승패가 좌우됨으로써 강연자 선택에 신중을 기해야 한다.

　장점으로는 심포지엄을 통해 다양한 지식과 경험을 들을 수 있고, 장기간의 토의이지만 강연자가 계속 바뀜으로써 흥미로울 수 있고, 강의 때보다 더 많은 청중이 가능하다는 점이다. 단점으로는 강연자가 주로 전문가여서 주최측에서 강연 의도를 제시했으나 직접 강연 내용을 간섭할 수 없으므로 주제를 철저히 다루기 어렵다는 점과 강연자가 토의 전 준비를 철저히 못할 경우 청중 수준 정도의 강연으로 끝날 수 있다는 점, 강연자와 사회자의 능력과 노력 여하에 따라 토의 승패가 좌우된다는 점을 들 수 있다.

(4) 패널(Panel) 토의

　어떤 제목에 대해 대립되거나 또는 다양한 견해를 토의자 3~4명이 패널이 되고, 의장의 안내로 토의를 진행하는 방법이다. 이 토의는 패널이 미리 모여 토의계획을 면밀히 준비해야 한다. 각자 토의 내용이 중첩되지 않도록 해야 하며, 한 제목에 대해 다양한 측면으로 문제를 다룰 수 있도록 해야 된다. 토의 진행시 가치가 있다고 생각되는 논제, 그리고 토의에 나타날 수 있는 예상문제 등을 미리 예측하면서 토의 전개계획을 철저히 하도록 한다.

패널은 소정의 시간 안에 발표한 후 청중과 질의 응답을 통해 청중의 토의 참여를 목적으로 하는 방법이다. 이 방법을 토의로 선택할 때는 토의의 의도가 사고활동을 자극하는 문제일 때, 문제해결을 위해 최상의 방법을 찾을 때, 문제를 정리정돈하고자 할 때 사용하면 좋다. 따라서 어떤 문제에 대해 지식, 경험, 정신능력, 발표력 등이 비교적 높은 학년이나 높은 집단인 경우 효과적이다. 발표자도 토의 분야에 전문적 위치에 있으면 패널 토의가 효과적이므로 발표자는 반드시 청중보다 많은 연구와 준비를 하여 성공적인 토의를 할 수 있도록 해야 한다.

패널 토의의 장점은 우선 청중과 발표자 사이의 자발적인 의사교환이 가능하고, 둘째로 잘 계획되고 조직된 발표 내용은 질이 높고 다양하여 토의 진행이 흥미로울 수 있다는 점을 들 수 있다. 단점으로는 우선 발표자가 발표할 때 소요시간을 통제하기 어렵다는 점이고, 발표자가 짧은 시간 안에 의견을 다양하게 발표하므로 토의 방법이 비체계적인 인상을 준다는 점과 토의 승패가 패널의 발표력, 예리한 사고력 등에 의해 좌우된다는 점을 들 수 있다.

(5) 공개토론(Forum)

고대 로마시대 포럼이라면 시장 또는 군중이 모인 곳을 뜻하였다. 당시 로마시대의 토의를 현대화하여 토의 형식으로 사용하는 것이 바로 공개토의이다. 공중집회 장소에서 한 명 또는 몇 명이 연설한 후 이 연설 내용에 대해 청중과 질의 응답하는 방법으로서 군중이 모인 곳에서 토의가 전개된다는 뜻을 가지고 있다.

이 기법은 두 가지 다른 의미로 사용된다. 하나는 오픈 포럼(open forum)인데, 한 사회자가 25명 이상의 대집단을 한 사람 또는 그 이상의 전문가와 함께 토론으로 이끌어 가는 것을 말한다. 다른 하나는 공적 포럼(public forum)인데, 한 사람 또는 그 이상의 연사가 강연을 하고, 이들 사이의 상호작용이 있고, 그리고 질문, 제언, 참가 소감 등의 형태로 청중 가운데 일부 사람들이 상호작용을 하는 형태이다. 이 방법은 주로 시사성이 있는 내용을 소재로 함으로써 공통적 문제의식이 있을 때 계층이나 연령, 학습에 관계없이 토의에 임할 수 있는 방법이다.

성공적인 포럼을 위해서는 노련한 사회자와 능력 있는 전문가, 그리고 적극적인 청중이 있어야 한다. 포럼은 종종 그것이 남기는 느슨한 결론과 청중의 모든 회원들이 참여하기에 시간이 부족하다는 점이 문제가 된다.

(6) 대답(Colloquy)

이 기법은 6~8명의 사람들이 한 주제에 대해 폭넓게 토론을 벌이는 형태이다. 청중의 대표자들은 전문가에게 질문을 한다. 이 과정의 마지막에서 전체 청중이 토론에 참여하도록 초대된다. 이 기법은 청중의 참여를 형식화한다는 점에서 이전 방법들을 넘어선다.

2) 강의 형태의 하위 기법(Subtechniques Lecture-Type Process)

위에서 살펴본 강의 형태의 기법들은 상호작용과 참여 기회가 적다는 점 때문에 여러 개의 하위 기술이나 장치들이 함께 사용되어 보완하도록 개발되고 있다. 여기서는 강의 형태의 기법들을 보완하기 위한 하위 기법들을 생각해 보기로 한다.

(1) 청중 반응팀(Audience Reaction Team) : 청중으로부터 일부의 대표를 뽑는다. 이들이 청중들의 이해가 충분치 않다고 판단될 때 이를 강사에게 알려 강의를 잠시 중단하거나 다시 설명하게 한다. 그리고 필요할 때 강사를 도와 강의를 진행할 수 있게 한다.

(2) 버즈 집단(Buzz Group) : 청중들이 주제를 토론하거나 어떤 과제

를 수행하기 위해 짧은 시간 동안 소집단으로 나누어진다. 이 소집단들은 본격적인 설명이 있기 전에 주제에 대한 질문을 모으거나, 설명 후에 피드백을 모아 전달한다.

(3) 아이디어 조사(Idea Inventory) : 청중들에게 본격적인 발제가 있기 전에 기대나 바람을 조사한다. 그리고 이를 노련한 사회자가 규합 정리해서 발제자에게 전달하고, 발제자는 발제에 이를 반영한다.

(4) 청취 및 관찰집단(Listening and Observation Group) : 청중들을 집단으로 구분한다. 이들은 자리를 구분해서 앉는다. 그리고 청취와 관찰에 대한 업무를 할당받게 되고 이를 수행한다.

(5) 적격심사 패널(Screening Panel) : 청중들 중 일부 사람들이 발제와 관련된 그들의 관심들을 작은 집단으로 모여 토론한다. 발제자는 이를 듣고 그의 발제에 반영한다. 이런 기법은 발제이전이나 중간에 사용될 수 있다.

3) 집단토론 방법(Methods for Group Discussion)

집단토론은 성인교육을 위해 가장 많이 쓰이는 기법이다. 이 기법에서 우선 주제문제를 살펴보자. 토론을 위한 주제는 다양한 관점, 시각, 의견, 경험들을 나누게 한다. 이 주제에 대한 질문은 산만하게 분산되어서는 안 되지만 그렇다고 폐쇄적이어서도 안 된다.

다음으로 집단에 참여하는 사람들의 역할을 살펴보자. 참가자들은 토론을 위해 공부해서 주제와 목표를 명확히 하는 것을 도와야 하고, 그들의 생각이나 경험을 제공해야 하고, 다른 사람들의 의견을 듣고 의견 차이를 해결하기 위해 돕는다. 사회자는 토론을 시작하고 과정에 포함된 모든 것을 지키고 요약하고 모든 회원들이 동등한 자격으로 토론에 임할 수 있도록 토론을 이끌어 간다. 기록자는 집단에서 논의된 주요 생각이나 관점을 기록한다. 때로는 전문가들을 토론에 초대하여 조언을 들을 수도 있다. 그리고 평가자를 외부에서 초대해서 토론 과정을 분석하고 집단을 위한 제안을 들을 수도 있다.

키드(J. R. Kidd)는 집단토론의 한 형태를 보여 준다.[9]

첫째, 문제가 무엇인지 확인한다.
둘째, 모든 회원들이 함께 이해할 수 있는 말로 문제를 정의한다.
셋째, 문제의 본질과 원인을 찾고, 해결 방안인지 여부를 판단할 기준을 세운다.
넷째, 가능한 해결 방안을 찾는다.
다섯째, 이 상황에 가장 적절한 해결책을 선택한다.
여섯째, 원래의 문제정의에 입각해서 해결책을 평가한다.

4) 모의실험 기법(Simulation Methods)

사람들은 실제 삶의 경험으로 가장 확실하게 배운다. 그래서 교육자들은 실생활과 밀접한 학습과정을 발전시키려고 노력해 왔다.

(1) 모의학습(Simulation)

모의학습은 실제의 장면이나 상태와 극히 유사한 사태를 인위적으로 만들어 놓고 그 속에서 학습하도록 하는 방법이다. 이는 실제 사태에서의 학습이 허용되지 않거나 실제 사태에서 학습할 때 어떤 위험이 따른다든지 혹은 인위적인 조작과정 그 자체가 중요할 때 사용된다.

모의학습의 단점으로는 교육비가 비싸고, 시간의 소모가 많고, 필요한 시설유지에도 많은 비용이 든다는 점이 지적되고 있다. 장점으로는 다음과 같은 것들을 들 수 있다.

첫째, 강의나 토의에 결핍된 현실성을 강조한다.

---

9. J. R. Kidd, *How Adult Learn*(New York : Association Press, 1973), p. 254.

둘째, 학생들이 실제의 현장과 거의 같은 여건하에서 실제에 대한 두려움을 최소한으로 줄이고 가장 편안한 상태에서 학습할 수 있다.

셋째, 학생들의 마음에 부담이 없는 상태에서, 그리고 실제 현장에서 수행하는 것보다 싼 비용으로 경험할 수 있다.

넷째, 실제로 장시간에 이루어지는 경험을 단기간에 경험할 수 있다.

다섯째, 학생들의 관심과 참여도가 높다.

여섯째, 협동 학습과 학생간의 상호 학습관계가 조성된다.

일곱째, 인지적 정의적 심리운동적 학습을 동시에 수행한다.

여덟째, 학생에게 즉각적인 피드백이 제공된다.

(2) 역할극(Role Playing)

역할극은 학습자로 하여금 행동적 경험을 통해 이론학습에서 배울 수 없는 복잡한 인간관계 및 사회상황을 분석 이해시킴으로써 삶의 세계 안에서 개인적 의미를 발견하고 개인적 딜레마를 해결하도록 하는 학습방법이다.

역할극에는 두 가지 종류가 있다. 특별한 무대 의상은 필요치 않고 간단하게 극적으로 표현할 수 있는 비형식적 극적 활동으로서 이를 임의의 극화라고 하며, 시나리오, 의상, 무대장치를 필요로 하여 충분한 연습 후에 상연하는 형식적 극화가 있는데 수업활동으로는 주로 전자의 방법을 많이 사용한다.

역할극을 수업활동으로 활용하는 데는 다음과 같은 문제점이 있다. 먼저 태도 변화에 단기적 효과는 크지만 지속성이 약하다는 점과 경험을 통한 현실 이해를 강조하는 학습이지만 진정한 의미에서 그 상황을 교실에 옮기기가 어렵다는 점, 또 학습자의 능력 수준과 참여도 여하에 따라 학습의 승패가 좌우되므로 교사의 경험과 인내 및 고견을 요구한다는 점이다.

이런 문제를 해결하여 역할극이 수업 형태로서 성공하기 위해서는 다음과 같은 사항을 유의해야 한다.

첫째, 교수 학습 내용면에서 보아 대인관계와 관련된 학습일 때 역할극을 수업형태로 선택하면 좋다. 특히 그 내용이 느낌, 태도, 기능 등이 중요 소재가 되었을 경우 유효하다.
둘째, 학습자를 고려했을 때 놀이를 좋아하고 외향적인 성향이 높으며 교사와 학생 간에 자유로운 분위기가 조성되어 있는 경우 유효하다.
셋째, 교사면에 입각하여 보았을 때 인간관계에 친숙하고 경험이 많고, 인내심이 강하고 진보적인 성향이 있어서 수업이 융통성을 추구하고자 노력하는 교사에게 이 방법의 활용은 성공적일 수 있다.

역할극의 가치성은 다음과 같다.

첫째, 학생들이 알고 있는 이론과 현실은 행동적 경험을 통해 문제해결이 가능하다.
둘째, 연출자와 관찰자 모두가 함께 느끼고 탐색하고 통찰할 수 있으므로 참여도가 비교적 높다.
셋째, 정의적 영역, 가치관, 태도, 정서적 문제해결에 유효하다.
넷째, 역할극은 치료적 가치가 있다. 극화놀이를 통해 공포심이 제거될 수 있고, 타인을 이해하는 동시에 자기를 발견하여 행동수정이 가능해진다.

역할극의 학습 단계는 다음과 같다.

첫째, 준비단계이다. 목적을 설정하고 주제상황을 설정하여 구체적 절차를 준비하고 참가자 배역을 선정하는 단계이다.

둘째, 공연단계이다. 수업시 공연을 조기 중단시켜도 안 되고 너무 길게 끌어도 안 된다. 배역자의 중요한 태도, 느낌 등이 나타났을 때 토의단계로 전환시키는 것이 좋다. 역할 표현이 잘 되었는지, 개선점이 무엇인지 간단히 평가한 후에 재공연시킨다. 배역을 바꾸어 모든 학생에게 기회를 제공하는 것도 좋고, 출연자끼리 배역을 바꾸는 방법도 있다.

셋째, 분석단계이다. 여기서는 출연자들의 역설명이 있고 전체 토의로 완성시킨다. 즉, 역할극에 표현된 모든 상황에 대해 출연자의 느낌과 청중의 느낌 등을 생생하게 표현하여 마지막 결론을 내려보는 시간이다.

(3) 사례연구 (Case Study)

사례연구는 여러 사례를 수집, 연구, 분석하여 일반적인 원리를 찾아내려고 하는 연구방법으로 인문사회계열에서 많이 사용해 왔다. 이 방법은 여러 재료를 학습자에게 제시하고 그 정보를 분석 평가시킴으로써 이론과 경험을 통한 문제해결력과 통찰력을 기르는 데 목적이 있다.

학습자는 각기 자기 나름대로 사례를 분석 평가한 후, 토의를 통해 비교 검토하고 일반원리를 찾아내어 실제에 적용했을 때의 예상되는 일들을 토의하도록 한다. 이런 과정을 통해 학습자는 자기가 가졌던 해결방안의 허점을 스스로 발견하여 문제해결에 임하게 된다. 사례연구의 학습 절차는 다음과 같다.

첫째, 사례연구의 사용목적을 확고히 알린다.
둘째, 취급할 문제와 범위를 정한다.
셋째, 문제가 될 만한 실례와 모델 등을 선정한다.
넷째, 관찰한 내용, 연구한 내용을 구성한다. 즉, 줄거리를 정하고 보고서를 작성한다.
다섯째, 그 결과를 시험적으로 검증해 본다. 전문가의 의견도 물어본다.

여섯째, 결과 검증을 통해 문제되는 점은 수정, 보완, 완성시킨다.

이 방법은 학습자의 자율성, 객관성, 통찰성을 통해 문제해결을 하는 연구방법이므로 지나친 간섭이나 지도보다는 비지시적인 방법으로 유도함이 바람직하다. 이 방법은 특히 결과보다는 연구과정, 연구태도를 기르는 것이 중요하므로 성급한 결론이나 지나친 주관적 견해로 이끌어 가지 않도록 유의해야 한다.

(4) 견학 (Work Observation)

견학은 교내 수업을 떠나서 사회로 나가 소정의 학습분야 및 학습대상을 보고 느끼고 관찰하고 경험한 후에 다시 교실로 돌아와서 견학 내용을 토의, 분석해 봄으로써 학습의 효과를 높이고자 하는 방법이다. 그러므로 견학이란 직접 보고 배운다는 뜻 외에 보고 배운 사실을 동료들과 같이 분석, 토의하여 어떤 결론까지 도달하게 하는 학습이다.

그러나 견학은 주로 산만한 분위기 속에서 이루어지므로 학습통제가 어렵고, 학습대상을 기대한 것만큼 관찰할 것이라는 보장이 없으므로 단순한 구경이나 여행기분으로 끝날 가능성이 높다. 따라서 철저한 계획 없이 견학이 진행될 경우 예상했던 견학의 의도와 결과에 커다란 간격이 생기게 된다.

그렇지만 견학의 산 교재가 되는 삶의 진정한 모습과 사회현장을 실제로 목격하고 유심히 관찰해 보는 학습이므로 교실 내에서 다룰 수 없는 소중한 학습이 자연스럽게, 그리고 가식 없이 이루어진다는 점에서 한치라도 소홀히 할 수 없는 교수방법 중의 하나이다. 견학을 계획할 때 고려해야 할 점은 다음과 같다.

첫째, 교사는 견학학습이 실내 수업보다 확실히 더 효과적이며 최선의 방법이라고 확신하는가에 대해 고려해 보아야 한다.

둘째, 무엇을, 어디서, 어떻게, 그리고 왜 견학해야 하는지 면밀한 계획서를 작성해야 한다.

셋째, 견학 장소를 결정한 후에는 교사가 계획한 견학 내용 및 계획이 효과적으로 이루어질 수 있는지 진단해야 한다.

넷째, 교사는 학생들을 위하여 견학지침서를 작성해야 한다.

다섯째, 학교로 돌아온 후 반드시 짧게라도 토의시간을 마련하여 다른 학생의 견해와 배우고 느낀 사실들을 들어 봄으로써 자기의 견해와 경험을 비교, 분석, 고찰해 보는 시간을 마련하도록 한다.

여섯째, 견학지침서 사용 여부를 알기 위해 견학지침서를 다시 제출하도록 해도 되며, 간단하게 견학시 느낀 점을 써서 보고하도록 하는 방법도 있다.

(5) 실습 (Demonstration-Work)

이 기법은 한두 사람이 집단에 특정한 절차나 행동의 결과를 실제로 실습하면서 어떻게 이루어지는가를 보여 주는 것이다. 그리고 참여자들은 이를 지켜보고 난 후에 실제로 실습할 기회를 갖는다.

이 기법의 장점은 참여자들이 실제로 실습을 해볼 수 있어서 학습효과가 구체적이라는 점이다. 반면에 좋은 시범자를 찾기가 힘들다는 점과, 참여자들 모두가 실습할 수 있는 시간과 여건을 마련하기가 쉽지 않은 것이 단점이다.

5) 교육경험 기법(Method for Educational Experience)

실제로 교육은 경험을 통해 구체적으로 결과되어지기 때문에 교육자들은 교육 경험을 다양하게 확대하기 위해 여러 가지 기법들을 개발해 왔다.

(1) 임상 강의 (Clinic)

이 기법은 실천현장에서 생겨나는 문제에 대한 해결책을 진단하고, 분석하고, 기술하는 것이다. 주로 의학교육에서 일반화되어 사용되어 온 기법이다. 이 임상 강의를 위해 사용되는 보다 구체적인 기법은 견학, 실습, 사례연구, 역할극과 같은 것들이다.

(2) 단기 강좌(Institute)

이 기법은 권위 있는 전문가로부터 수업을 받는 형식이다. 다양한 강의식 기법들이 여기에 사용될 수 있다. 물론 대집단 내에서 소집단의 상호작용을 증진시키고, 개인적인 연구를 심화하려는 노력이 곁들일 수 있다.

(3) 워크숍(Workshop)

보편적인 관심을 가진 사람들의 집단이 한 가지 주제나 더 많은 주제에 관한 특별한 관점을 탐구하기 위해 몇 명의 전문가들의 지도하에 함께 모인다. 우선 전체적인 강의를 듣고 하위 소집단으로 나뉘어 토론과 모의활동을 이어간다. 워크숍에서 하위 집단의 성격은 대개 다음 네 가지 종류가 있다.

첫째가 특별 관심집단이다. 여기서는 유사한 관심을 가진 작은 집단의 사람들이 전문가의 지도 아래서 배운다. 둘째가 작업집단이다. 여기서는 작업과 연구과제와 프로젝트들에 초점이 맞춰져 있다. 셋째, 토론집단이다. 여기서는 지도자의 인도하에 어떤 주제가 다뤄진다. 넷째가 실행집단이다. 여기서는 참여자들의 전문가의 지도 아래 실습할 기회를 갖는다.

(4) 집회, 회담, 대회(Convocation, Conference, Convention)

비형식적인 성인교육이 이루어지는 대규모의 모임 형태이다. 이는 하나의 커다란 이벤트로 다양한 형태의 모임과 활동들이 어우러져서 대규모의 모임을 이룬다. 이런 대규모의 모임은 참석자들로 하여금 다양한 경험과 교육의 장이 된다.

성인교육의 평가

 모든 교육이 그렇듯이 성인교육도 평가는 필수적이다. 특별히 성인교육은 다음과 같은 이유에서 평가가 반드시 필요하다.[1]
 첫째, 지금 실시하고 있는 성인교육이 계획대로 잘 진행되고 있는지 확인할 필요가 있기 때문이다.
 둘째, 이런 형태의 성인교육을 앞으로도 계속 실시할 것인지 여부를 판단할 수 있기 때문이다.
 셋째, 정책적 기초 자료가 된다는 점이다.
 넷째, 문제점을 발견하고 개선방향의 효과적인 교육방법을 모색할 수 있게 해주기 때문이다.
 그런데 성인교육은 일반 학교교육과 달리 그 특성상 평가가 매우 어렵다. 그 이유를 들어 보면 다음과 같다.
 첫째, 성인교육은 교육영역이 광범위하고 다루는 내용 범위가 대단히 복잡하다는 특성을 가지고 있기 때문이다.
 둘째, 성인교육이 자발적인 특성을 가지고 있기 때문이다. 성인들은

---

1. 차갑부, 「성인교육방법론」(서울 : 양서원, 1994), p. 348.

강제적으로 교육에 참여하는 것이 아니기 때문에 학교교육에서 시험을 통해서 평가하는 것처럼 일사불란하게 평가할 수가 없다. 따라서 여러 가지 자발적인 참여 형태로 평가를 해야 하기에 그 방법의 개발도 쉽지 않고, 또 결과에 대한 해석도 간단치가 않다.

셋째, 성인 자체가 남에게 평가되는 것을 원치 않기 때문이다. 성인들은 남들과 비교되는 것, 자기의 실력이나 현재 상태의 정보가 노출되는 것을 꺼린다. 따라서 직접적인 데이터나 평가결과를 얻기가 힘들고, 간접적인 자료를 통해서 평가할 수밖에 없다는 한계를 가진다.

이렇게 성인교육에서 평가가 어렵더라도 앞에서 살펴본 이유 때문에 성인교육에서도 평가는 필수적이다.

1. 평가란 무엇인가?

1) 평가의 정의

평가라는 말은 사전적으로는 '어떤 사물의 가치를 판단하는 것'이라고 풀이되어 있다. 이것을 그대로 교육에 적용해 보면 교육평가란 어떤 교육의 가치를 판단하는 것이라 할 수 있다. 이렇게 볼 때 성인교육의 평가란 우리가 수행해 온 성인교육의 가치를 판단해 보는 것이라 할 수 있다.

교육평가 분야의 이론과 실천의 발전에 지대한 영향을 끼친 바 있는 타일러는 "평가란 교육과정 및 수업 프로그램에 의해 교육목표가 실제로 어느 정도 달성되었는지를 밝히는 것"이라고 정의한 바가 있다.[2] 이 정의는 교육 평가 분야에서 가장 오랫동안 널리 사용되어 왔다.

그러나 최근에 와서는 비판을 받고 있다. 그 이유는 타일러가 교육

---

2. R. W. Tyler, *Principles of Curriculum and Instruction*(Chicago : University of Chicago Press, 1950).

평가를 교육이 끝난 후에 이루어지는 것으로 규정한 나머지, 평가의 기능을 약화시키거나 좁히고 있다는 것이다. 다시 말해서, 교육의 과정에 평가라는 활동이나 기능이 필수적으로 내재되어 있고, 또 내재되어야 하는 것으로 판단한다면 평가는 단순히 교육목표의 달성도만을 확인하는 과정이 되지는 않을 것이다. 평가의 기준이 항상 교육목표에 있다 하더라도 교육의 과정은 학생성취도 자료에 의해서만 판단될 수 없을 것이다. 왜냐하면 교육이라는 과정에는 교육과정과 수업 프로그램을 포함하여 작용하는 요인이 매우 다양하기 때문이다.

최근의 학자들은 보다 포괄적인 교육평가에 관한 개념을 제시해 주고 있다. 특히 보일(Boyle)은 교육평가란 의사결정을 증진시키는 것이라고 보았다.[3] 그는 평가란 기준(standard or criteria)을 설정하고, 이 기준에 대한 증거를 수집하고, 그리고 이를 비교함으로써 나타난 것에 대한 판단을 포함하는 일종의 의사 결정과정이라고 보았다. 여기서 기준이란 평가자가 가져야 하는 평가할 것에 대한 분명한 규범적인 진술을 말한다. 그리고 증거란 평가할 내용이나 대상에 대한 현재의 상태를 말한다. 또 실제로 일어나고 있는 일이나 사람들이 하고 있는 생각도 될 수 있다. 그리고 판단이란 대안적 결론이 고려되고 결정이 이루어지며 가치가 부여되는 평가과정의 일부를 말한다. 이것은 위에서 말한 기준과 증거를 비교함으로써 얻어질 수 있다. 예를 들어 프로그램에 대한 판단은 해당 프로그램이 특정 기준을 얼마나 잘 충족시켰으며, 결과적으로 그것이 얼마나 가치가 있는지에 대한 결정을 말한다.

스타플빔(D. L. Stufflebeam)을 비롯한 몇몇 학자들을 보다 교육행정적인 측면에서 정의를 내리고 있다. 그는 "교육평가란 의사 결정대안들을 판단하기 위한 유용한 정보를 서술, 수집 및 제공하는 과정이다."라고

---

3. P. G. Boyle, *Planning Better Programs*(New York : McGraw-Hill, 1981), pp. 226ff.

정의했다.[4] 이들에 의하면 평가란 다음과 같은 의미를 포함하고 있다.

과정 : 평가는 연속적이며 반복적으로 실시되며, 여러 가지 방법과 단계를 포함하는 다면적인 활동과정이다.

대안제시 : 활동수정을 요구하는 사태(충족되지 않은 필요, 필요충족을 저해하는 장해요인 및 개발되어야 할 기회 등이 존재할 때)에 따라 주어진 자원을 고려해서 우선순위를 결정해야 하는 두 개 이상의 활동이 있다.

정보 : 단순한 사실과 자료의 수집만이 아니라 어떠한 목적에 이용되도록 정보를 서술, 해석, 정리한다.

서술 : 가중된 결정대안들의 목록과 이때 적용된 기준을 통하여 요구되는 평가정보를 확인한다.

수집 : 수집, 정리 및 분석 등의 과정과 측정, 자료처리 및 통계분석 등의 형식적 수단을 통하여 정보를 이용 가능케 한다.

제공 : 평가목적에 가장 잘 이용되도록 체제 또는 하위체제로 정보를 통합하여 의사 결정자에게 보고한다.

유용성 : 과학적 기준(내적 타당성, 외적 타당성, 신뢰도 및 객관도), 실제적 기준(적절성, 중요성, 범위, 신임도, 적시성 및 보급성), 그리고 심의 기준(효율성) 등을 만족시키고, 의사 결정시 판단기준에 적합한 것이어야 한다.

판단 : 몇 가지 결정대안 중에서 선택하는, 즉 의사 결정행위가 있다.

교육평가는 어떤 사실을 증명하기보다는 체제를 개선하는 것이 궁극적 목적이다. 평가를 통하여 이미 수립된 교육목적과 목표가 변경되며, 목표달성을 위한 절차나 방법이 개선되고 교사들의 성장과 발전이 촉

---

4. Daniel Stufflebeam et al, *Educational Evaluation and Decision Making*(Itasca, Ill. : F. E. Peacock Publishers, 1971), p. 40.

진된다. 뿐만 아니라 평가는 계획의 실천을 촉진하며, 과업 분담의 수정을 위한 정보도 제공한다. 그러므로 평가를 위한 평가가 되지 않도록 사전에 충분한 평가계획을 세우고 그 실천을 과학화해야 할 것이다.

또한 평가는 기획과 더불어 하나의 연속적 과정을 이룬다. 즉, 기획의 발전, 기획의 시행 및 평가는 연속적 과정으로 반복된다.

2) 평가의 기능

이런 평가의 구체적인 역할을 살펴보면 다음과 같다.

첫째, 개개 학습자의 성취도를 평가하는 일이다. 교육이 목표지향적 활동이기 때문에 교육에 의해 목표가 어느 정도 달성되었는가는 학습자의 성취도를 확인하는 데서 가능해진다. 그러므로 개개 학습자가 교육목표를 얼마나 성취하고 있는가를 평가하는 일은 교육평가의 중요한 영역이 된다.

둘째, 개개 학습자 또는 학습공동체가 직면하고 있는 학습의 문제점을 진단해 내는 일이다. 교육평가를 기본적으로 교육이 잘 되게 하기 위한 수단이라고 한다면, 평가활동은 교육의 과정에서 나타나는 학습을 방해하는 요소들을 찾아내고 이 문제를 정확하게 진단하는 일을 하게 된다. 즉, 학습의 장애요소가 학습 자체에 있는지, 학습자의 기본 능력 때문인지, 학습 여건 및 상황 때문인지를 진단함으로써 교육의 과정이 보다 원활하게 진행되도록 도울 수 있을 것이다.

셋째, 교육과정, 교육자료, 학습절차, 학습공동체의 조직 등의 교육 효과성을 평가하는 일이다. 교육결과는 교육 프로그램에 의해 결론적으로 나타난 것이다. 따라서 결과는 교육 프로그램의 질을 나타내는 것이 된다. 이렇게 볼 때 교육평가는 교육 프로그램을 분석적으로 그 결과를 확인함으로써 프로그램의 질적 개선을 위한 통찰을 얻을 수 있도록 도울 수 있게 될 것이다.

넷째, 교육평가는 교육의 제문제를 이해하고 건전한 교육정책 및 일반 정책을 수립하는 데 도움을 줄 수 있도록 학습자집단의 교육 진보도를 사정하는 역할도 한다. 성인교육의 경우 그 학습집단의 성인의 신앙수준과 일반적인 한국교회 성인들의 신앙수준을 비교함으로써 앞으로의 교육정책을 수립하는 데 도움을 받을 수 있게 될 것이다.

3) 평가의 종류
평가의 종류는 크게 다음 세 가지로 구분해 볼 수 있다.

(1) 진단평가
진단평가는 두 가지로 구분된다. 하나는 교육 프로그램이 시작되기 전에 실시되는 예진적 활동이고, 다른 하나는 학습 실패의 교육 외적인 원인을 알아보는 활동이다.

먼저 교육 예진적 활동에서는 학습자들의 기본적인 학습능력, 학습동기, 그리고 선수 학습정도를 확인한다. 교육 프로그램의 효과를 극대화하기 위해서는 이런 세 가지 요소들에 대한 정보를 체계적으로 수집하여야 한다.

다음으로 학습실패의 교육 외적 원인 파악이란, 교육활동과 직접적인 관련성이 없으면서도 학습실패의 원인이 되고 있는 소위 학습장애의 제 요인을 밝히는 것을 말한다. 이런 요인들은 대체로 신체적, 심리적, 환경적인 것들이다. 신체적인 요인으로는 건강상태의 이상, 신체조건의 상태 등을 그 예로 들 수 있다. 심리적 요인으로는 심리적 갈등이 주가 된다. 즉, 자아 개념을 긍정적으로 갖지 못하거나 가정적 문제로 인해 심리적 불안정이나 신경증 등 학습에 전념할 수 없게 만드는 요인을 말한다. 그리고 환경적 요인으로는 물질적, 경제적 빈곤에서 문화적 혜택의 부족 등에 이르기까지 많은 장애요소들을 찾아볼 수 있을 것이다.

진단평가로부터 찾아진 이런 학습 장애요소들은 교회지도자나 가족들, 그리고 도움을 줄 수 있는 전문가들과 협조하여 최대한 제거될 수 있어야 할 것이다.

(2) 형성평가

형성평가는 교육 프로그램이 진행되는 도중에 수시로 실시되는 평가를 말한다. 이 평가는 교육 프로그램이 진행되는 과정에서 학습의 진전 상황에 관한 정보를 수집, 분석하여 학습개선에 이바지하려는 데 그 목적이 있다. 이 형성평가의 기능을 정리해 보면 다음과 같다.

첫째, 학습자들의 학습 진행속도를 조절한다. 평가자는 학습자의 학습내용의 소화 내지 이해정도를 파악하여 학습 진행속도를 조절할 수 있게 된다.

둘째, 학습자의 학습에 대한 강화 역할을 한다. 학습자의 학습 진전에 대한 피드백 정보를 학습자 스스로 확인해 볼 수 있게 함으로써 이후의 학습에 긍정적인 심리적 효과를 줄 수 있다.

셋째, 학습곤란을 밝히는 데 큰 도움을 준다. 이 평가는 학습자들로 하여금 교육목표에 비추어 무엇을 성취했고, 무엇을 더 학습해야 하는지를 구체적으로 그때그때 가르쳐 주는 이점이 있다.

넷째, 교수방법의 개선에 크게 기여한다. 이 평가는 학습자의 학습동기를 강화시켜 주고 자신의 학습곤란을 발견케 해줄 뿐 아니라, 교사로 하여금 자신의 교수방법을 검토하여 어떤 허점이나 미비점이 있는가를 발견할 수 있게 해준다.

(3) 총괄평가

총괄평가란 일정 기간의 교육 프로그램이 종결되었을 때 학습자들의 학습 성취도를 중심으로 교육활동에 대한 전반적인 평가를 내리는 것을 말한다. 이 평가의 기능을 보다 자세하게 살펴보면 다음과 같다.

첫째, 학습자들의 학습 성취도를 상세하게 파악하게 해준다. 교육 프로그램에 참여한 학습자들 개개인으로 하여금 그 교육 프로그램의 목적과 연관해서 자신의 교육 성취정도를 파악할 수 있도록 도와 준다.

둘째, 집단 성과를 비교할 수 있는 정보를 제공해 준다. 종합적인 교육 성과를 교육 프로그램에서 사용된 교육방법 유형과 교육자료의 종류들과 비교 분석해 봄으로써 앞으로의 교육 프로그램 기획에 큰 도움을 얻을 수 있게 해준다.

셋째, 학습자들의 장래를 예측하는 데 도움을 준다. 이 교육 프로그램에서 어느 정도의 교육평가를 받은 사람들이 앞으로 어떻게 발전해 갔는가를 분석 정리한 자료들을 중심으로 현 학습자들의 장래를 예측해 볼 수 있게 해준다.

넷째, 학습지도의 장기적인 질적 관리를 하는 데 도움을 줄 수 있다. 교육 프로그램이 지속적으로 이어질 때 지난 기수와 현 기수를 비교 분석해 봄으로써 각기의 질적인 지도를 위한 중요한 정보를 제공해 줄 수 있는 것이다.

2. 평가를 어떻게 할 것인가?

그러면 평가를 구체적으로 어떻게 할 것인가? 이를 학습자 평가와 교육 프로그램 평가로 나눠서 살펴보자.

1) 학습자 평가

우선 학습자 평가란 교육 프로그램에 참여했던 학습자 성인을 그 대상으로 삼는 평가를 말한다. 이는 다시 자기평가와 평가자 평가로 구분해 볼 수 있다.

(1) 자기평가

자기평가란 학습자 스스로 수행하는 평가를 말한다. 특히 성인교육에서 자기평가는 매우 중요한 의미를 갖는다. 왜냐하면 성인교육은 그 특성상 자발적인 참여로 이루어지며, 성인교육학자들이 권장하는 것처럼 자기 주도적 학습이 많이 이루어진다. 여기서 자기 주도적 학습이란 학습자가 자신을 평가해서 자신이 학습할 수 있는 학습과제 및 목표를 발견 설정하고, 그것을 달성하는 데 적절한 학습방법을 선택하고, 학습계획을 세워 실행하며, 그 결과를 평가해서 다음 단계의 학습계획을 세워 자기 향상을 도모하는 형태의 학습을 말한다. 이렇게 볼 때 자기 주도적 학습에서 자기평가는 매우 중요한 요소가 된다.

자기평가에는 두 종류가 있다. 하나는 타인이 작성한 평가표를 사용하여 그 질문에 답하는 형식으로 자기를 진단하는 방법이다. 이 평가는 객관적인 자기평가가 될 수 있다는 이점은 있다. 그러나 자기평가는 자기를 자주적으로 평가할 수 있어야 하기 때문에 여기에는 한계가 있다.

다른 하나는 자신이 자신에게 질문해서 그것에 답하는 방법이다. 여기서 평가해야 할 내용은 다음과 같다.[5]

첫째, 지금까지 여러 가지 경험 중에서 교육적 경험을 선정하여 그것을 내면화하는 노력을 적극적으로 할 수 있었는가? 이것은 학습자가 과거의 경험을 반성하고 금후의 발전을 목적으로 하는 학습계획을 세우기 위해서 행하는 것이다. 다시 말해서 학습의 영역과 방법에 관한 경험을 평가하는 것이다.

둘째, 지금 자기에게 무엇인가 부족한 점이 있을 때 그것을 학습하기 위해서는 어떤 노력을 해야 하는가? 스스로 부족한 점을 찾아내서 그것을 보충하려는 노력을 함과 동시에, 실패와 좌절로 인해 중도에서 포기한 경험과 그 만족 여부를 반성하여 만일 고쳐야 한다고 판단된다면 그것을 고치는 일에 몰두해야 할 것이다.

셋째, 지금 학습하고 있는 것이 잘 되고 있는가? 이런 류의 평가는 객관적 테스트와는 달리 학습자 자신의 주관적 평가가 되지만 성인교

---

5. 차갑부, op. cit., pp. 354-355.

육은 자유롭게 자기의 속도대로 진행되는 것이 기본이기 때문에 학교의 시험을 모방해서는 안 된다.

이렇게 볼 때 자기평가는 학습에 대한 자발성, 학습관심, 동기, 의욕, 학습하는 즐거움 등의 정의적 차원과 학습목적, 의의, 필요성, 학습목표의 달성도 등의 인지적 차원, 그리고 학습의 계획성, 학습의 방법과 기능, 학습습관 등의 기능적 습관적 차원 등을 평가해야 할 것이다.

(2) 평가자 평가

평가자 평가란 교사 또는 교육 프로그램 기획자 또는 관리자가 학습자를 상대로 평가하는 것을 말한다. 여기에 그 기법상 주관식 평가와 객관식 평가로 구분해 볼 수 있다.

첫째, 주관식 평가이다. 이 평가는 평가자의 주관적 판단에 의해 학습자를 평가하는 기법을 말한다.

이 평가의 특징을 살펴보면 다음과 같다. 우선 측정하려는 학습결과적 측면에서 살펴보면 지식을 재는 데는 부적당하고, 이해와 적용과 분석력의 측정에도 사용할 수는 있으나 종합력, 평가력을 재는 데 가장 적합하다. 다음으로 내용의 표집 부분을 살펴보면 문항이 적을 경우 교육내용을 포괄적으로 다룰 수 없으므로 검사 내용이 교과내용을 잘 대표하기 어렵다는 단점이 있다. 그리고 문항 제작의 측면에서 볼 때 객관식 문항에 비해 평가 문항을 만들기가 쉽다. 그러나 채점상에서 채점이 어렵고 신뢰성과 객관성이 낮다. 또한 효과면에서 볼 때 자기의 사상을 조직하고 표현하도록 격려해 주는 효과를 준다. 이 평가의 실제적인 기법으로는 단답형, 논문형, 구술형, 체크리스트, 평점 척도, 논평 또는 일화적 기록 등을 들 수 있다.

둘째, 객관식 평가이다. 이 평가는 객관적 기준을 정해 놓고 이에 따라 학습자를 평가하는 기법을 말한다.

이 평가의 특징을 살펴보면 다음과 같다. 우선 측정하려는 학습결과적 측면에서 살펴보면 지식, 이해, 적용, 분석의 학습결과에는 적당하지만 종합력, 평가력의 측정에는 부적당하다. 다음으로 내용의 표집적 측면에서 볼 때 문항이 많을 경우 교육내용을 포괄적으로 다룰 수 있으므로 검사의 내용이 교육내용을 잘 대표할 수 있다는 장점이 있다. 문항 제작면에서 볼 때 좋은 문항을 만들기가 어려우며 시간이 걸린다. 그리고 채점상에서 간단하고 신뢰성과 객관성이 높다. 효과면에서 볼 때 타인의 사상을 기억, 해석, 분석하도록 격려해 주는 효과를 가진다. 이 평가의 실제적인 기법으로는 선다형, 진위형, 배합형 등을 들 수 있다.

2) 교육 프로그램 평가

성인교육 평가의 또 다른 평가는 교육 프로그램에 대한 평가이다. 이것은 프로그램의 질을 향상시키거나 의사 결정을 할 목적으로 프로그램의 질에 관한 체계적인 정보를 수집하는 것을 말한다.

이 교육 프로그램의 평가의 과정은 다음과 같다.

첫째, 평가의 목적을 구체화한다. 대개 교육 프로그램의 목적은 세 가지 정도를 들 수 있다. 우선 프로그램의 질을 향상시킨다는 것이고, 다음으로 프로그램을 포함하는 행정적인 결정을 하기 위한 것이고, 끝으로 참여자들이 교육 프로그램의 방법을 선정하는 데 도움을 주기 위한 것이다.

둘째, 평가 기준을 선정한다. 교육 프로그램 평가의 두 번째 단계는 프로그램의 어떤 양상을 평가하느냐는 것을 결정하는 것이다. 즉, 질문을 통해 무엇을 밝히고자 하는가를 선정하는 것이다. 다시 말해서, 프로그램의 여러 요소들 중에 어떤 것에 관한 정보를 얻으려 하는가? 아니면 가르치는 사람의 교수능력 및 방법에 관한 정보를 얻고자 하는가? 그것도 아니면 프로그램 진행자 또는 기획자에 관한 정보를 얻고자 하는가를 선정해야 한다는 것이다.

셋째, 정보의 원천을 선정하는 것이다. 즉, 누구로부터 정보를 얻을 것인가를 정하는 것이다. 현재 학습에 참여한 사람, 전문 단체, 이전에 이 프로그램에 참여했던 사람, 기획자 등을 생각해 볼 수 있다.

넷째, 자료를 수집하는 것이다. 수집하는 방법에는 여러 가지가 있을 수 있다. 우선 질문지를 생각할 수 있다. 이 질문지는 정보를 수집하는 신속하고 신뢰성 있는 방법을 제공해 준다. 다음으로 면접이 있다. 면접은 대면적인 개인적인 질문과 대답을 말한다. 이는 쉽게 수량화될 수 없거나 예기치 못한 생각과 반응을 찾아내는 데 가장 적합하며, 일반적으로 많은 주제에 관한 세부적이고 심층적인 정보를 제공한다. 다음으로 논평을 들 수 있다. 이는 형식적 내지 비형식적 기록이다. 개인이나 집단으로 하여금 그 교육 프로그램에 참여한 자신의 감정, 반응, 태도를 기록하게 하여 정보를 얻는다. 이는 학습자들로부터 예기치 않은 반응을 알아보는 데 특히 유용하다.

다섯째, 자료를 해석하는 것이다. 수집된 자료를 해석하는 단계로서 평가의 마지막 단계이다. 가장 어렵고 가장 중요한 단계라고 할 수 있는데 자료 수집방법에 따라 각각 다르다. 이를 몇 가지 예를 중심으로 살펴보면 다음과 같다.

우선 질문지 해석의 경우, 질문지의 결과를 매우 정교한 통계적 기법을 통해서 분석한다.

다음으로 면접 해석의 경우, 범주별로 응답을 기술해 본다. 면접시 어떤 범주로 나누어 질문을 했을 경우는 그 범주를 따르지만, 그렇지 못했을 때는 응답을 검토한 후에 범주를 만들고 각 범주의 응답 빈도를 따라 결과가 요약될 수 있다.

논평의 경우도 면접과 비슷한 방법으로 해석해 간다. 이런 평가결과에 대한 해석은 자료수집이 시작되기 전에 미리 개발된 기준에 기초하여 행해지게 된다.

VI

성인교육의 프로그램의 사례

본 장에서는 성인교육의 기획의 결과인 성인교육 프로그램의 실제 사례를 제시해 보고자 한다. 성인기의 각 단계별로 한 가지씩 사례를 제시해 볼 것이다.

1. 성인 전기 프로그램

<u>결혼예비학교(Marriage Preparation Development Ministry)</u>

결혼예비학교란 결혼을 앞둔 예비부부들에게 신앙적으로 결혼을 준비하도록 돕는 교육목회의 한 프로그램이다. 본인들의 동의는 물론 양가의 약속을 받고 결혼 날을 정한 사람들로 하여금 가정다운 가정, 즉 기독교적 가정을 이룰 준비를 하도록, 성경적 가치관에 입각해서 결혼을 준비하도록 교육하는 교회의 교육목회 프로그램이다.

1) 프로그램 개발 취지

현대 사회의 특징을 논할 때 가정의 변화를 빼놓지 않는다. 현대 가정의 급격한 변화가 현대인들에게 피할 수 없는 심각한 문제이기 때문이다. 현대 가정의 문제를 논할 때 탈핵가족화(post-nuclear family)의 시대라 부른다. 부모와 자녀로 구성된 2세대의 핵가족마저도 붕괴되기 시작한 시대라는 뜻이다.

이런 시대적 사조는 기독교 가정에도 중대한 문제를 야기시켜 기독교 가정의 기초를 흔들어 놓고 있다. 본래 기독교 가정이란 가정의 삶의 양식(life style)이 기독교적, 즉 신앙적인 것을 말한다. 가정의 가치관 및 세계관, 가족들 간의 관계, 가정 일을 처리하는 방식, 그리고 구체적인 가정의 모습이 하나님의 말씀에 기초한 가정을 말한다. 오늘의 기독교 가정에서 가족 구성원 각자가 개인적인 신앙을 가지고 있다 하더라도 가정의 삶의 양식이 기독교적으로 세워지지 않은 가정들이 늘어나고 있고, 기독교 가정의 독특성이 상실되어 가고 있는 가정들이 현격히 늘어 가고 있는 실정이다.

이를 바로잡기 위해서는 기독교 가정의 그 출발점에서부터 시작하는 것이 가장 효과적일 것이다. 다시 말해서, 치료적 차원이 아니라 예방적 차원에서 문제를 접근해 가는 것이 가장 효과적일 것이다. 이런 의미에서 결혼을 준비하는 예비부부들의 교육을 생각하게 된 것이다.

2) 프로그램의 목적

본 프로그램은 결혼을 준비하는 예비부부들로 하여금 기독교 가정의 참뜻을 이해하고, 바람직한 기독교 가정에 대한 비전을 세우게 하고, 이를 올바로 준비하도록 돕는 데 그 목적이 있다.

이런 목적하에 프로그램의 구체적인 목표는 다음과 같다.

첫째, 기독교적 결혼관 및 가정관을 올바로 갖게 한다.
둘째, 부부관계를 올바로 맺어 가게 한다.
셋째, 바람직한 가정에 대한 비전을 갖게 한다.
넷째, 결혼을 올바로 준비하게 한다.

3) 프로그램의 설정

(1) 대상 : 결혼을 앞둔 예비부부, 즉 양가 부모의 허락을 받고, 결혼 날을 정해 놓고 결혼을 준비하고 있는 예비부부(7쌍에서 12쌍 내외)
(2) 교육 담당자 : 교육목사 또는 교회의 부목사와 모범이 될 만한 선배부부
(3) 시간 : 주 1회씩 4주 (매주일 오후 1 : 00 - 2 : 30, 1시간 30분)
(4) 장소 : 교육관 OO호
(5) 교재 : "결혼예비학교"교재(강사가 직접 제작한 교재임.)
(6) 수업 자원
   교육방법 : 집단적 방법
   수업기법 : 강의법, 토론법, 질의법
(7) 내용구성
   프로그램 내용은 4과로 구성되어 있다.
   1과 : 결혼이란 무엇인가?
   2과 : 가정이란 무엇인가?
   3과 : 행복한 부부관계란 무엇인가?
   4과 : 어떻게 결혼을 준비할 것인가?
   각 과는 3단계로 구성되어 있다.
   말씀을 향하여 : 참석자들의 전이해를 기초로 하여 진행되는 도입과정이다.
   말씀 속으로 : 성경 내용을 기초로 하여 진행되는 학습과정이다.
   말씀과 함께 : 참석자들의 참여를 기초로 하여 진행되는 성찰과정이다.

4) 프로그램 각과 진행 내용

제 1 과 : 결혼이란 무엇인가?

말씀을 향하여

■ **활동 1(인사 소개)**

이 활동은 참석한 예비부부들이 비슷한 처지에 있는 커플들끼리 서로 소개하고 하나의 공동체를 이루는 과정이다. 이 작은 공동체 안에서 서로의 경험을 나누면서 격려와 위로를 받을 뿐 아니라 도전과 자극도 함께 받게 될 것이다.

〈활동 내용〉
- 참석 커플들의 인적 사항을 소개한다.
- 커플의 특징을 소개한다(만나게 된 과정/교제 중의 에피소드 등).
- 서로 인사를 나눈다.

■ **활동 2(생각 나누기)**

이 활동은 자신의 결혼관을 확인해 보는 과정이다. 자신 안에 잠재되어 있는 결혼에 대한 이해를 찾아보고 이를 표현해 봄으로써 성경적 결혼관을 공부할 준비를 하게 될 것이다.

〈활동 내용〉
- 각자 결혼에 대한 이미지를 그림으로 표현해 본다.
  '결혼'을 생각하면 무엇이 연상되는가? 이것을 그려 봅시다.
- 그림의 의미를 설명해 본다.
  왜 결혼을 이렇게 표현했는가? 이 그림을 통해서 결혼에 대해 말하고자 했던 것은 무엇인가?

말씀 속으로

■ **본문 읽기 : 창세기 2 : 18 - 25**

성경 본문을 정독하면서 말씀과의 만남을 시도하는 과정이다.

1. 결혼이란 하나님께서 만드신 제도이다. 하나님께서 이 제도를 만드신 이유는 무엇인가?(18절)
   본문 안에서 이 질문에 대한 답을 찾게 한다.
 * 말씀의 의미 : 우리의 결혼이 갖추어야 할 아름다운 모습을 생각해 봅시다.
   제시된 과제를 중심으로 토론하게 한다.
2. 결혼은 서로에 대한 새로운 이해에 기초한다. 여기서 새로운 이해란 무엇인가?(23절)
   본문 안에서 이 질문에 대한 답을 찾게 한다.
 * 말씀의 의미 : 우리가 서로를 어떻게 이해해야 할 것인가를 생각해 봅시다.
   제시된 과제를 중심으로 토론하게 한다.
3. 결혼은 두 사람의 새로운 관계를 이루는 것을 말한다. 이 새로운 관계란 세 단계로 정리해 볼 수 있다(24절).
   첫째, '부모를 떠나'
   여기서 부모를 떠난다는 것은 무엇을 말하는가?
 * 말씀의 의미 : 결혼 후 우리는 부모와 어떻게 관계를 맺어야 하는지 생각해 봅시다.
   제시된 과제를 중심으로 토론하게 한다.
   둘째, "그 아내와 연합하여"
   연합한다는 말은 어원적으로 볼 때 '아교로 접착한다'(cleave)라는 뜻이다. 즉, 남편과 아내가 철저하게 붙는다는 것을 말한다. 이 말은 무엇을 의미하는가?
 * 말씀의 의미 : 지금 우리에게 연합한다는 것은 무엇인가를 생각해 봅시다.
   제시된 과제를 중심으로 토론하게 한다.
   셋째, "한 몸을 이루라"
   한 몸이 된다는 것은 1+1=1이라는 믿음의 산술이 이루어지는 것이다. 이것을 다음 세 가지 측면에서 그 의미를 찾아봅시다.
   1) 영적인 측면 : 영적인 측면에서 하나됨이란 무엇을 말하는가?
   2) 정신적인 측면 : 정신적인 측면에서 하나됨이란 무엇을 말하는가?
   3) 육체적인 측면 : 육체적인 측면에서 하나됨이란 무엇을 말하는가?
 * 말씀의 의미 : 결혼한 뒤 우리 두 사람의 관계는 어떤 상태여야 하는가를 생

각해 봅시다.
제시된 과제를 중심으로 토론하게 한다.

말씀과 함께

■ 활동 1(꿈꾸기)
본문말씀을 성찰한 뒤 본문의 의미를 기초로 자신의 결혼에 대한 소망을 가다듬게 한다.
〈활동 내용〉
- 성경을 공부하면서 새롭게 깨닫게 된 것 또는 내용 중에 가장 인상 깊었던 것을 생각해 봅시다.
- 내가 바라는 결혼은 어떤 것인가를 생각해 봅시다.
- 이것을 커플별로 서로 이야기하게 한다.

■ 활동 2(숙제)
한 주 동안 서로 데이트하면서 함께 기도하고 함께 생각하게 한다.
〈활동 내용〉
- 커플의 이름을 지어 본다(자신들의 결혼에 대한 꿈을 담을 수 있는 커플의 이름을 지어 본다).
- 결혼을 위한 기도문을 작성한다('우리 커플의 결혼기도'를 작성한다).
- 이 내용을 다음주에 확인한다.

제2과 : 가정이란 무엇인가?

말씀을 향하여

■ 활동(경험 나누기)
〈활동 내용〉

1. 생각하기
1) 각자의 경험 또는 꿈을 생각해 본다.
   즉, 자신이 겪어 본 가정 가운데 가장 아름답다고 생각했거나 그런 가정을 이루어 보고 싶었던 가정을 생각해 본다. 또는 자신이 그려 왔던 아름다운 가정의 모습을 생각해 본다.
2) 이 생각의 의미를 찾아본다.
   왜 내게 이런 가정이 아름답게 보여졌을까? 나는 왜 이런 가정을 이루고 싶어했을까를 성찰해 본다.

2. 함께하기
   서로의 꿈과 의미를 나누어 본다. 자신의 것을 정직하게 말하고, 다른 사람들의 것을 가슴을 열고 수용한다. 그러면서 생각하고 느껴 본다.

3. 정리하기
   내 생각을 나누며, 공동체의 피드백을 살피며, 다른 사람들의 생각을 들으며, 내 꿈과 의미를 정리하고 다듬어 본다.

말씀 속으로

가정은 인간의 삶의 터전으로 마련된 창조의 한 질서(Order of Divine Creation)이다. 이 말의 의미를 보다 분명히 하기 위해서 가정에 대한 성경의 말씀을 살펴봅시다.

1. 가정은 어떻게 생겨나게 되었는가?
1) 다음의 성경구절들을 찾아봅시다.
   창세기 1 : 27
   창세기 2 : 24
   시편 127 : 1, 3
2) 이 구절들에서 확인할 수 있는 사실은 무엇인가?
   이런 성경구절들을 찾으면서 참석자들로 하여금 나름대로 성경이 말씀하는 가정에 관한 결론을 도출해 보도록 한다.
3) 이 말씀의 의미를 찾아봅시다.
   우리 가정은 어떤 믿음 위에 기초해야 하는가?

2. 성경이 말씀하는 가정은 어떤 가정인가?
하나님께서 아름답게 보시는 가정의 모습은 다음 세 가지로 정리해 볼 수 있다.

하나, 경건한 가정
1) 다음 성경구절들을 찾아봅시다.
   사도행전 10 : 1-2
   여호수아 24 : 15
2) 이 말씀의 의미를 찾아봅시다.
   우리 가정은 어떤 가정이어야 하는가?

둘, 서로 사랑하는 가정
1) 다음의 성경구절을 찾아봅시다.
   마가복음 10 : 8-9
   에베소서 5 : 31-32
2) 이 말씀들이 의미하는 것을 생각해 봅시다.
3) 다음의 성경구절을 찾아봅시다.
   에베소서 6 : 1-3
   에베소서 6 : 4
4) 이 말씀들이 의미하는 것을 생각해 봅시다.

셋, 봉사하는 가정
1) 다음의 성경구절을 찾아봅시다.
   사도행전 10 : 2
   사도행전 18 : 18
2) 이 말씀들이 의미하는 것을 생각해 봅시다.

말씀과 함께

■ **활동(가정의 우선순위 세우기)**
말씀을 공부한 참석자들이 이제 다시 가정에 대한 꿈을 꾸어 보게 한다. 그리고 이것을 우선순위로 구체화해 본다.

〈활동 내용〉

우리 가정이 갖추어야 할 모습들 중 가장 중요하다고 생각하는 것을 우선순위를 따라 다섯 가지를 정해 봅시다(예비부부 두 사람이 함께 의논해서 공동작품으로 만들어 보자).

①
②
③
④
⑤

제3과 : 행복한 부부관계는 무엇인가?

말씀을 향하여

■ 활동(경험 나누기)

1. 생각하기

1) 각자의 경험 또는 꿈을 생각해 본다.
   즉, 자신이 꿈꾸던 행복한 부부관계를 생각해 본다. 자신이 지켜보아 왔던 행복한 부부의 모습을 생각해 본다.
2) 이 생각의 의미를 찾아본다.
   왜 이런 부부관계가 행복하다고 여겨졌을까? 나는 왜 부부관계를 이렇게 만들어 보고자 했을까를 성찰해 본다.

2. 함께하기

서로의 꿈과 의미를 나누어 본다. 자신의 것을 정직하게 말하고, 상대방의 것을 가슴을 열고 수용한다. 그러면서 생각하고 느껴 본다.

3. 정리하기

두 사람이 서로의 이야기를 들으며 느낀 점을 나누고, 합의하에 두 사람이 바라는 행복한 부부관계의 모습을 정리해 본다.

4. 공개하기

두 사람이 정리한 행복한 부부관계에 대한 꿈을 모두에게 공개하고 나눈다. 다른 커플의 꿈을 들으면서 자기들의 꿈을 되새겨 본다.

말씀 속으로

여기서는 성경 여러 곳의 부부관계에 관한 교훈을 살피면서, 기독교적 관점에서 행복한 부부관계를 조명해 보게 된다.

행복한 부부관계란 두 사람이 상대방의 행복에 진정으로 관심을 가지고 이를 위해 헌신하는 관계를 말한다. 성경은 이를 명령하고 있다.

1. 아내에게 주신 명령
1) 다음 성경구절을 찾아봅시다.
   에베소서 5 : 22 - 24
   골로새서 3 : 18
   베드로전서 3 : 1 - 2
2) 이 말씀의 의미를 생각해 봅시다.
   (1) 아내에게 주신 명령은 무엇인가?
   (2) 아내가 남편을 대하는 바람직한 모습을 생각해 봅시다.

2. 남편에게 주신 명령
1) 다음의 성경구절을 찾아봅시다.
   에베소서 5 : 25
   골로새서 3 : 19
   베드로전서 3 : 7
2) 이 말씀의 의미를 생각해 봅시다.
   (1) 남편에게 주신 명령은 무엇인가?
   (2) 남편이 아내를 대하는 바람직한 모습을 생각해 봅시다.

행복한 부부관계를 위한 성경의 구체적인 조언을 들어 봅시다.

1. 영적인 관계

에베소서 6 : 10-11
여호수아 24 : 15
1) 이 구절이 말씀하는 조언은 무엇인가?
2) 행복한 부부의 영적 관계를 생각해 봅시다.

2. 정신적 관계
고린도전서 13 : 7
잠언 15 : 1
에베소서 4 : 32
1) 이 구절이 말씀하는 조언은 무엇인가?
2) 행복한 부부의 정신적인 관계를 생각해 봅시다.

3. 육체적인 관계
고린도전서 7 : 3-5
1) 이 구절이 말씀하는 조언은 무엇인가?
2) 행복한 부부의 육체적인 관계를 생각해 봅시다.

말씀과 함께

■ 활동

오늘 공부한 말씀을 정리하고 내게 주신 구체적인 명령을 받게 한다.
〈활동 내용〉
행복한 부부관계를 유지하기 위해서 두 사람이 함께 노력해야 할 것을 정리해 봅시다.
①
②
③
④
⑤

제4과 : 어떻게 결혼을 준비할 것인가?

말씀을 향하여

■ 활동(경험 나누기)

1. 생각하기
1) 각자의 생각을 떠올려 본다.
   즉, 자신이 꿈꾸던 멋진 결혼식, 행복한 결혼 준비과정을 생각해 본다.
2) 이 생각의 의미를 찾아본다.
   왜 이런 생각을 하게 되었는지 성찰해 본다.

2. 함께하기
서로의 생각을 나누어 본다. 자신의 것을 정직하게 말하고, 상대방의 것을 가슴을 열고 수용한다. 그러면서 생각하고 느껴 본다.

3. 정리하기
두 사람이 서로의 이야기를 들으며 느낀 점을 나누고, 합의하에 두 사람이 바라는 결혼 준비과정을 설정해 본다.

4. 공개하기
두 사람이 설정한 결혼 준비과정에 대한 내용을 모두에게 공개하고 나눈다. 다른 커플의 생각을 들으면서 자기들의 생각을 다듬어 본다.

말씀 속으로

1. 영적인 준비
   시편 127 : 1
1) 이 구절이 교훈하는 것은 무엇인가?
2) 우리가 해야 할 구체적인 영적 준비는 무엇일까?

2. 관계적인 준비
   에베소서 4 : 1-3

1) 이 구절이 교훈하는 것은 무엇인가?
2) 부부 및 가족들과의 관계를 바로 세우기 위해 구체적으로 준비해야 할 것을 생각해 봅시다.

3. 삶의 환경 준비
로마서 14 : 16 - 18
1) 이 구절이 교훈하는 것은 무엇인가?
2) 이 교훈을 생각하면서 우리가 실제로 생각하고, 실천해야 할 것은 무엇인가?

4. 예식적인 준비
여기서는 교회의 예식 절차를 위한 안내를 해주고, 이에 충실히 따라서 준비하도록 도와 준다.
1) 예식을 위한 절차
    첫째, 결혼예비학교 수료
    둘째, 담임목사 면담/결혼예식 허가 및 일시 확정
    셋째, 사무장 면담/결혼예식을 위한 구체적인 논의
2) 결혼 예식을 위한 참고사항
    하나, 다음의 서류를 교회 사무실에 제출해야 한다.
    결혼 청원서/신랑, 신부 호적등본 각 1통/결혼식 순서지
    둘, 교회 폐백실과 피로연 장소로 교육관 식당을 사용할 경우 미리 신청해야 한다. 단 폐백 시에 술을 사용할 수 없다.
    셋, 화환을 비치할 수 없기 때문에 이 내용을 청첩장에 기록해야 한다.
    넷, 꽃꽂이는 담당 봉사자와 의논해서 결정해야 한다.
    다섯, 사진 및 비디오 촬영은 우선 전기관계를 확인하고, 주례사 시간에는 촬영을 할 수 없다.
    여섯, 오르간 반주는 교회 반주자 이외에는 사용할 수 없다.
    일곱, 결혼예식 중 폭죽이나 스프레이 등의 사용을 금한다.
3) 결혼예식 순서
    * 식을 위한 서곡 ………………………………………… 오르간
    * 입 장 …………………………………… 주례자/신랑 및 신부

* 개식사 ·· 주례자
* 찬　송 ····················· 287 ······································· 다같이
* 기　도 ·· 주례자
* 성경의 교훈 ·· 주례자
* 서　약 ·· 신랑/신부
* 서약 기도 ··· 주례자
* 성혼 선포 ··· 주례자
* 축가 및 축주 ·· 담당자
* 인　사 ·· 양가 대표
* 행　진 ·· 신랑/신부

말씀과 함께

■ 활동

오늘 공부한 말씀을 정리하고, 내게 주신 구체적인 명령을 받게 한다.

〈활동 내용〉

1. 다음 질문을 중심으로 결혼을 준비하는 우리의 마음가짐을 돌아봅시다.
   1) 결혼 준비과정에서 겪는 갈등이 있다면 무엇인가?
   2) 결혼 준비과정에서 가장 힘든 부분이 있다면 무엇인가?
   3) 두 사람 사이의 대화는 충분하다고 할 수 있는가?
   4) 다른 가족들과의 대화는 충분하다고 할 수 있는가?
   5) 우리의 결혼 준비과정은 기독교적이라고 할 수 있는가?
   만일 기독교적이라 할 수 없다면 특히 어떤 점이 그렇다고 할 수 있는가?
2. 기독교인다운 결혼 준비를 위해서 우리가 기도하고 힘써야 할 것을 성찰해 봅시다.

5) 평가 방법

평가는 질문지법을 활용하며 그 내용은 다음과 같다.

(1) 교육을 통해 습득한 결혼예비학교 내용이 자신에게 얼마나 도움이 되었는지의 여부

(2) 교육받기 전과 받은 후에 달라진 가정관, 결혼관에 대한 인식 여부
(3) 교육 진행방법이나 교수자의 자질에 관한 평가

6) 프로그램 홍보
(1) 주보를 통해서 광고한다.
(2) 포스터 및 플래카드로 시각적 광고를 한다.
(3) 해당자들에게 전화 및 편지로 프로그램 내용을 알린다.

2. 성인 중기 프로그램

자녀 신앙 양육을 위한 부모교육(Parent Education for nurturing children)[1]

"자녀 신앙 양육을 위한 부모교육" 프로그램은 자녀를 둔 부모들에게 자녀의 신앙 양육의 중요성을 다시금 확인케 해주고, 자녀교육을 위한 구체적인 방법들을 함께 생각해 봄으로써 기독교 성인들의 자녀의 신앙교육을 돕고자 기획된 프로그램이다.

1) 프로그램 개발 취지

성인 중기에 접어들면 자녀 양육이라는 중대한 삶의 과제를 짊어지게 된다. 특별히 기독교 성인들은 자녀의 신앙 양육이라는 과제를 맡게 된다. 그러나 이를 위한 준비를 제대로 갖추고 훈련을 받지 않을 때 자녀의 신앙 양육은 실패하기가 쉽다.

웨스터호프(John Westerhoff Ⅲ)는 인생을 출생에서 죽음에 이르기까지의 여행으로 비유하고 있다. 특히 신앙의 가정에서 이 여행은 "신앙 안에서 함께하는 여정"이라고 표현했다[2]

이것은 우리의 삶이 움직임 속에 있다는 사실을 깨닫게 해주고, 신앙을 양육하려는 사람들은 다양한 인생의 모습을 따라서 여행하는 사람들과 함께 걸어야 함을 가르쳐 준다. 그리고 부모는 먼저 도달점에 이르러 경주하는 자녀들을 훈련하거나 격려하는 위치에 있는 것이 아니라 함께 신앙의 길을 앞서 가서 동반자라는 새로운 인식을 깨닫게 해준다.

이런 인식하에 성인의 자녀의 신앙 양육을 돕는 프로그램을 기획하

---

1. 이 프로그램은 장신대 대학원 학생의 과제물을 재구성한 것임을 밝혀 둔다.
2. John Westerhoff Ⅲ, *Bringing up Children in the Christian Faith*, 이숙종 역, 「기독교 신앙과 자녀 양육」(서울 : 대한기독교서회, 1991), p. 30.

게 된다.

2) 프로그램의 목적

부모교육 프로그램을 진행함에 있어서 우리가 이루어야 할 목표 설정을 위해 다음과 같은 질문들을 제기할 수 있다.

나는 자녀들과 얼마나 삶을 공유하고 있는가?
그리스도인으로서 자녀 양육을 위한 부모의 책임은 무엇이라고 생각하는가?
신앙을 어떻게 이해하고 있는가?
자녀들에게 신앙을 물려줄 수 있다고 생각하는가?
내가 나의 자녀들에게서 보고 싶은 신앙의 모습은 어떤 것인가?
그렇다면 나의 자녀들은 부모에게서 어떤 신앙의 모습을 보고 싶어 한다고 생각하는가?
나와 나의 자녀들은 현재 신앙의 어느 단계를 걷고 있다고 생각하는가?
가정 안에서 신앙을 함께 나눌 수 있는 구체적인 지침들은 무엇인가?

위의 질문들은 실제로 부모교육을 시행하는 중에 다양한 토의의 형태의 주제로 주어질 수 있으며, 평가시에 다시금 부모들로 하여금 재진술케 함으로써 교육의 중요한 자료로 사용할 수 있을 것이다.

본 프로그램의 목적은 다음과 같이 정리해 볼 수 있다.

첫째, 신앙의 개념과 신앙교육의 근본적인 입장에 대한 자신들의 생각을 스스로 평가하고 바른 원리들을 정립하도록 돕는다.

둘째, 이미 자신이 이루어 놓은 자녀와의 관계를 신앙의 전망 속에서 다시금 되돌아 보고, 부부가 함께 이야기함으로써 스스로 변화에의 도전을 받아들이도록 돕는다.

셋째, 이러한 의미의 발견과 경험에 대한 성찰이 구체적인 가정생활 안에서 효율적으로 접목될 수 있는 다양한 시도들을 하도록 돕는다.

3) 프로그램의 구체적인 전략

(1) 교육의 형태

성인들은 스스로 학습하고자 하는 욕구가 있다고 하였다. 그렇다면 일방적인 강의를 통한 교육형태로는 한계가 있다. 그러나 오랫동안 듣고 배우는 것에만 익숙하게 살아온 그들에게 갑자기 전체적인 교육의 형태를 바꾸는 것은 우리 한국적인 상황에서 아직 무리이다. 그러므로 강의 혹은 발제형식으로 전체적인 뼈대를 운영해 가면서, 적절한 질문과 적극적인 토의 방식을 도입하여 참여를 유도하는 것이 바람직하다고 보겠다.

그리고 시작 전에 등록을 받으면서, 교육의 전과정을 소책자화하여 미리 나누어 줌으로써 관련된 주제를 미리 숙지하고, 토의의 내용을 깊이 생각해 볼 수 있는 시간적 여유를 주는 것이 이러한 교육의 형태를 가능케 하는 좋은 방법이 되리라고 생각한다.

또한 주요 핵심적인 내용은 가능하면 자원인사를 접촉하여 그룹원 가운데서 발제형식으로 진행할 수 있으면 좋겠다. 약간 미숙하고 서툴다고 할지라도 같은 입장에 있는 사람들이 준비하여 발제하는 내용에 사람들은 주의를 더 많이 기울이며, 도전과 격려를 받게 되기 때문이다. 이 경우에는 발제자를 미리 만나 그 내용을 충분히 소화할 수 있는 다양한 자료를 제공하고 몇 차례의 모임을 통해 검토, 수정하는 면밀한 준비가 필요하다.

또한 전체 프로그램 중에 한 번 정도는 워크숍(Workshop) 형태로 기획하여 현장과 관련된 주제들을 심층적으로 다루어 볼 수 있는 기회를 마련하는 것도 좋겠다. 이것은 부모교육이라는 모임으로 모인다 해도 그 안에 다양한 연령대와 관심 분야를 가진 사람들이 있기 때문에, 부분적으로 그들의 욕구들을 충족시켜 줄 수 있는 시간이 될 수 있기 때문이다. 뿐만 아니라 구체적인 삶과의 연결을 시도할 수 있고, 성인들 스스로가 소유하고 있는 자원들을 충분히 드러낼 수 있는 통로가 될 수 있을 것이다. 그러나 워크숍은 작은 그룹들 내에서 그 주제의 관점을 이끄는 자원인사(혹은 전문가)가 있어야 하기 때문에, 관심 분야의 주제를 잘 나타내 주는 질문들을 구성하여 소그룹 토의를 하는 것도 가능하리라고 본다.

(2) 절차와 운영

프로그램을 기획하고 운영하는 방안에는 크게 두 가지의 가능성이 있을 수 있다. 절차의 효율성을 높이기 위해 기존하는 조직을 통해 시행하는 것과 애초에 부모교육이라는 새로운 교육 프로그램을 운영하는 것이다.

기존의 조직을 통해 부모교육을 시행하는 경우는 앞에서 잠깐 언급했던 경우처럼, 남선교회 혹은 연합선교회 조직을 통해(혹은 각 주일학교별로) 그들이 현재 시행하고 있는 모임들을 확장하고 구체화하는 것이다. 이것은 시간과 예산, 조직 등에 대한 부담이 없고 교인들 스스로 교육의 장을 마련한다는 장점이 있을 수 있겠으나, 반면에 그들의 상황을 고려하다 보면 교육구조의 짜임새가 완화될 수도 있는 약점이 있으며, 지속적으로 시행하기에는 무리가 있다.

별도의 부모교육을 운영하는 것은 교회 전체를 대상으로 기획위원회를 구성하거나, 기독교교육자 중심으로 기획을 하는 것이다. 정기적으로 기간을 정하고, 정규적인 프로그램으로 발전시키면 보다 많은 수의 사람들이 참여할 수 있고, 계속적인 평가를 통해 그 약점들을 보완해 갈 수 있는 장점이 있다. 그러나 이 일을 위해 헌신하는 인적, 물적 자원들이 갖추어지지 않는다면 많은 어려움을 당하게 된다. 그러므로 중, 대형 이상 크기의 교회여야 가능하다고 하겠다.

(3) 시간

웨스터호프(Westerhoff Ⅲ)는 성인교육을 위한 원칙을 이야기하는 중에 교육 기간에 대해서 언급하면서, 성인들에게는 5주간 이상의 교육 프로그램에 참석할 것을 요구하지 말라고 하였다. 즉, 5주간 이내의 프로그램이어야 한다는 것이다. 이것은 성인들을 교육의 장으로 끌어내는 데에 있어서 유의해야 할 중요한 지적이라고 본다. 아무리 교육의 내용이 좋더라도 오랜 기간 계속되는 프로그램은 일단 망설임과 부담감을 줄 수 있기 때문이다.

반면에 너무 짧은 것은 충분한 토의와 새로운 개념을 이해할 수 있는 여유를 상실케 한다. 이러한 프로그램은 일과성 모임으로 끝나 버리기 쉽다. 그러므로 부모교육이 깊이 있게 이루어지기 위해서는 4주간의 프로그램을 운영하는 것이 좋겠다. 그리고 부부가 함께 모이기 위해서는 주일 오후나 주간 중의 저녁시간을 정하고, 2~3시간 정도를 소요하는 프로그램이 되도록 한다.

(4) 환경 만들기

여기서 부모교육을 위한 환경에는 물리적 환경 뿐만 아니라 교육을 가능하게 해줄 수 있는 모든 교육적 배려들이 포함되어야 한다. 먼저 물리적 환경에는 충분한 공간, 밝은 조명, 음향시설, 이동과 변형이 가능한 의자, 시청각 기자재, 준비된 다과 등을 들 수 있다.

그러나 성인들을 교육의 장에 초청하기 위해서 제일 먼저 배려해야 할 것은 그들의 자녀를 위한 공간과 프로그램이 마련되어야 한다는 것이다. 많은 부모들이 교회의 교육 프로그램에 참여하고 싶어도 자녀들 때문에 참석하지 못하는 경우를 많이 본다. 특별히 부모교육을 시행하면서 자녀들을 위한 육아실(nursery)을 운영하지 않는다면, 적극적인 참여를 유도해 내기 어려울 것이다.

또한 시작 전 홍보도 교육의 참여를 유도하고 계속적인 출석을 강화할 수 있는 좋은 방법이 될 수 있다. 공식적으로 부모교육에의 필요성을 역설하고 참여를 유도한다면, 그 프로그램에 참여하는 사람들에게 자긍심을 주고, 내적인 동기를 부여해 줄 수 있기 때문이다.

그러나 무엇보다도 중요한 것은 각 개인이 자신의 삶의 경험들을 나눌 수 있는 기회를 창조할 수 있는 호의적인 공간을 만들기 위한 배려이다. 학습을 위하여 좋은 관계성을 만드는 것은 환경만들기(climate-setting)의 목적이며, 교육의 내용을 생생하게 살려낼 수 있는 중요한 관건이 되기 때문이다. 이러한 배려는 모든 참여자들에 대한 인격적인 배려, 나이든 사람들의 경험을 존중하는 태도, 참여에 소극적인 사람들에 대한 세심한 접촉, 자기 의견을 말하는 사람들에 대한 경청하는 태도와 그들의 생각을 격려하는 언어, 침체된 분위기를 반전시킬 수 있는 유머와 다정다감한 행동들을 통해 모두에게 전달되어질 수 있다고 본다.

4) 프로그램의 내용

이 프로그램은 4과로 진행되며, 각 과는 2시간 정도의 시간을 요한다.

〈제1과〉

부모의 눈높이 테스트

Q : "자녀들과 함께 나누는(shared) 삶의 부분이 얼마나 되십니까?
나눔과 관심이 있는 곳에서부터 신앙교육은 시작됩니다."

모든 프로그램에서 처음을 여는 시간은 매우 중요하다. 모인 사람들의 친밀도를 고려하여 각자를 소개하고 인사를 나눔으로써 분위기를 부드럽게 하는 시간을 마련하는 것이 중요하다. 어느 정도 분위기가 준비되면, 부부들에게 위의 질문을 제시하고 쌍쌍 토의를 하도록 한다. 토의를 자연스럽게 하기 위해서 별도의 질문지를 마련해 주고 체크해 보도록 하는 것도 한 방법이 될 것이다(예 : 대교에서 행한 '아버지의 눈높이 Test' - 1993년 5월

4일자 조선일보 참고). 10분 간의 토의 시간을 준 후에, 모든 팀이 발표를 하면 많은 시간이 소요되므로 가장 진지하게 토의했던 부부, 혹은 가장 눈에 띄는 부부 등 2~3팀만 지정하여 어떤 내용들이 오고갔는지 들어 보는 것이 좋다.

이끄는 말 - 가정에서 보여지는 자녀들의 태도와 습관, 행동은 그들의 삶에 있어서 일부분에 지나지 않을 수도 있습니다. 함께 공유하는 삶의 부분이 많을수록 신뢰감과 유대감이 깊어집니다. 사랑은 말이 아니며, 구체적인 행위로 나타나는 것이기 때문입니다.

Q : 그리스도인으로서 자녀 양육을 위한 부모의 책임은 무엇이라고 생각하십니까?

두 가지 방향의 전개가 가능하다.
제1안 : 위의 질문을 버즈그룹으로 나누어 토의케 한 후, 발표하면서 전체 프로그램을 위한 문제 제기가 가능케 유도하는 것이다. 규모가 작고 구성원들이 가족적인 분위기일 때 이 방법이 좋다고 생각한다. 본래 기획자가 생각지 못한 문제점들이나 통찰들이 나올 수 있으며, 이를 발전시킬 수도 있기 때문이다. 또한 토의를 확장시켜서 오늘날 자녀교육의 문제점들을 스스로 지적하게 하면서, 가정이 해야 할 일을 가정 이외의 장소에서 다 해결하고 있는 '대리 만족의 습관'에 대한 가정교육의 부재현상과 신앙교육의 공백도 도출해 낼 수 있도록 한다.
제2안 : 모임의 구성원들이 많고, 보다 전문적인 지식을 원하는 경우, 부모와 자녀의 관계에 대한 두 가지 대립되는 학자(예 : 코메니우스와 프랑케)를 두 사람 정하여 발제형식으로 진행한 후에, 거기에 대한 찬성과 반대의 의견을 공개토론(open discussion)으로 운영할 수 있다. 이 일을 통해서 나의 이상적인 가치관과 현실의 간격을 발견할 수 있고, 현재 어떤 태도로 자녀를 대하고 있는가를 정리해 볼 수 있도록 한다.

제1과에서 초점을 두는 것은 문제의식의 발견과 부모와 자녀의 관계에 참가자들의 시선을 집중시키는 것이다. 처음부터 모든 것을 다 이야기하거나 성급하게 결론을 내려 버리려고 하는 태도는 이 단계에서 가장 경계해야 할 내용이다. 우리는 어떤 도전에 직면할 때에 어느 정도의

모호함과 혼란을 감수해야 한다. 부모들이 무엇인가 문제가 있다는 것을 인식하는 정도에서 첫째 주를 마치고, 다음 단계로 들어가는 열린 구조를 갖도록 하자. 언제나 프로그램을 마칠 때에는 그 날의 주제들을 중심으로 함께 손을 잡고 통성으로 기도하는 시간을 갖도록 한다.

〈제2과〉

신앙이란?

Q : "신앙을 어떻게 이해하십니까?"

위의 질문은 매우 추상적이고, 대답하기에 막연한 느낌을 준다. 그러므로 여기에 대한 대답을 유도해 내기 위해서 사용할 수 있는 방법이 티넥틱스(Tynectics)라고 불리는 문제해결 방법이다. 이 방법은 간단히 설명하면 은유적으로 생각하는 것이다. 친밀한 개념이나 사물 등의 일종의 압축된 유비를 통해 창조적이고 풍부한 통찰력들을 발견할 수 있다. 이와 같은 방법을 사용하여 신앙에 대한 자신의 생각을 한 문장으로 요약하게 해서 발표하여, 이를 분류하고 정리해 보는 시간을 갖도록 한다.)

Q : "자녀들에게 신앙을 줄 수 있다고 생각하십니까?"

두 번째 질문은 신앙에 대한 자신들의 생각을 표현한 후에, 이러한 신앙을 자녀들에게 전해 줄 수 있는가를 생각하게 함으로써 이후에 계속해서 논의될 신앙에 대한 신학적 토대를 마련하기 위한 질문이 된다. 질문을 전체에게 제시한 후 약 5분간 자유롭게 이야기해 보도록 한다.

위의 질문들에 대한 토의가 어느 정도 마무리되면, 지도자는 신앙이란 무엇인가에 대한 신학적, 성경적 내용을 강의하는 시간을 갖도록 한다. 강의자가 대상들을 염두에 두면서 스스로 강의안을 마련할 수도 있지만, 리처드 오스머(Richard Osmer)의 신앙에 대한 입방체적 이해를 소개해 주는 것도 좋은 방법이 될 수 있다. 그의 견해는 특히 성인들에게 신앙에 대한 다양한 차원들을 이해할 수 있도록 하는 좋은 토대를 마련해 준다. 그 내용을 간단히 요약하면 다음과 같다.

▶ 신앙은 하나님 안에서 맺는 신뢰의 관계이며, 인간이 그리스도를 통하여 드러내신 하나님의 은혜로우신 말씀에 대하여 응답하고, 하나님의 선하심을 믿고 그것에 자신을 맡길 때 생기는 것이기에 선물이다.

기독교교육학자 오스머(Richard Osmer)는 신앙을 입방체로 이해한다. 입방체는 여러 가지 측면을 갖고 있기 때문에 동시에 입방체의 모든 측면을 말하는 것은 불가능하다. 여기서는 신앙의 많은 측면 중에서 네 가지 측면만을 이야기해 보려 한다.

▶ 신앙의 네 가지 측면
1. 우리의 신뢰의 기초가 되는 하나님에 대한 신념(Belief)
2. 신앙 안에서 우리를 타인들과의 관계로 인도해 주는 하나님과의 지속적인 관계(Relationship)
3. 우리의 시간과 에너지를 투자하는 방법을 결정하는 데 의지할 만한 하나님을 향한 헌신(Commitment)
4. 하나님을 둘러싸고 있는 신비에 대한 인식은 우리가 가지고 있는 하나님의 이해와 조절을 제한한다(Mystery).
"기독교교육의 기본 목적은 신앙이 일깨워지고, 지원받고, 도전받을 수 있는 장(場)을 만드는 데 있다."

이런 과정을 통해 주안점을 두는 것은 신앙에 대해 깊이 생각해 볼 수 있는 기회를 제공하고, 솔직하게 자신의 의견을 표현해 볼 수 있게 하는 것이다. 그리고 본질적으로 신앙은 하나님에 의해 선물로 주어지며, 신앙을 줄 수는 없지만 자녀들과 함께 어떻게 행동하느냐에 따라 그들의 신앙의 성격이 좌우된다는 것을 자각하게 하고자 한다. 그러므로 가정 안에서 부모의 자리를 찾고, 신앙의 삶을 나눔이 있는 가정공동체로 회복해야 할 필요성을 깨닫게 하고자 하였다. 이러한 인식은 다음주에 전개되어질 내용의 기초가 될 수 있다.

<제3과>

신앙 안에서 함께하는 여정

Q : 많은 부모들이 자녀에게서 신앙적인 모습을 발견하기를 원합니다. 내가 나의 자녀에게서 보고 싶은 신앙의 모습은 구체적으로 어떤 것입니까?

Q : 그렇다면 나의 자녀들은 부모에게서 어떤 신앙의 모습을 보고 싶어할까요?

위의 두 가지 질문들을 차례대로 제시하고 토의하도록 한다. 토의를 진행하기 전에 지난 주에 함께 논의했던 내용들을 간단히 정리해서 들려주는 것도 연결을 위한 좋은 방법이 되겠다. 첫째 질문은 Buzz Group 토의 형태로 진행하여 모든 그룹이 발표하게 한다. 아마도 이러한 토의는 그 부모들의 신앙관이나 가치관을 잘 드러내 주는 기회가 될 것이다. 첫 번째 질문에 대한 토의가 어느 정도 무르익으면 두 번째 질문을 제시하도록 한다. 이것은 학습자들의 의식의 반전을 기대할 수 있는 질문이며, 솔직한 이야기들이 나올 수 있는 분위기를 만드는 것이 매우 중요하다. 두 번째 질문은 부부중심으로 이야기하도록 하는 것도 좋겠다.

토론이 끝나면 다음의 글을 읽어 주는 것이 좋을 것이다.

함께 생각하는 글

웨스터호프는 부모를 자녀들의 신앙성장을 위하여 그들과 함께 신앙의 여정에 참여하는 동반자들로 이해한다. 다시 말하면, 부모들은 자녀들이 태어나서 성인으로 성장하기까지 자신들의 신앙도 함께 성장하여야 하며, 따라서 성인들의 신앙이 성장하지 않으면 자녀들의 신앙의 성장도 중단하게 된다는 사실을 지적하고 있다.

자녀들을 신앙으로 교육한다는 것은 근본적인 의미에서 우리의 몫이 아니다. 신앙은 하나님의 선물이다. 그러므로 자녀들을 신앙적으로 교육한다는 것은 저들을 바라보는 우리의 관점과 보다 더 관련이 있다. 신앙적으로 양육한다는 것은 신앙적인 전망으로 저들을 지켜봐 주는 것이다.

우리의 자녀들이 어느 길을 가고 있는지, 삶의 여정에서 어디쯤 가고 있는지, 어떤 갈등과 고뇌를 겪고 있는지, 그들과 함께 길을 가며, 때로는 이끌어 주고, 때로는 도전도 주고, 함께 격려하며 걸어가는 것이다.

우리의 질문은 "우리가 어떻게 우리의 자녀들을 기독교인으로 만들 수 있을까"라는 것이어서는 결코 안 된다. 오히려 그 질문은 "우리가 어떻게 우리 자녀들과 함께 기독교인이 될 수 있을까?"라는 것이어야 한다.

나의 자녀들에 대한 기대와 나에 대한 자녀들의 기대를 살펴봄으로써 그 차이점과 공통점을 통해 문제해결의 실마리를 발견할 수도 있을 것이며, 자신에 대한 신앙을 재점검할 수 있는 단서를 마련해 줄 수도 있다.

그리고 한 명의 발제자를 미리 정하여 웨스터호프의 신앙 여정의 4단계를 발표하도록 한다(발제가 가능하지 않을 경우에는 지도자가 강의하는 것도 가능하다).

우리의 신앙 여정을 살펴보면 대개 다음의 네 가지 단계를 거친다고 보여진다.
1. 경험적 신앙(experienced faith)
2. 귀속적 신앙(affilliative faith)
3. 탐구적 신앙(searching faith)
4. 고백적 신앙(owned faith)

발제 혹은 강의를 통해 자녀들이 보여 주는 다양한 신앙의 태도와 몸부림들을 이해할 수 있도록 하는 것이 매우 중요하다. 더불어 그들이 갈등하며 회의할 때 부모는 어떻게 도와 줄 수 있는지를 발견할 수 있게 한다. 그러나 동시에 이번 주에 함께 관심을 갖는 것은 부모 역시 신앙의 여정을 가고 있는 동반자라는 사실이다. 하나님 앞에서 한 개인으로 결단할 수 있는 시간이 되도록 함께 기도한다.

제4과

삶의 현장에서

마지막 주는 워크숍(Workshop)으로 기획해 본다. 처음에 모여서 진행에 관한 세부적인 지침들을 설명한 후에, 4개 정도의 주제에 의해 미리 마련된 방으로 흩어져서 작업에 참여하도록 한다. 미리 팸플릿이 나누어졌다면, 자신들의 관심 분야를 결정하여 생각해 오도록 유도하고, 가능하다면 부모교육 기간 중에 주제를 선정하고 역할을 분배해 주는 것도 좋은 방법이 되리라고 생각한다. 연령과 교회의 형편에 따라 차이가 있을 수 있겠으나, 대략 가능한 주제들을 정해 보면 다음과 같다.

(1) 학원 폭력

가능한 토의들 : 폭력을 당하는 부모의 입장에서 자녀에게 어떻게 대할까? 폭력을 가하는 부모의 입장에서 자녀에게 어떻게 대할까?

(2) 학교 생활

가능한 토의들 : 우리 사회의 단선적 사고방식, 성적에 대한 스트레스로 자살하는 아이들, 나의 태도

(3) 교회 학교

가능한 토의들 : 부모로서 교회학교에 바라는 것은? 부모로서 교회학교에 해줄 수 있는 것은?

(4) TV와 대중문화

가능한 토의들 : 영상세대와 문자세대의 차이, 영상매체를 효과적으로 사용하는 법, 미디어가 아이들에게 미치는 영향

(이상의 주제들은 전문가의 도움이 필요한 경우도 있고, 구성원들의 토의가 더 중요한 내용도 있다. 어느 것이든지 Workshop은 소그룹을 운영하는 리더가 있으므로 효과적인 운영을 위하여 미리 리더들을 접촉하고 함께 과제를 찾아 나가는 것이 필요하다. 이러한 현장의 문제들은 현상을 분석하고 구체적으로 접근해 가는 것에 그 주안점이 있지만, 궁극적으로 이러한 문제들을 어떻게 신앙의 관점에서 접근해야 할지를 구성원들이 스스로 찾아보게 하는 데에 그 목적이 있음을 기억해야 한다.)

워크숍을 한 시간 정도 운영하고, 함께 모여 그 결과들을 발표함으로 생각들을 공유할 수 있는 시간을 마련할 수도 있고, 만약 시간이 모자랄 경우에는 발표를 생략하고 나중에 문서 등으로 간접 전달하는 것도 생각해 볼 수 있다. 중요한 것은 마무리이다. 부모교육 프로그램을 전체적으로 종결하는 자리를 마련해야 하기 때문이다. 그동안의 프로그램 중에 느낀 점들을 기탄없이 나누고 함께 기도할 수 있는 장을 마련하자.

만약 자연스러운 자리를 마련하는 것이 어렵다면, 전체적으로 모여 신앙을 함께 나눌 수 있는 다섯 가지 지침에 대하여 설명하고, 가정에서 자녀와 함께 할 수 있는 내용들을 각자 점검해 보고 결단하게 한다. 또 부모가 자녀에게 쓰는 편지를 작성하게 하여 진행하는 부서에서 일괄적으로 우송해 주는 것도 하나의 좋은 방법이 될 것이다.

마지막으로 예수 그리스도 안에서 자녀와 함께 신앙의 여정을 걸어가기로 다짐하여, 결단하는 마음으로 함께 손을 잡고 기도한 후에 담임목사님의 축도로 마치도록 한다.

5) 평가방법

평가는 부모와 자녀에게 따로 시행할 수 있고, 그 내용은 다음과 같다.
1) 교육 내용이 자신에게 얼마나 도움이 되었는지 여부

2) 교육받기 전과 받은 후에 달라진 자녀관 및 부모관
3) 교육 진행방법이나 교수자의 자질에 관한 평가

6) 프로그램 홍보
1) 주보를 통해서 광고한다.
2) 포스터 및 플래카드로 시각적 광고를 한다.
3) 해당자들에게 전화 및 편지로 프로그램 내용을 알린다.

3. 성인 후기 프로그램

늘 푸른 교실(ever gren class)[3]

"늘 푸른 교실"은 재교회의 노인교육 프로그램이다. 일종의 노인목회 프로그램으로서 노인들의 계속교육에 초점을 맞춘 프로그램이다.

1) 프로그램 개발 취지

노인은 단지 죽음만을 기다리는 세대는 아니다. 성경적인 관점에서 보면 노인 또한 하나님께서 주신 나름대로의 고유한 삶을 살고 있는 귀중한 존재이다. 인간이 노인이 되는 과정은 육체적, 정신적 변화를 경험하고 그것에 따라 계속적인 적응을 하다가, 마침내는 육신의 삶이 끝나고 영원이 시작되는 것이라고 할 수 있다. 그러므로 출생에서부터 늙어 죽을 때까지 우리의 전생애는 똑같이 중요하고, 그 시기마다 의미가 있는 것이다. 특별히 그리스도인 노인들은 우리에게 주어진 삶을 하나님의 창조 섭리와 그 질서에 따라 각자에게 주어진 자리에서 최선을 다하고 보람있게 살아야 한다.

노인목회는 이러한 삶을 살 수 있도록 보살피고, 일깨워 주고, 인생의 마지막에 영생을 확신하고 승리의 죽음을 맞이할 수 있도록 돕는 데 초점을 맞춘다.

2) 프로그램의 목적

(1) 교육목적
노인들로 하여금 자신, 이웃, 그리고 하나님과의 올바른 관계를 형성

---

3. 이 프로그램은 장신대 신대원 학생의 과제물을 재구성한 것임을 밝혀 둔다.

하고, 지속적인 성숙을 이루고, 인생의 마무리를 성공적으로 수행할 수 있도록 돕는 것을 그 목적으로 한다.

(2) 교육목표

하나님과의 바른 관계 안에서 지속적인 영적 성숙을 이루게 한다.
자신을 있는 그대로 수용하고 인생의 통합을 이루어 가게 한다.
주변 사람들과 원만한 대인관계를 유지하며 덕을 쌓아 갈 수 있도록 한다.
사회에 봉사하고 교회를 위해 헌신된 삶을 유지해 갈 수 있게 한다.
건강하고 적극적인 삶을 영위하도록 한다.

3) 프로그램의 기본 설정

(1) 교육 대상

교회출석 여부와 관계없이 65세 이상된 노인이면 누구나 그 대상으로 한다.

(2) 교육 기간 및 일정

1년을 두 학기로 나누어 한 학기를 15주로 구성한다. 모임은 매주 목요일 오전 10시에서 오후 2시까지로 하며 4교시로 구성한다(단, 특별 활동시에는 바뀔 수 있다).
 1교시 : 예배(10 : 00 - 10 : 30)
 2교시 : 교육활동 I (10 : 30 - 12 : 00)
 3교시 : 점심식사 및 휴식(12 : 00 - 13 : 00)
 4교시 : 교육활동 II (13 : 00 - 14 : 00)

(3) 교육 환경

예배를 위해서 본당, 식사를 위해서 식당, 교육활동을 위해서 교육관 등 교회 내의 전시설을 활용한다.

(4) 교사진
원칙적으로 자원봉사자들로 구성한다. 이 자원봉사자들은 다음 세 팀으로 구성된다.
교육팀 : 교육적 업무를 전담한다.
행정팀 : 제반 행정적 업무를 담당한다.
봉사팀 : 식사 준비 및 제반 봉사업무를 담당한다.
기타 특별 강사진을 초빙하여 운영한다. 전문가들이 필요할 때 교인들 중에 또는 교회 밖의 인사 중에서 섭외하여 초빙한다.

4) 프로그램의 내용
프로그램의 내용을 크게 다음 네 영역으로 구분해서 정리해 볼 수 있다.

1. 생활유지
노인들이 현재의 삶을 유지해 갈 수 있도록 돕는 영역이다.
1) 건강 : 노인들은 의사에게 가기를 꺼려하므로 건강검진 서비스에 대한 중요한 기능을 할 수 있게 해준다. 건강과 전인성에 초점을 둔 건강교육은 신체적, 정신적, 영적 건강사이의 상호 연관성을 일깨워 준다.
   ▶ 연관된 교육활동 - 신체 체조 및 놀이, 건강교육, 의료상담
2) 영양보급 : 교회 차원에서의 지원에 도움을 주며, 균형잡힌 영양섭취로 인한 친교와 사회화 과정도 프로그램의 일환이다.
   ▶ 연관된 교육활동 - 쇼핑 서비스(거동하기 힘든 사람들에게 그들의 쇼핑을 도와 주는 프로그램), 파출부 서비스(집 지키기, 허드렛일을 도와 줌), 사회봉사 참여활동(거리 청소, 청소년 선도, 방문봉사, 각종 사회봉사)

2. 생활 향상

노인이 변화하는 세계 속에서 적응하고 잘 성장해 가게 하는 기회를 제공하는 영역이다.

1) 노인에 의한 목회 : 신앙공동체는 노인을 고용한 목회를 펼칠 수 있다.
   ▶ 연관된 교육활동 - 고학력의 노인 여성들을 교회 내의 교육부서에서 특별 프로그램을 담당하게 한다(유치부서에서 동화 들려 주기 등).
   신앙심이 깊은 노인들에게 심방과 전도를 할 수 있는 교육과 전도의 장을 열어 준다.
   대졸 이상의 노인들에게는 그들의 전공과 관련된 프로그램에 적극 활용할 수 있는 교육의 장을 열어 준다.
2) 창조적인 여가활동 : 여가활동 방법을 돕는 데는 자기 존중의 증진이 필요하다. 노인은 그들의 학습능력 부진에 대한 위축감으로 학습활동에 참여하기를 꺼리기도 하나, 이러한 태도는 그들의 요구에 부응하는 성인교육 프로그램을 개발시켜서 극복되어야 한다.
   ▶ 연관된 교육활동 - 서예반, 공예 미술반, 수지침 배우기, 찬양 및 민요 배우기, 인형 만들기, 원예, 바둑, 수예 등.
3) 자아 향상반 : 노인들이 자기 개발을 이루어 갈 수 있도록 각종 프로그램을 개발하여 도울 수 있다.
   ▶ 연과된 교육활동 - 독서하기, 독후감 써보기, 성경을 읽고 연구하기, 성경을 삶에 적용하기

3. 생활 개선

노인이 현재 당면하고 있는 삶의 과제를 적절히 대처하고 보다 나은 삶으로 나아가도록 돕는 영역이다.

1) 은퇴 : 은퇴를 대비한 준비와 은퇴에 대한 긍정적인 축하행위를 통해 신앙공동체는 은퇴자들에게 신앙의 삶을 확증시킬 수 있다.
   ▶ 연관된 교육활동 - 은퇴 준비반 : 은퇴를 준비하도록 돕는 모임이다.
   은퇴자반 : 은퇴한 노인들이 보람된 여가활동과 자원봉사를 함께 하도록 돕는 모임이다.
2) 죽음 : 노인들은 그 누구보다도 죽음을 가까이 대하고 산다. 주변 친구

들, 배우자들이 하나, 둘 씩 세상을 떠나게 되면서 죽음에 대한 인식을 깊게 하게 된다. 이들에게 죽음을 준비할 수 있도록 도울 필요가 있다.
▶ 연관된 교육활동 - 특강 : 죽음에 관한 내용, 죽음 이후 세계에 관한 내용, 바람직한 죽음에 관한 내용, 죽음의 준비에 관한 내용을 교역자와 전문가들을 통해서 강의로 듣게 된다.
심방 : 죽음을 앞둔 동료 노인들을 심방함으로써 호스피스적 경험을 하게 되고 체험적인 죽음 준비교육을 받게 된다.
3) 이혼 : 신앙공동체는 이혼한 노인들에게 도움을 주어야 한다.
▶ 연관된 교육활동 - 미망인들의 모임

4. 생활 초월
노인들로 하여금 현재의 삶을 뛰어넘어 비전을 갖게 돕는 영역이다.
1) 성경공부 : 나눔의 실천 접근이 적용된다. 여기서 사람들의 이야기와 비전들은 신앙공동체 내의 이야기와 비전과 상호작용을 이룬다. 성격공부는 하나님과 하나님의 말씀을 이해하도록 하는 방법이다.
▶ 연관된 교육활동 - 분반성경공부, 성경 인물연구, 이스라엘 역사, 교회사
2) 관심있는 문제에 대한 탐색 : 종교교육에는 특별한 관심 분야에 대한 주제연구가 채택될 수 있다. 그 연구주제의 범위는 무제한적이다.
▶ 연관된 교육활동 - 관심 있는 주제연구

5) 평가 방법
평가는 질문지법을 활용하며, 그 내용은 다음과 같다.
1) 이 프로그램이 얼마나 도움이 되었는지의 여부와 도움이 되었다면 구체적으로 어떤 점이 도움이 되었는지의 여부
2) 교육받기 전과 받은 후에 달라진 노인관
3) 교육 진행방법이나 교수자의 자질에 관한 평가

6) 프로그램 홍보

1) 주보를 통해서 광고한다.
2) 포스터 및 플래카드로 시각적 광고를 한다.
3) 해당자들에게 전화 및 편지로 프로그램 내용을 알린다.

참고문헌

강광식. "한국적 사회병리의 원인진단 : 그 역사적 맥락과 갈피." 「한국사회병리의 진단 및 처방연구」. 서울 : 한국정신문화연구원, 1995.
─────. "분단체제하의 근대화 유산과 그 문화적 함의." 「한국사회의 구조변화와 그 문화적 함의」. 서울 : 한국정신문화연구원, 1996.
권두승. "한국 사회교육의 실태에 대한 사회학적 유형분석." 미간행 문학박사 학위논문, 고려대학교, 1987.
김광자. 「실기 교사를 위한 교수 학습 방법론」. 서울 : 학문사, 1993.
김동위. 「성인교육학」. 서울 : 교육과학사, 1996.
김신복. 「발전기획론」. 서울 : 박영사, 1987.
김신일. "평생교육의 사회적 배경." 유네스코한국위원회 편, 「평생교육의 기초와 체제」. 서울 : 법문사, 1983.
김영한. 「행정기획론」. 서울 : 법문사, 1988.
김정규. 「교육과정 및 교육평가」. 서울 : 형설출판사, 1992.
김정한. 「현대의 비판적 교육이론」. 서울 : 박영사, 1987.
김정환. 「교육의 철학과 과제」. 서울 : 박영사, 1982.
박노열. 「사회교육방법론」. 서울 : 형설출판사, 1987.
박원호. 「신앙의 발달과 기독교교육」. 서울 : 장신대출판부, 1996.
이돈희. "교육이론의 2원적 성격." 「한국교육학의 성장과 과제」. 서울 : 한국정신문화연구원, 1983.

이효성. "정보화의 지향과 그 사회문화적 함의." 「한국사회의 구조변화와 그 문화적 함의」. 서울 : 한국정신문화 연구원, 1996.
정규태, 강태룡. 「기획론」. 서울 : 대왕사, 1984.
정우현. 「사회교육론」. 서울 : 교육과학사, 1993.
통계청. 「한국의 사회지표」. 서울 : 통계청, 1994.
차갑부. 「성인교육방법론」. 서울 : 양서원, 1994.
한기언. 「서양교육사」. 서울 : 박영사, 1980.
한덕웅. 「조직행동의 동기이론」. 서울 : 법문사, 1987.
한준상. 「사회교육론-교육사회학적 이해」. 서울 : 청아출판사, 1987.

Apps, J. Toward a *Working Philosophy of Adult Education*. New York : Publications in Continuing Education, 1973.
Ausubel, D. "A Cognitive Structure Theory of School Learning," in L. Siegal, ed., *Instruction : Some Contemporary Viewpoints*. San Francisco : Chandler, 1967.
Barclay, William. *Educational Ideals in the Ancient World*. Grand Rapids : Baker Book House, 1980.
Bandura, A. *Social Learning Theory*. Englewood Cliffs : Prentice-Hall, 1977.
Bell, Daniel. *The Cultural Contradictions of Capitalism*. New York : Basic Books, 1978.
Bergevin, P. and Mckinley, J. *Design for Adult Education in the Church*. New York : Seabury, 1958.
Bergevin, P. and Associates, *Adult Education Procedures*. New York : Seabury, 1963.
Berger, Peter, et al. *The Homeless Mind*. New York : Random House, 1974.
Bianchi, E. *Aging as a Spiritual Journey*. New York : Continuum, 1985.
Boyd, William and King, Edmund. *The History of Western Education*. London : Adam & Charles Black, 1975.

Boyle, P. G. *Planning Better Programs.* New York : McGraw-Hill Book Company, 1981.

Brookfield, S. "A Critical Definition of Adult Education." *Adult Education Quarterly*, 36, no. 1 (1985).

_____. *Self-Directed Learning : From Theory to Practice.* San Francisco : Jossey-Bass, 1985.

_____. *Developing Critical Thinkers.* San Francisco : Jossey-Bass, 1985.

_____. *Understanding and Facilitating Adult Learning.* San Francisco : Jossey-Bass, 1986.

Broom, B., and Associates. *Taxonomy of Educational Objectives.* New York : McKay, 1956.

Bruner, E. S. *An Overview of Adult Education Research.* Washington, D. C. : Adult Education Association of The U. S. A., 1959.

Bruner, "In Defence of Verbal Learning." in R. Anderson and D Ausubel, eds., *Readings in the Psychology of Cognition.* New York : Holt, Rinehart and Winston, 1965.

Calson, R. A. "The Time of Andragogy." *Adult Education.* 1979, 30(1), pp. 53-57.

Cross, K. P. *Adults as Learners.* San Francisco : Jossey-Bass, 1981.

Dykstra, C. and Parker, S. *Faith Development and Fowler.* Philadelphia : Fortress, 1987.

Eavey, C. B. 김근수, 신청기 공역. 「기독교교육사」. 서울 : 한국기독교교육연구원, 1980.

Elias, John. "Andragogy Revisited." *Adult Education*, 1979, 29 (4). *The Foundations and Practice of Adult Religious Education.* New York : Fordam Univ., 1993.

Elias, J. & Merriam, S. *Philosophical Foundations of Adult Education.* New York : Krieger, 1980.

Erikson, E., ed. *Adulthood.* New York : Norton, 1978.

Folts, Nancy, ed. *Handbook of Adult Religious Education.* Birmingham :

Religious Education Press, 1986.
Fowler, James. *Stages of Faith*. New York : Harper and Row, 1981.
_____. "Stages of Faith and Adult Life-Cycles." For the Consultation on Faith Development in *the Adult Life Cycle*, August 10-15, 1981.
_____. *Becoming Adult, Becoming Christian*. San Francisco : Harper and Row, 1984.
_____. *Faith Development and Pastoral Care*. Philadelphia : Fortress Press, 1987.
_____. *Weaving the New Creation*. 박봉수 역. 「변화하는 시대를 위한 기독교교육」. 서울 : 한국장로교출판사, 1996.
Freire, Paulo. *Pedagogy of the Oppressed*. New York : The Seabury Press, 1970.
_____. *Cultural Action for Freedom*. Cambridge : Harvard Educational Revew and Center for the Study of Development and Social Change, 1970.
_____. *Education for Critical Consciousness*. New York : The Seabury Press, 1973.
Gibb, J. R. "Adult Learning Theory." in *Handbook of Adult Education*. New York : Macmillan Publishing Co., 1960.
Girzaitis, L. *The Church as Reflecting Community : Models of Adult Religious Learning*. West Mystic : Twenty-Third Press, 1977.
Goldstein, J. "On Being Adult and Being an Adult in Secular Law." in E. Erickson (ed.), *Adulthood*. New York : Norton, 1978.
Groome, Thomas. *Sharing Faith : A Comprehensive Approach to Religious Education & Pastoral Ministry*. New York : HarperCollins, 1991.
Gross, Ronald. *The Lifelong Learner*. New York : Simon and Schuster, 1977.
Gurge, A. *An Introductiona to Educational Planning Process*. Paris : UNESCO, 1984.

Harris, Marria. *Fashion Me a People : Curriculum in the Church.* 고용수 역.「교육목회 커리큘럼」. 서울 : 한국장로교출판사, 1997.

Hergenhahn, B. *An Introduction to Theories of Learning.* Englewood Cliffs, Prentice-Hall, 1988.

Houle, C. O. *Inquiring Mind.* Madison : University of Wisconsin Press, 1961.

_____. *The Design of Education.* San Francisco : Jossey-Bass, 1972.

Hull, John. *What Prevent Christian Adults from Learning.* Philadelphia : Trinity Press, 1991.

Illich, I. *Deschooling Society.* New York : Harper and Row, 1970.

Jarvis, P. *The Sociology of Adult & Continuing Education.* London : Croom Helm, 1985.

Johnstone, J. and Rivera, R. *Volunteers for Learning.* Chicago : Aldine Publishing Co., 1965.

Kegan, Robert. *The Evolving Self : Problem and Process in Human Development.* Cambridge : Harvard University Press, 1982.

Kidd, J. R. *How Adult Learn.* New York : Association Press, 1973.

Knowles, Malcom. *Informal Adult Education.* New York : Association Press, 1950.

_____. *A History of the Adult Education Movement in the United States.* Melbourne, Fla. : Krieger, 1977.

_____. "Andragogy Revisited : Part II." *Adult Education*, 1979, 30(1).

_____. *The Modern Practice of Adult Education.* New York : Association Press, 1980.

_____. *The Marking of An Adult Education.* San Francisco : Jossey-Bass Inc., Publishers, 1989.

_____. *Self-Directed Learning : A Guide For Learners and Teachers.* Chicago : Follett Publishing Company Inc., Publishers, 1989.

Knox A. *Adult Learning and Development.* San Francisco : Jossey-Bass, 1977.

Kohlberg, L. "The Implication of Moral Stages for Adult Education."

Religious Education. 1977, 72(2).

Krajnc, A. "Andragogy." The Encyclopedia of Education, Vol. 1. 1985.

Lawson, K. H. Philosophical Concepts and Values in Adult Education. Nottingham : Barnes and Humby, 1975.

Lee, J. M. The Shape of Religious Instruction. Mishawaka : Religious Education Press, 1971.

Levinson, D. et al, The Seasons of a Man's Life. New York : Ballantine Book, 1978.

Lindeman, E. C. The Meaning of Adult Education. Montreal : Harvest House, 1961.

Little, Sara. To Set One's Heart : Belief and Teaching in the Church. 사미자 역. 「기독교교육의 교수방법론」. 서울 : 한국장로교출판사, 1988.

Lowy, Louis and O'Conner, Darlene. Why Education in the Later Years. Lexington : D. C. Health and Company, 1986.

Lynn, K. S. "Adulthood in American Literature." in E. Erickson (ed.), Adulthood. New York : Norton, 1978.

Maslow, Abraham. "Education and Peak Experience," in The Person in Education : A Humanistic Approach, ed. Courtney Schlosser. New York : Macmillan, 1976.

McKenzie, L. Adult Religious Education. West Mystic, Conn : Twenty-Third Publication, 1977.

_____. "The Issue of Andragogy." Adult Education. 1977, 27(4).

McKinley, J. "Perspectives on Diagnostics in Adult Education." Viewpoints : Bulletin of the School of Education. 1973, 49(2), Indiana University.

Merriam, S. Coping with Mid-Life Crisis : A Systematic Analysis Using Literature as a Data Source. Washington, D. C. : University Press of America, 1980.

Merriam, S, and Caffarella, R. Leaning in Adulthood. San Francisco : Jossey-Bass Publishers, 1991.

Mesirow, J. Fostering Critical Reflection in Adulthood. San

Francisco : Jossey-Bass, 1990.
Miller, H. *Teaching and Learning in Adult*. Boston : Boston Univ. Press, 1964.
_____. *Participation of Adults in Education*. Boston : Center for the Study of Liberal Education for Adults, 1967.
Moore, T. W., 박종삼 외 공역. 「교육이론 서설」. 서울 : 문음사, 1987.
Moran. Gabriel, *Education Towards Adulthood : Religion and Lifelong Learning*. New York : Paulist, 1979.
Morstain, B. and Smart, J. "Reasons For Participation in Adult Education Courses." *Adult Education*, 1974, 24 (2).
O'Coner, D. J. *An Introduction to the Philosophy of Education*. London : RPK, 1957.
Palmer, Parker. *To Know as We are Known : Spirituality of Education*. New York : Harper and Row, 1983.
Papalia, D. E. et al., 정옥분 역. 「인간발달 Ⅱ」. 서울 : 교육과학사, 1994.
Paterson, R. "Social Change as an Educative Aim." *Adult Education*, 45, no. 6 (1973).
_____. *Values, Education, and the Adult*. Boston : Routledge and Kegan Paul, 1979.
Peatling, J. "Research on Adult Moral Development." *Religious Education*, 1977, 74(4).
Persell, C. H. *Education and InInequalty : The Roots Results of Stratification in Americans*. New York : The Free Press, 1975.
Peterson, G. *The Christian Education of Adults*. Chicago : Moody Press, 1984.
Power, Edward. Evolution of the *Educational Doctrine*. New York : Meredith Corporation, 1969.
Rizzutto, Ana-Maria. *The Birth of the Living God : A Pschoanalytical Study*. Chicago : University of Chicago, 1979.
Rogers, C. *On Becoming a Person*. Boston Houghton-Mifflin, 1961.
_____. *Freedom to Learn for the 80's*. Columbus : Merrill, 1983.

Rotter, J. *Social Learning and Clinical Psychology*. Englewood Cliffs : Prentice-Hall. 1954.

Rubin, L. *Woman of a Certain Age : The Midlife Search for Self*. New York : Harper and Row, 1979.

Ryan, L. "Where are We Going in Adult Education?" Washington, D. C. : United States Catholic Conference, 1972.

Sawicki, Marianne. *The Gospel in History : Portrait of a Teaching Church*. New York : Paulist Press, 1988.

Shaefer, J. *Program Planning for Christian Adult Education*. New York : 1973.

_____. "Update on Adult Education in Churces and Synagogues : Catholicism." *Religious Education*. 1977, 72(2).

Sheehy, G. *Passages : Predictable Crises of Adult Life*. New York : Dutton, 1976.

Sherrill, Lewis. *The Rise of Christian Education*. New York : The Macmillan Co., 1944.

Stokes, Kenneth. "Update on Adult Education in Churches and Synagogues : Protestantism." *Religious Education*. 1977, 72(2).

_____. *Faith Development in the Adult Life Cycle*. New York : Sadlier, 1983.

_____. *Faith is a Verb : Dynamics of Adult Faith Development*. Mystic : Twenty-Third Press, 1989.

Stubblefield, H. "The Idea of Lifelong Learning in the Chautauqua Movement." A Paper Presented at Maryland Lifelong Learning Research Conference, Feb. 1. 1980.

Stufflebeam, Daniel et al, *Educational Evaluation and Decision Making*. Itasca, Ill. : F. E. Peacock Publishers, 1971.

Swift, Fletcher. *Education in Ancient Israel*. Chicago : The Open Court Publishing Co., 1919.

Toffler, Alvin. *Future Shock*. New York : Random House, 1970.

Tough, A. *The Adult's Learning Projects : A Fresh Approach to*

Theory and Practice in Adult Learning. Toronto : Ontario Institute, 1979.

Tyler, R. W. *Principles of Curriculum and Instruction*. Chicago : University of Chicago Press, 1950.

Vaillant, G. *Adaptation to Life*. Boston Little, Brown and Co., 1977.

Vogel, Linda J. *The Religious Education of Older Adults*. Birmingham : Religious Education Press, 1984.

_____. *Teaching and Learning in Communities of Faith : Empowering Adults Through Religious Education*. San Francisco : Jossey-Bass Publishers, 1991.

Waldron, M. and Moore, G. *Helping Adults Learning : Course Planning for Adults*. Toronto : Thomson Educational Publishing Inc, 1991.

Wechsler, D. *The Measure and Appraisal of Adult Intelligence*. Baltimore : Williams & Wilkins, 1958.

Westerhoff Ⅲ, John (ed.). *A Colloquy on Christian Education*. Philadelphia : United Church Press, 1972.

Wickett, R. E. Y. "Adult Learning and Spiritual Growth." *Religious Education*. 1980, 75(5).

Wilbert, Warren. *Teaching Christian Adults*. Grand Rapids : Baker Book House, 1980.

교회의 성인교육

초판발행 · 1999년 8월 30일
2쇄 발행 · 2003년 10월 30일

저　　자 · 박봉수
발 행 인 · 박노원
발 행 소 · **한국장로교출판사**
주　　소 · 110 - 470 | 서울특별시 종로구 연지동 135
　　　　　한국교회100주년기념관(별관)
전　　화 · (02)741 - 4381(~2) | (F)741 - 7886
홈페이지 · www.pckbook.com | e - mail · center@pckbook.com
등록번호 · No. 1 - 84(1951. 8. 3.)

ISBN · 89 - 398 - 3615 - 4　　　　　　　Printed in Korea

값 8,000원